高等职业教育财经商贸类专业基础课系列教材

商务礼仪

庄小将 吴波虹 主 编
沈 琴 马明茜 叶惠娟 副主编

清华大学出版社
北京

内 容 简 介

本书以企业营销活动涉及礼仪的典型工作任务为主线,以"商务礼仪认知—商务形象礼仪—商务交往礼仪—商务会议礼仪—职场办公礼仪—商务谈判礼仪—商务仪式礼仪—商务宴请礼仪"为逻辑路径整合内容,辅以学习目标、情境导入、礼仪故事、职场链接、相关案例、知识拓展、案例分析、实践训练等教学活动模块。本书内容覆盖面广,涉及古今中外的礼仪规范,同时力求反映国内外相关行业的新成果和前沿动态,具有鲜明的时代感和较高的文化品位。无论从事商务活动还是进行一般性社交活动,本书都具有较强的针对性、导向性和可操作性。本书内嵌了数字化资源,包括微课、知识拓展等资源。本书在超星学习通建有在线课程。

本书既可作为高等职业教育财经类专业相关课程的教学用书,也可作为大学生基本人文素质教育的教材,还可供五年制高职、中等职业学校师生使用,也可作为各类培训机构的教材或相关从业人员提高自身礼仪修养的参考用书。

本书封面贴有清华大学出版社防伪标签,无标签者不得销售。
版权所有,侵权必究。举报: 010-62782989,beiqinquan@tup.tsinghua.edu.cn。

图书在版编目(CIP)数据

商务礼仪/庄小将,吴波虹主编.—北京:清华大学出版社,2022.9
高等职业教育财经商贸类专业基础课系列教材
ISBN 978-7-302-61308-4

Ⅰ.①商… Ⅱ.①庄… ②吴… Ⅲ.①商务-礼仪-高等职业教育-教材 Ⅳ.①F718

中国版本图书馆 CIP 数据核字(2022)第 121261 号

责任编辑:左卫霞
封面设计:傅瑞学
责任校对:刘　静
责任印制:丛怀宇

出版发行:清华大学出版社
网　　址:http://www.tup.com.cn, http://www.wqbook.com
地　　址:北京清华大学学研大厦 A 座　　邮　编:100084
社 总 机:010-83470000　　邮　购:010-62786544
投稿与读者服务:010-62776969, c-service@tup.tsinghua.edu.cn
质量反馈:010-62772015, zhiliang@tup.tsinghua.edu.cn
课件下载:http://www.tup.com.cn,010-83470410
印 装 者:大厂回族自治县彩虹印刷有限公司
经　　销:全国新华书店
开　　本:185mm×260mm　　印　张:13.75　　字　数:329 千字
版　　次:2022 年 11 月第 1 版　　印　次:2022 年 11 月第 1 次印刷
定　　价:48.00 元

产品编号:087691-01

前言 FOREWORD

古代中国素以"礼仪之邦"著称于世,讲"礼"重"仪"是我们中华民族世代沿袭的传统,源远流长的礼仪文化是先人留给我们的一笔宝贵财富。

随着社会经济的飞速发展,人们在商务场合中,越来越在意如何以恰当的方式表示对交往对象的尊重,从而营造良好的商务交往氛围,取得共赢的结果。对商务人士来说,礼仪是人际关系的润滑剂,既体现了个人的素质和修养,又展示了企业的文化和形象。商务礼仪作为礼仪文化中的一种,也随着市场竞争的日趋激烈、各类商务活动的频繁发生而不断地变化。

本书按照教育部对高职高专人才的培养目标,由校企"双元"合作开发,编写团队邀请江苏博沃汽车电子系统有限公司专业人才加入,融合企业智慧,同时结合学生职业生涯规划,针对高职高专教学的实际需要,突出了实用性和实践性、基础性和扩展性、层次性和灵活性的特点。本书将商务礼仪的新规范、新要求、新趋势纳入内容体系,理论以"必需、够用"为度;围绕情境化教学模式,以项目为主导,以任务为驱动,以学习情境为载体,充分拓展学生的创造性思维空间和实践空间,着重培养学生的职业核心能力。本书内嵌了数字化资源,如微课、知识拓展等二维码资料,这些资源将结合实际不断更新。本书在超星学习通建有在线课程,读者可联系出版社索要登录账号和密码,进行在线学习。

那么,商务人员究竟该从哪些方面提升自己的礼仪素质呢?本书系统介绍了商务活动中的商务礼仪认知、商务形象礼仪、商务交往礼仪、商务会议礼仪、职场办公礼仪、商务谈判礼仪、商务仪式礼仪和商务宴请礼仪等诸多方面的内容。本书将帮助商务人士全面掌握商业活动中的各类礼仪要求,快速提高礼仪水准,切实保证商务活动顺利开展。

本书由江苏商贸职业学院庄小将、吴波虹担任主编,江苏商贸职业学院沈琴、江苏财经职业技术学院马明茜、江苏农牧科技职业学院叶惠娟担任副主编。江苏博沃汽车电子系统有限公司总经理季林冲参与拟订教材大纲和部分书稿编写工作。本书具体编写分工如下:庄小将编写项目一、项目三,吴波虹编写项目二、项目六,沈琴、季林冲共同编写项目四、项目五,马明茜编写项目七,叶惠娟编写项目八。本书由江苏财经职业技术学院卢海涛教授审稿。

本书参考了大量关于商务礼仪的国内外著作,著作者们的真知灼见,使我们受益匪浅,感激之情,难付笔端。由于时间仓促,加之编者水平和能力有限,书中存在不足之处在所难免,恳请同行专家、学者,以及广大读者不吝赐教,批评、指正。

编 者
2022 年 6 月

商务礼仪在线课程

目 录

项目一　商务礼仪认知 ··· 1
　　任务一　了解礼仪 ··· 1
　　任务二　了解商务礼仪的基本知识 ··································· 7

项目二　商务形象礼仪 ··· 17
　　任务一　仪容礼仪 ·· 18
　　任务二　服饰礼仪 ·· 26
　　任务三　仪态礼仪 ·· 40

项目三　商务交往礼仪 ··· 52
　　任务一　商务会面基本礼仪 ··· 53
　　任务二　商务会面语言礼仪 ··· 75

项目四　商务会议礼仪 ··· 84
　　任务一　公司会议礼仪 ··· 85
　　任务二　新闻发布会礼仪 ··· 101
　　任务三　展览会礼仪 ··· 104
　　任务四　赞助会礼仪 ··· 109
　　任务五　茶话会礼仪 ··· 111

项目五　职场办公礼仪 ··· 117
　　任务一　树立职业形象 ··· 118
　　任务二　办公环境礼仪 ··· 120
　　任务三　通信礼仪 ·· 123
　　任务四　商务文书礼仪 ··· 132

项目六　商务谈判礼仪 ··· 140
　　任务一　商务谈判礼仪的基本原则 ································ 140
　　任务二　商务谈判的态度 ··· 144

任务三　商务谈判的形象························147
　　　任务四　商务谈判的语言························149

项目七　商务仪式礼仪····································157
　　　任务一　商务开业仪式礼仪······················158
　　　任务二　商务剪彩仪式礼仪······················161
　　　任务三　商务签约仪式礼仪······················166
　　　任务四　商务庆典仪式礼仪······················168
　　　任务五　商务交接仪式礼仪······················173

项目八　商务宴请礼仪····································177
　　　任务一　认知商务宴请礼仪······················177
　　　任务二　商务中餐宴请礼仪······················182
　　　任务三　商务自助餐和鸡尾酒会礼仪···············189
　　　任务四　商务茶饮宴请礼仪······················194
　　　任务五　商务西餐宴请礼仪······················198

参考文献··212

项目一

商务礼仪认知

学习目标

【知识目标】
1. 掌握礼仪的概念和分类,了解礼仪的发展历史。
2. 掌握商务礼仪的特点和基本原则。
3. 了解提高礼仪修养的意义和作用。

【能力目标】
1. 明白礼仪的重要性,并将这种基本思想进行传播。
2. 明确礼仪的内容,并树立正确的学习礼仪的态度。

【素养目标】
1. 养成阅读古典、现代礼仪书籍的习惯,汲取国学精华的营养,能与时俱进,古为今用。
2. 养成反思的习惯,不断增强礼仪意识。
3. 在学习和认识商务礼仪含义、特点和基本原则的基础上,自觉利用基本原则约束个人行为,并养成良好的行为习惯。

商务礼仪认知

情境导入

小张大学毕业不久到一家企业求职,来到企业人事部,临进门前,小张自觉地擦了擦鞋底,待进入室内后随手将门轻轻关上,见有长者到人事部,他礼貌地起身让座。人事部经理询问他时,尽管有别人谈话干扰,他仍能注意力集中倾听并准确且迅速给予回答。与人说话时,他神情专注,目不旁视,从容交谈。

这一切被到人事部查看情况的企业总经理看在眼里,总经理当场就决定录用小张。现在,小张已成为这家企业的销售部经理。

任务一 了解礼仪

一、礼仪概念和分类

1. 礼仪的概念

礼仪作为一种社会现象,是与人类文明同时产生、同步发展的,礼仪约束着人们在不同场合的言行举止,是人与人之间建立和谐关系的基础。

礼仪是人们在社会交往活动中形成的行为规范和准则,是人们为维系社会正常生活而共同遵守的基本道德规范,其实质是人们在一种利己的交换行为的基础上对他人的尊重。

礼仪是礼貌、理解和仪式的统称。

礼貌是人们在相互交往过程中通过仪容、仪态、语言等表示尊重和友好的行为规范,如整洁、微笑、尊称、主动打招呼、道歉等。

礼节是在比较正式的交际场合,人们相互表示尊重、祝颂、问候、致意、哀悼、慰问以及给予必要协助和照料的形式,如握手、介绍、馈赠等。

仪式是具有专门规定的程序化规则的活动,是一种隆重的礼节,如迎送仪式、签字仪式、颁奖仪式、开幕式、升旗仪式、奠基仪式等。

礼貌是礼仪的基础,体现了一个人的品质和素养;礼节是礼貌的升华,是礼仪的主要组成部分;仪式是礼貌的最高形式表达,是礼仪的秩序规范。礼仪作为一种社会文化和文明的象征,促进了人际关系的沟通和人们的社会交往。

 知识拓展   春节拜年礼仪

除夕一过就是正月初一,春节拜年礼仪有何讲究?拜年是中国民间的传统习俗,是人们辞旧迎新、相互表达美好祝愿的一种方式。正月初一,家长带领小辈出门谒见亲戚、朋友、尊长,朋友们也互致新年快乐,以吉祥之语互相祝贺新春。卑幼者须叩头致礼,谓之"拜年",主人家则以点心、糖果、红包热情款待。

其实,春节拜年学问很多,春节文化元素是中国优秀传统文化的集中展示。

"拜年"一词,原有的含义是为长者拜贺新年,也包括向长者叩头施礼、祝贺新年健康如意、问候生活安好等内容。遇到同辈亲友,也要施礼互贺。至今未曾改变这种礼仪,只是在形式上更多元化了。大年初一,人们都早早起来,穿上最漂亮的衣服,打扮得整整齐齐,出门走亲访友,相互拜年,恭祝新年大吉大利。中国人自明、清时期起,就对拜年礼仪定下了不成文的规矩,有着一定的次序:首拜天地神祇,次拜祖先真影,再拜高堂尊长,最后全家按辈分次序互拜。对尊长要行大礼,对孩童要给赏赐。拜年时,晚辈要先给长辈拜年,祝长辈长寿安康,长辈可将事先准备好的压岁钱分给晚辈,希望晚辈得到压岁钱可以平平安安度过一岁。

拜亲朋也讲究次序:初一拜本家;初二、初三拜母舅、姑丈、岳父等,直至十六日。这种习俗早在宋朝时就已流行。宋人孟元老在《东京梦华录》卷六中描写北宋汴京时云:"十月一日年节,开封府放关扑三日,士庶自早相互庆贺。"到了清朝年间,拜年礼仪有了升华。清人顾铁卿在《清嘉录》中描写:"男女以次拜家长毕,主者率卑幼,出谒邻族戚友,或止遣子弟代贺,谓之'拜年'。至有终岁不相接者,此时亦互相往拜于门……。"

一般来说,平辈间拜年拱手致语就行了。首先,拜家里长辈。初一早晨,晚辈起床后,要先向长辈拜年。当然,长辈受拜以后,一定会将事先准备好的"压岁钱"分给晚辈。不能忘记的是向邻居长辈拜年。中国有句古话:远亲不如近邻。所以向邻居长辈拜年仅次于本属长辈,一般说,邻居长辈也会给"压岁钱"。其次是走亲戚拜年。一般初二必须到岳父、岳母家,须带贺礼。进门后还得先向佛像、祖宗影像、牌位各行三叩首礼,然后再给长辈们依次跪拜。接着就是礼节性的拜年了。如给朋友拜年,一进屋门,仅向佛像三叩首,如与主人是平辈,则只需拱手一揖,如比自己年长,仍应主动跪拜,主人应走下座位做搀扶状,连说免礼表示谦恭。一般情况下不宜久坐,客套话说完了就要告辞。主人受拜后,也应择日回拜。还有一种就是感谢性的拜年。凡过去一年中对人家欠情的,如曾帮助过自己的人或老师、师傅、医生等,就要买些礼物送去,借拜年之机,表示感恩谢意。

拜年习俗中最隆重的应该说是团拜。团拜,现在已成为国家级礼仪活动了,甚至还带有国际性,一些与中国友好的国家会致电中国政府贺新年;中国驻外使节也会举办春节团拜活动。"团拜"形式,大约起源于清朝时期,在《侧帽余谭》中就曾说过,"京师于岁首,例行团拜,以联年谊,以敦乡情","每岁由值年书红订客,饮食宴会,作竟日欢"。而如今拜年的方式多种多样,发微信、发短信、打电话、寄贺卡等,都是新的拜年形式。

2. 礼仪的分类

礼仪由礼仪的主体、客体、媒体、环境四个最基本的要素构成。主体是指礼仪活动的操作者和实施者;客体是指礼仪活动的指向者和承载者;媒体是指礼仪活动所依托的一定媒介;环境是指礼仪活动得以形成的特定时空条件。依照礼仪构成的四要素,礼仪可以分为政务礼仪、商务礼仪、服务礼仪、社交礼仪、公关礼仪、涉外礼仪、日常礼仪和节庆礼仪等。

(1) 政务礼仪是国家公务员在行使国家权力和管理职能时应当遵循的礼仪。

(2) 商务礼仪是企业从业人员以及其他一切从事经济活动的人士在商务往来中应当遵守的礼仪。

(3) 服务礼仪是各类服务行业的从业人员在自己的工作岗位上应当遵守的礼仪。

(4) 社交礼仪是社会各界人士在一般性的交际应酬中应当遵守的礼仪。

(5) 公关礼仪是社会组织的公关人员或其他人员在公关活动中为树立和维护组织的良好形象、构建组织和内外公众和谐的关系应当遵守的礼仪。

(6) 涉外礼仪是人们在同外国人打交道时应当遵守的礼仪。

(7) 日常礼仪是日常交往中人们应当遵守的礼仪。

(8) 节庆礼仪是节日和庆祝日人们应当遵守的礼仪。

二、中国礼仪的起源和发展

(一)中国礼仪的起源

从礼仪的起源看,礼仪从一开始就体现了人的敬畏和遵从。因此,礼仪发展到如今,一直与各种禁忌和风俗习惯有着直接的关系,表现为人们在行为上的各种限制和约束。

礼仪的起源可以追溯到原始宗教信仰形成时期,即原始社会的自然崇拜、图腾崇拜、祖先崇拜及其他地方神灵崇拜。宗教的崇拜通过祭祀活动表现出来。

"礼仪"一词由"礼"和"仪"组成。礼是内在的内容,仪是由内而外的外在表现的行为规范。在古文献中,"礼"常常单独使用,尤其是在先秦的典籍中,"礼"几乎成了一种无所不包的社会生活的总规范。

"礼仪"的含义非常丰富,有广义和狭义之分。广义的礼仪包括典章制度、朝政法规、生活方式、伦理风范、治国根本、做人本分等;狭义的礼仪则主要是指人际交往过程中为了维护正常的社会秩序而逐渐形成的一些约定俗成的行为规范。礼仪的根本内涵如下。

(1) 礼仪是为了表示敬意或表示隆重而举行的仪典、仪式。礼起初是祭祀的仪式。中国的民间信仰体系包括信仰和仪式两个不可分开的部分。当信仰和仪式结合在一起时,原始的"礼仪"就产生了。《周礼·春官·大宗伯》中提到朝廷举行的五礼(吉礼、凶礼、宾礼、军礼、嘉礼)就是有一定规模、规格和程序的仪式行为规范。民间举行的婚礼、丧礼、寿礼及接待宴请仪式都是约定俗成的礼仪。

(2) 礼即是理,是治国的大纲和根本,是等级制度和与之相关的礼仪。先秦时代,礼被看成是天、地、人统一的规律、秩序和道理。对于统治阶级而言,礼是治国之本;对于百姓而言,礼是对人的尊重和礼貌,守礼、合礼是做人的最大本分。先秦时期,"礼"这一范畴的外延较广,包括国家政治制度(如官制、法律等)的内容。秦汉以后,官制和法律才逐渐从"礼"的范畴中脱离,"礼"主要用来指各种仪式和各种行为规范。

(3) 礼仪是对人的尊重和礼貌以及对礼尚往来的崇尚。在敬神的基础上,礼仪逐渐深入人们的日常生活之中,也就有了日常人际交往的含义。

(二)中国礼仪的发展

我国礼仪的发展大致经历了雏形期、形成期、发展期、冲突期、融合期五个阶段。

1. 雏形期(原始社会)

《通典·礼·沿革》记载:伏羲以俪皮为礼,作瑟以为乐,可为嘉礼;神农播种,始诸饮食,致敬鬼神,谓为田祭,可为吉礼;黄帝与蚩尤战于涿鹿,可为军礼;九牧倡教,可为宾礼;易称古者葬于中野,可为凶礼。又,"修贽类帝"则吉礼也,"釐降嫔虞"则嘉礼也,"群后四朝"则宾礼也,"征于有苗"则军礼也,"遏密八音"则凶礼也。故自伏羲以来,五礼始彰。尧舜之时,五礼咸备,而直云"典联三礼"者,据事天事地与人为三耳。其实天地唯吉礼也,其余四礼并人事兼之。

在原始社会的新石器时代,人们除为自然崇拜、图腾崇拜等举行仪式外,已有一种通行的丧葬仪式。浙江余杭良渚遗址出土的玉器表明,这里的墓地曾经举行过某种殡葬的宗教仪式,玉器上刻有似神似兽的神人形象,神人和兽合一的形象则是具有宗教性质的礼仪法器。

河南舞阳贾湖裴李岗文化遗址和浙江余姚河姆渡文化遗址中发现的迄今所知的世界上最古老的骨笛、骨哨表明,原始社会晚期已具备了礼乐的雏形。

原始社会时期,氏族生活主要按照传统习俗行事,礼仪逐渐萌芽于传统习俗之中。

2. 形成期(夏至两汉)

这一时期,礼是最普遍的社会规范祭祀的宗旨,就是明确父子、君臣、长幼、贵贱之序,不仅对祖先的祭祀要严格按照尊卑秩序,宗庙的神也依照人间的座席摆定座次,排好顺序,然后供奉以诸神饮食之物。

夏礼比较简朴,但忠孝之道已经基本形成。"殷因于夏礼,所损益,可知也;周因于殷礼,所损益,可知也。"周礼是我国先秦社会中最庞大、最完整、最文明的制度和礼仪,并且对以后的中国社会产生了深远的影响。夏、商、周三代形成了较为完备的宗法等级制度和伦理规范。

"三纲五常"是中国儒家伦理文化中的架构,源于西汉董仲舒的《春秋繁露》一书。但作为一种道德原则和规范,它起源于先秦时代的孔子。"不学礼,无以立。"孔子在倡导"克己复礼"的同时,也形成了自己的以仁释礼、强调礼的礼学思想。孔子曾提出君君臣臣、父父子子和仁义礼智等伦理道德观念。孟子继承了孔子的礼学思想,提出"仁政"的主张,把社会的人际关系概括为"五伦",即"父子有亲,君臣有义,夫妇有别,长幼有序,朋友有信。"此后,"五伦"关系准则一直是我国传统礼仪的核心。荀子则从"人之性恶,其善者伪也"的人性论出发,提出了"名分使群"的社会起源说,以论证礼乐教化的必要性。

董仲舒对"五伦"观念做了进一步的发挥,提出了"三纲"原理和"五常"之道。即用"君为臣纲,父为子纲,夫为妻纲""仁、义、礼、智、信"来维持社会的稳定和人际关系的和谐。之后,班固又在《白虎通义》中以"三纲"为基础提出了"六纪",即"诸父、兄弟、族人、诸舅、师长、朋友",认为"三纲法天地人,六纪法六合"。

史称"三礼"的《周礼》《仪礼》《礼记》就是这一时期的集大成之文献。成书于秦汉时期的《周礼》和《仪礼》比较详尽地记叙了先秦时期的礼仪制度;成书于西汉时期的《礼记》主要阐述了礼仪的起源、变迁、作用和意义。《周礼》主要记载了天子诸侯的王朝之礼。《仪礼》主要反映春秋时代士及大夫的阶层之礼。《礼记》中的记叙表明这一时期的社会开始注重走向民间的"通行之礼"。例如,《礼记·曲礼上》有"礼尚往来。往而不来,非礼也。来而不往,亦非礼也"。《礼记·曲礼下》有"大夫、士相见,虽贵贱不敌,主人敬客,则先拜客,客敬主人,则先拜主人"。

我国的传统礼仪在这一时期形成。在以后漫长的历史发展中,传统礼仪虽然一直在演变,但却万变不离其宗,始终遵循着这一时期确立下来的基本模式。

3. 发展期(魏晋南北朝至两宋)

魏晋南北朝时期,社会动荡,玄学风行,佛教和道教兴起,传统礼仪虽受到冲击,但影响依然。

隋唐前,受周礼的影响,礼法不分,礼涵盖了一切。隋唐时,礼仪与法律、官制终于分离,这有利于礼仪的继续发展。唐初年,修撰了《贞观礼》《显庆礼》。开元盛世之际,在隋礼和《贞观礼》《显庆礼》的基础上,又撰写了更具系统性和完整性的《大唐开元礼》,并成为中国传统社会礼制的最高典范。唐末杜佑《通典》中有《礼典》一百卷,更是礼仪制度研究的里程碑。

宋代理学兴起,理学家认为礼仪只是一种外在的形式,其实质在于"理",即传统礼仪的核心是纲常伦理,为了维护"三纲五常"和人伦关系礼仪的秩序,理学家又提出了"存天理,灭人欲"。

宋代随着市民阶层的兴起和民间宗族共同体的普遍加强,民间礼俗的规范化成为这一阶段礼仪的主要内容。北宋司马光在《礼仪》的基础上,根据当时礼俗的状况,撰写了《书仪》,此书被誉为"礼家之典型,经世之防范,礼法之大端。"南宋朱熹在《书仪》的基础上撰写了《家礼》,主要侧重"冠、婚、丧、祭"四礼和民间日常生活中的一些行为规范。此外,两宋时期所撰写的乡规民约和家训格言成为传统礼仪的重要补充,这些都对民众的行为规范具有指导意义。

唐宋后,礼仪与朝廷的典章制度分离,逐渐在民间普及。

4. 冲突期(元、明、清)

随着少数民族入主中原,元代建立了大一统的王朝,游牧文化在与农耕文化的碰撞交融中,同中原的传统礼仪产生了激烈的冲突。虽然元朝沿袭了宋代的礼制,但这只局限于朝廷礼制。元朝贵族依然坚持蒙古族礼俗，统治者将民族分为四等，规定汉人、南人不能同蒙古人、色目人平起平坐；将职业分为十级。

为了有别于少数民族的统治，明朝推行的礼制基本上沿袭了周、汉的传统，律令严明，恪守礼仪。对普通百姓之间的见面礼也按照长幼尊卑的等级制度做出了详细规定，"凌侮者论如律"。明代推行传统礼仪，注重教化手段，从幼儿教育着手。但明末，随着社会生产的发展和财富的积累，在商业繁荣的城市，庶民越礼逾制之风蔚然，非礼、越礼现象几乎遍布整个社会。

清初，八旗兵南下，强行一律按满族礼俗。清代朝礼开始实行"三跪九叩首"，大臣上奏折一概自称"奴才"，宗族礼法在这一时期得到了进一步加强，百姓日常生活中的一切言行都要符合礼仪的规矩。

这一时期，随着明末西方天主耶稣会到中国境内传教，中西方的礼仪文化开始出现冲突。清康熙年间发生的与罗马教皇的"中国礼仪之争"一度引发了莱布尼兹、孟德斯鸠、伏尔泰、康德、黑格尔等一大批著名学者对中国的关注。之后，清朝与西方又发生了一场礼仪之争。乾隆五十八年，英国特使马嘎尔尼来华，到热河行宫觐见乾隆，马嘎尔尼拒绝行三跪九叩之礼，最后以屈膝礼代替了跪拜礼。西方文化的进入，对中国传统礼仪带来了强有力的冲击。

5. 融合期（现代）

在礼仪发展史上，辛亥革命具有重大意义，当代许多新礼仪的实施就始于此时。

辛亥革命后，百姓享有公民权利，剪辫子成了礼仪改革的先声。服饰也不再是等级的标志，人们可以凭着自己的喜好选择服饰。孙中山创制的既继承中国传统又吸取西服优点的"中山装"问世后，成为中国男子最喜欢的标准服装之一。

民国时期，人们相见的称呼和礼节融合了西方的礼仪。传统礼仪中的叩拜、相揖、请安、拱手等旧礼被废除，改为新式鞠躬礼；通用"文明仪式"，包括"脱帽、鞠躬、握手、鼓掌、递洋式名片"等；称呼上一律改为"先生""君""同志"等。

20世纪20—40年代，战乱期间的民间礼俗基本上处于放任自流的局面。一方面，传统礼仪依然存在于民众生活中；另一方面，西方文化的生活礼仪方式影响着民众。新礼和旧礼并存。

中华人民共和国成立后，移风易俗被提到建设新社会秩序的议程中。

始于1979年的改革开放使现代礼仪得以长足发展，随着国际上经济贸易合作往来的频繁，尤其是2001年中国加入世界贸易组织后，涉外礼仪日益影响着中国的文化、政务、商务、服务、社交、旅游等诸多方面。我国现代礼仪在保留了一些优良传统礼仪的基础上，又进一步融入了许多国际上约定俗成的礼仪理念。

礼仪是一种文化，文化有纵向的传承和横向的借鉴与融合。随着全球化进程的加快，在经济、文化高速碰撞融合的背景下，西方文化大量涌进中国，中国传统礼仪不断遭受西方礼仪文化的冲击。如何去其糟粕、保护中国传统礼仪并与西方礼仪进行合理有效地融合，成为人们思考和探讨的话题。礼仪要与时俱进，要随着时代的发展和社会的进步而不断注入新的内涵、吸纳新的观念、推行新的做法。只有能够焕发出时代光彩、能够与文明同步的礼仪，才是值得传承和弘扬的文化。

礼仪故事　　　　　　　　曾子避席

"曾子避席"出自《孝经》,是一个非常著名的故事。曾子是孔子的弟子,有一次他在孔子身边侍坐,孔子就问他:"以前的圣贤之王有至高无上的德行、精要奥妙的理论,用来教导天下之人,人们就能和睦相处,君王和臣下之间也没有不满,你知道它们是什么吗?"曾子听了,明白老师孔子是要指点他重要的做人道理,于是立刻从坐着的席子上站起来,走到席子外面,恭恭敬敬地回答道:"我不够聪明,哪里能知道? 还请老师把这些道理教给我。"在这里,"避席"是一种非常礼貌的行为。当曾子听到老师要向他传授时,他站起身来,走到席子外向老师请教,是为了表示他对老师的尊重。

任务二　了解商务礼仪的基本知识

1990 年,哈佛大学学者约瑟夫·S. 奈在 *bound to lead* 一书中首次提出了通过自己的吸引力去影响他人和获得他人认同的"软实力"这一概念。在如今知识经济的大环境下,无论对个人还是企业而言,既要拥有出色的专业技能,又要具备包括礼仪在内的"软技能"。除产品、价格、营销和服务之外,良好的礼仪成为提升自己"软实力"的重要途径。

一、商务礼仪的概念

商务礼仪是指在商务活动中的礼仪规范和准则,为了体现相互尊重,需要通过一些行为准则去约束人们在商务活动中的方方面面,这其中包括仪表礼仪、言谈举止、书信来往、电话沟通等技巧。

商务礼仪源于一般礼仪。商务礼仪特指在商务活动中的礼仪规范和准则,是一般礼仪在商务活动中的运用和体现,并且比一般人际交往礼仪的内容更丰富。商务礼仪的实质是商务交往中应该遵守的交往艺术,它是无声的语言,是衡量商务人员素质与企业形象的重要标准。同一般的人际交往礼仪相比,商务礼仪有很强的规范性和可操作性,并且与商务组织的经济效益密切相关。商务礼仪具体表现为礼貌、礼节、仪表、仪式等。

1. 礼貌

礼貌是指人们在商务交往中表示尊重、友好的得体的气度和风范。礼貌是礼的行为规范,是指人在仪容、仪表、仪态和语言上待人接物的表现,主要是通过言语和动作表现对他人的谦虚和恭敬。礼貌是个人文化层次和文明程度的体现。良好的教养和道德品质是礼貌的基础,我们可以通过自觉的培养和必要的训练,养成良好的礼貌习惯,在日常生活和工作环境中,习惯的微笑、善意的问候、得体的举止等都是礼貌的表现。商务交往中有礼貌的人往往待人谦恭、大方热情、举止得体,在商务会面时,会自觉地向对方问好、行致意礼或握手礼,说话彬彬有礼,一切礼仪的运用看上去都很自然。

2. 礼节

礼节是指人们在社会交往过程中表示出的尊重、祝颂、问候、哀悼等情感的惯用形式和规范。礼节是礼的惯用形式,是礼貌的具体表现方式。

例如,在现代商务交往中,初次见面行握手礼、交换名片等礼节形式。礼节从形式上看,是具有严格规定的仪式;从内容上看,反映着某种道德准则,以及人与人之间的尊重和友善。在行握手礼时,长辈、上级、女士先伸手,晚辈、下级、男士才能伸手相握;交换名片时,一般是地位低的先向地位高的递名片,对方人员较多时,先将名片递予职务高或年龄大的。

分不清职务时,按照座次递送名片,这些都是礼节。在国际交往中,由于各国的风俗习惯和文化的不同,礼节的具体表达方式也有着明显的差异。例如,握手、点头、鞠躬、合十、拥抱、碰鼻子、拍肚皮等,是不同国家、地区和民族见面礼的表达形式。礼节是社会交往中人与人之间约定俗成的"法",是必须遵守的表示礼仪的一种惯用形式。因此,平时应十分注重不同礼节的具体运用,以避免出现"失礼"的行为。

3. 仪表

仪表是广义上的概念,指人的容颜、服饰、姿态、风度等。仪表能够展现一个人内在的文化修养和审美情趣,得体的修饰和服装会给人留下良好的第一印象,从而有助于人际交往。恰当的穿着、优雅的举止会提高个人的身份,树立良好的形象。要根据自身的条件和出席的场合,注意服饰的色彩搭配。例如,一位刚毕业的女大学生去应聘秘书职位,如果面试官是一位男士,最适宜选择浅灰色套裙配蓝色衬衫;如果面试官是女士,穿米色套裙配蓝色衬衫更合适;如果面试官有男有女,则宜选择中间色度的蓝色套裙配白衬衫。这样的仪表修饰,遵循了自己的身份、应聘的职位、角色的定位和与环境相适应的着装要求。

职场链接

小明是一家物流公司的高级业务员,英语口语不错,表达能力也很好,给人感觉大方朴实,工作勤恳,在所有的业务员中学历是最高的,加上对公司各种业务都很熟悉,很被老板看好,可每到月末,他的业绩并不是最好的,对于这一点,小明非常纳闷,不知道原因是什么。

小明有着山东人特有的豪爽性格,有时候不修边幅,每天上班起得晚,头发经常不梳好,看起来乱蓬蓬的,指甲也不经常修剪,西装里的白衬衫常常皱巴巴,而且经常为了图方便,西裤下面穿球鞋,背双肩包。他喜欢吃蒜,吃完后也不刷牙除去异味。生活中的朋友都对此见怪不怪,也很包容,不过小明的形象在工作中成了他发展的一大障碍。在与客户接触的过程中,小明留给客户的第一印象是工作不认真、没有责任感,这常常让小明失去与客户进行进一步洽谈的机会,更不用说成功承接业务了。

4. 仪式

仪式是指在一定场合举行的、具有专门程序和规范的活动。仪式常用在较大和较隆重的场合,如签字仪式、开幕式、剪彩仪式等。在商务活动中,商务人员经常会组织或参加各类商务仪式,这些仪式均有规范的做法,有助于仪式举办方扩大自身影响,树立良好的组织形象,因此,要认真对待、精心准备、注意细节。

商务礼仪作为企业文化和企业理念不可或缺的组成部分,其作用无可替代。在商务活动中,任何一个细微的礼仪疏忽都可能给自身及公司的形象带来损害,甚至会因此失去一个重要的机遇。

二、商务礼仪的特点

1. 规范性

规范者，标准也，是标准化要求。没有规矩，不成方圆，商务礼仪的规范性是一个舆论约束，实际上就是强调商务交往是商务人员待人接物的标准做法、标准化要求。当然，商务礼仪规范与其他的规范还是有所不同的，要是不遵守商务礼仪的规范，不会受到制裁，这一点和法律规范不同。违法乱纪，必然会受到制裁，而商务礼仪是舆论约束、自我约束，不是强制约束。但是，如果不遵守商务礼仪，会让人笑话。例如，现代人的生活节奏非常快，在公共交往中，经常会吃自助餐。自助餐有一个基本礼仪：多次少取，即多次去选取食物，但是每次选取食物的数量有限，这就是自助餐的基本礼仪，若不遵守这个原则，就会弄巧成拙，被人嘲笑。

2. 对象性

对象性即区分对象，因人而异。例如，宴请客人时优先考虑的问题是什么？便宴优先考虑的应该是菜肴的安排，要问对方不吃什么，有什么忌讳等。不同民族有不同的习惯，必须尊重民族习惯。又如，西方人有六不吃：①不吃动物内脏；②不吃动物的头和脚；③不吃宠物，尤其是猫和狗；④不吃珍稀动物；⑤不吃淡水鱼，淡水鱼有土腥味；⑥不吃无鳞、无鳍的动物，如蛇、黄鳝等。当然，除民族禁忌之外，还要注意宗教禁忌，如穆斯林禁忌动物的血，佛教徒禁忌荤腥、韭菜等。因此，针对不同的对象，要区分其喜好，不能一概而论，否则就会被他人嘲笑，甚至引起误会。

3. 技巧性

在商务活动中要讲究技巧性，这样才能事半功倍，更好地达到商务活动的目的。例如，在商务会议上，高管人员在台上的座位位置标准，应按照"前排人的职务高于后排、中间位置的人的职务高于两侧、左侧人的职务高于右侧"的原则来进行排位，这是官方活动和政务礼仪约定俗成的，不能随意更改。而在辈分同等的亲戚、关系密切的朋友和同学之间宴请时，位次左右的确定则是根据与当事人之间的相对位置以及当事人的喜好密切相关，随意性很大。但在涉外商务交往中，则要严格按照国际惯例来进行，国际惯例恰好相反，应遵循"右高左低"的原则。

三、商务礼仪的作用

总体来说，商务礼仪的作用是内强素质、外强形象。

1. 提高个人素质

商务人员的个人素质是一种个人修养及表现。市场竞争最终是人员素质的竞争。商务人员的素质就是商务人员个人修养的表现。修养体现在细节上，细节展示素质。所谓个人素质，就是在商务交往中待人接物的基本表现，例如吸烟，一般有修养的人在外人面前是不吸烟的；有修养的人在大庭广众之下是不大声讲话的。在商务交往中，佩戴首饰也要讲究一定的原则：必须符合身份，以少为佳，一般不多于三种，每种不多于两件，同时要注意与服装搭配。质地和色彩要和谐，和谐产生美。如要佩戴戒指，戒指戴左手，戒指戴在食指表示想结婚、戴在中指表示已有爱人，戴在无名指表示已婚，戴在小拇指表示独身,拇指不戴戒指。

相关案例

一口痰的故事

某医疗器械厂与一个大企业的客商达成了引进大输液管生产线的协议,第二天就要签合同。可是,当这个厂的厂长陪同客户参观车间的时候,向墙角吐了一口痰,然后用鞋底去擦。这一幕让客户彻夜难眠,他让秘书给那位厂长送去一封信:"恕我直言,一个厂长的卫生习惯可以反映一个工厂的管理素质。况且,我们今后要生产的是用来治病的输液皮管。请原谅我的不辞而别。"一项过百万元的项目,就这样"吹"了。从这个故事中,我们能得到启发:细节能决定成败!别忽略了它。细节往往能暴露人刻意要隐藏的很多东西。在销售过程中,要想赢得客户的尊敬和信任,除掌握一些销售技巧外,更应该重视细节,因为工作能力和人格魅力都将通过一些具体的细节展示出来。我们的一举一动都代表着企业的形象,如果在与客户洽谈或接触时忽略一些看似无关紧要其实严重的细节,很有可能造成"一着不慎,全盘皆输"的局面。

2. 有助于建立良好的人际沟通

在商务交往中,人们互相影响、互相作用、互相合作,如果不遵循一定的规范,双方就会缺乏协作的基础。在众多的商务规范中,礼仪规范可以使人明白应该怎样做、不应该做什么、哪些可以做、哪些不可以做,有利于确定自我形象,尊重他人,赢得友谊。例如,秘书接听找老总的电话,先告诉对方要找的人不在,再问对方是谁、有何事情。拜访别人要预约,且要遵时守约,提前到可能会影响别人的安排或正在进行的事宜。

相关案例

沟通的重要性

一个妈妈把一个橙子给了邻居的两个孩子。这两个孩子便开始讨论如何分橙子。两个人吵来吵去,最终达成了一致意见,由一个孩子负责切橙子,而另一个孩子选橙子。结果,这两个孩子按照商定的办法各自取得了一半橙子,高高兴兴地拿回家去了。一个孩子把半个橙子拿回家,把皮剥掉扔进垃圾桶,把果肉放到果汁机榨汁喝。另一个孩子回到家把果肉挖掉扔进垃圾桶,把橙子皮留下来磨碎,混在面粉中烤蛋糕吃。

从上面的情形可以看出,虽然两个孩子各自拿到了看似公平的一半,然而,他们各自得到的东西却未物尽其用。这说明,他们在事先并未做好沟通,也就是两个孩子并没有申明各自利益所在。没有事先申明利益所在导致了双方盲目追求形式上和立场上的公平,结果双方各自的利益并未在谈判中达到最大化。

3. 维护个人和企业形象

企业的形象是由该企业的一个个员工表现出来的,好的企业形象有助于企业在激烈的市场竞争中取得有利的地位,而不好的企业形象往往会导致一个企业的衰亡。商务人员或企业员工的形象就是他的形体外观和举止言谈在商务交往中在交往对象心目中形成的综合化、系统化的印象,是影响交往能否融洽、能否成功的重要因素。

商务礼仪最基本的作用是"减灾效应":少出洋相、少丢人、少破坏人际关系,遇到不知道的事情,最稳妥的方式是紧跟或模仿,以静制动。如西餐宴会上女主人是第一次序,女主人就座其他人才能就座,女主人拿起餐巾表示宴会开始,女主人拿起刀叉其他人才可以吃,女主人把餐巾放在桌子上表示宴会结束。

相关案例

大学生实习先补社交礼仪

"经过半个多月的实习,我学会了很多职场礼仪,改正了开会迟到、忽视小节等毛病。"在一家媒体实习的某大学大三学生小王说。暑假是大学生实习的高峰期,不少大学生跟小王有相同的感受,他们觉得在实习单位学到的社会行为准则,与获得专业知识同样重要。在企业实习的大一学生小林说:"一次,公司宴请客户,服务员给大家的杯子倒上饮料,我不爱喝那种饮料,就没让她倒。于是,全桌只有我一个人的杯子空着。旁边一位老师见状,悄悄拿起茶壶,给我倒了半杯茶水。她告诉我,宴会上,你可以不喝酒,但杯子不能是空的,这样才能避免敬酒时的尴尬,我恍然大悟。在学校里和同学吃饭,没人在意这些,这样的餐桌礼仪基本接触不到。"

许多实习指导老师也非常认同学习人际交往礼仪的重要性。例如,电视台某栏目编导李女士说:"学会自我介绍、告诉别人你是谁,这样最简单的社交礼仪,却被一些学生忽略了。曾经有一个实习生,让她跟一家单位联系,询问一个电话号码。人家问她姓甚名谁,她却只说她代表我们频道。向别人寻求帮助,却始终不肯自报家门,这种行为让人感到不被尊重,而她自己却浑然不觉。"

专家表示现在的大学生注重专业知识学习,有时忽略了社交方面的锻炼,在社会上往往不知道怎么和别人打交道。必须通过实践去完善自己,增强适应社会的能力。

四、商务礼仪的基本原则

在从事各种商业活动,具体行使商务礼仪规范时,应遵循以下原则。

1. 平等原则

礼仪行为总是表现出双方性或多方性,你给对方施礼,对方也自然会还之以礼,这种礼仪施行必须讲究平等的原则。平等是人与人交往时建立情感的基础,是保持良好的人际关系的诀窍。而在交往中,平等表现为不骄狂,不我行我素,不自以为是,不厚此薄彼,更不以貌取人或以职业、地位和权势压人,而是应该处处时时平等谦虚待人,唯有如此,才能结交更多的朋友。

2. 真诚原则

商务人员的礼仪主要是为了树立良好的个人和组织形象,因此,礼仪对于商务活动的目的来说,不仅在于其形式和手段上的意义。同时,商务活动并非短期行为,而是越来越注重长远效益,只有恪守真诚原则,着眼于未来,通过长期潜移默化的影响,才能获得最终的利益。也就是说,商务人员要爱惜自己的形象与声誉,不应仅追求礼仪外在形式的完美,更应将其视为情感的真诚流露与表现。

3. 谦和原则

"谦"就是谦虚,"和"就是和善、随和。谦和既是一种美德,也是社交成功的重要条件。只有举止、言谈、态度都谦恭有礼时,才能从别人那里得到教诲。谦和,在社交场合上表现为平易近人、热情大方,善于与人相处,乐于听取他人的意见,显示出虚怀若谷的胸襟,因而对周围的人具有很强的吸引力,有着较强的调整人际关系的能力。

4. 宽容原则

宽即宽待,容即相容。宽容就是心胸坦荡、豁达大度,能设身处地为他人着想,谅解他人的过失,不计较个人得失,有很强的容纳意识和自控能力。中国传统文化历来重视并提倡宽容的道德原则,并把宽以待人视为一种为人处世的基本美德。从事商务活动,也要求宽以待人,在人际纷争问题上保持豁达大度的品格和态度。在商务活动中,处于各自的立场和利益,难免出现冲突和误解。遵循宽容原则,凡事想开一点,眼光看远一点,善解人意、体谅别人,才能正确对待和处理好各种关系与纷争,并争取更长远的利益。

5. 适度原则

在人际交往中,要注意各种不同情况下的社交距离,也就是要善于把握沟通的情感尺度,沟通和理解是建立良好人际关系的重要条件,但如果不善于把握沟通的情感尺度,即缺乏适度的人际交往距离,结果会适得其反。在一般的交往中,既要彬彬有礼,又不能低三下四;既要热情大方,又不能轻浮谄媚。所谓适度,就是要注意感情适度、谈吐适度、举止适度。只有这样,才能真正赢得对方的尊重,达到沟通的目的。

掌握并遵行礼仪原则,在具体商务活动中做到待人诚恳、彬彬有礼,才会受到别人的尊敬。

 知识拓展   **商务活动的黄金规则**

英国学者大卫·罗宾逊概括了从事商务活动的黄金规则,具体表述可用"IMPACT"一词来概括,即 integrity(正直)、manner(礼貌)、personality(个性)、appearance(仪表)、consideration(善解人意)和 tact(机智)。

正直:通过言行表现出诚实、可靠、值得信赖的品质。当个人或公司被迫或受到诱惑,做出不够诚实的事情时,也就是对正直的品质进行考验的时候。良好的商务行为中的一条黄金规则,就是你的正直应是毋庸置疑的,不正直是多少谎言也掩饰不了的。

礼貌:人的举止模式。当与他人进行商务交往时,礼貌的行为可以向对方表明自己是否可靠,行事是否正确、公正。粗鲁、自私、散漫是不可能让双方的交往继续发展的。

个性:在商务活动中表现出来的独到之处。例如,你可以对商务活动充满激情,但不能感情用事;你可以不恭敬,但不能不忠诚;你可以逗人发笑,但不能轻率、轻浮;你可以才华横溢,但不能惹人厌烦。

仪表:多数人会下意识地以貌取人,因此要做到衣着整洁得体,举止落落大方,这些都是给商务伙伴保留好印象的至关重要的因素。

善解人意:这是良好的商务风度中最基本的一条原则。成功的谈判者往往在会面前会扮演一下对手的角色。人们如果事先就想象好即将与之交谈、写信或打电话联系的对方可能会有的反应,就能更谨慎、更敏锐地与对方打交道。

机智:商务中每个人都极有可能对某些挑衅立即做出反应,或者利用某些显而易见的优势。如果我们一时冲动,则会悔之不已。本条黄金规更深的内涵是有疑虑时,保持沉默。

课后习题

一、简答题
1. 简述礼仪的含义。
2. 简述商务礼仪的基本原则及作用。
3. 简述中国礼仪的起源和发展。
4. 怎样使自己成为一名在礼仪上合格的商务人员?

二、案例分析
一位客户到银行存款,营业员小方在清点钞票时发现一张假币,小方向客户解释说:"对不起,这是一张假币,按人民银行的规定应没收。""你凭什么说是假币,这是我刚从××银行取出来的,还没打开呢!"客户火冒三丈。为了使客户相信,小方又仔细检查后耐心为客户讲解这张假币的特点,同时加盖了"假币"章。客户看到加盖了"假币"章的假币,更加怒不可遏,在柜台外开始大骂银行,一时引来办业务的十多位客户围观。为平息客户怒气,且不影响银行正常业务办理,小方依旧心平气和地说:"请您消消气,有话好好说。不过假币我们还是要没收的。"客户一气之下,把假币撕碎并丢在地上,小方一句话也没说,俯下身将碎片捡起并用胶条粘好,然后开具没收证明交给客户。"不存了,还我钱!""没关系,那我把钱再帮您点一下。"小方依然微笑着对客户说,并向他介绍有关识别假币的知识。渐渐地,客户的气消了,当小方客气地把点好的钱交给客户后,刚才还怒气冲冲的客户说话缓和了:"算了,你们也是按制度办事,不是存心为难我,还是存吧。"同时主动向小方道歉。

讨论:
1. 营业员小方的宽容给我们什么启示?
2. 商务礼仪有哪些作用?

三、实践训练
下面60道心理测试题可以帮助你完成性格气质类型自我诊断。

(一)测试要求
忠于内心,不修饰自己的想法,控制测试时间。

(二)计分方法
认为该题"完全符合"自己情况的计2分;"比较符合"的计1分;"介于符合与不符合之间"的计0分;"比较不符合"的计-1分;"完全不符合"的计-2分。

(三)性格气质类型确定
第一步:把每题得分填入表1-1相应的题号"得分"栏并相加,计算出每一种性格类型的总分。

表 1-1　心理测试题得分

胆汁质	题号	2	6	9	14	17	21	27	31	26	38	42	48	50	54	58	总分
	得分																
多血质	题号	4	8	11	16	19	23	25	29	34	40	44	46	52	56	60	总分
	得分																
黏液质	题号	1	7	10	13	18	22	26	30	33	39	43	45	49	55	57	总分
	得分																
抑郁质	题号	3	5	12	15	20	24	28	32	35	37	41	47	51	53	59	总分
	得分																

第二步：性格气质类型的确定。

(1) 如果某种类型得分明显高出其他三种，平均高出 4 分以上者，则可以确定就是该种单一性格气质类型。

(2) 如果两种类型的总分很接近，两者之间相差小于 3 分，而又明显高于其他两种类型，其高出部分平均超过 4 分者，则为两种性格气质的混合型。如胆汁—多血质混合型、多血—黏液质混合型、黏液—抑郁质混合型等。

(3) 如果有三种类型的总分很接近，但又高于第四种超过 4 分者，则为三种性格气质的混合型，如多血—胆汁—黏液质混合型、黏液—多血—抑郁质混合型。

(4) 如果四种类型的总分很接近，四者之间相差小于 3 分者，则为四种性格气质的混合型，即多血—胆汁—黏液—抑郁质混合型。

(四) 测试题

1. 做事力求稳当，不做无把握的事。
2. 宁肯一个人干事，不愿很多人在一起。
3. 遇到可气的事就怒不可遏，想把心里话全说出来才痛快。
4. 到一个新环境很快就能适应。
5. 厌恶那些强烈的刺激，如尖叫、危险镜头等。
6. 和人争吵时，总是先发制人，喜欢挑衅。
7. 喜欢安静的环境。
8. 善于同别人交往。
9. 羡慕那种善于克制自己感情的人。
10. 生活有规律，很少违反作息制度。
11. 在多数情况下抱乐观态度。
12. 碰到陌生人觉得拘束。
13. 遇到令人气愤的事能很好地自我克制。
14. 做事总是有旺盛的精力。
15. 遇到问题常常举棋不定，优柔寡断。
16. 在人群中从来不觉得过分拘束。
17. 情绪高昂时，觉得干什么都有趣；情绪低落时，又觉得干什么都没意思。

18. 当注意力集中于某一事务时,别的事很难使我分心。
19. 理解问题总是比别人快。
20. 碰到危险情景,常有一种极度恐怖和紧张感。
21. 对学习、工作、事业怀有很高的热情。
22. 能够长时间做枯燥、单调的工作。
23. 符合兴趣的事情,干起来劲头十足;否则,就不想干。
24. 一点小事就能引起情绪波动。
25. 讨厌做那种需要耐心、细致的工作。
26. 与人交往不卑不亢。
27. 喜欢参加热烈的活动。
28. 常看感情细腻、描写人物内心活动的文学作品。
29. 工作、学习时间长了常常感到厌倦。
30. 不喜欢长时间谈论一个问题,愿意实际动手干。
31. 宁愿侃侃而谈,不愿窃窃私语。
32. 别人说我总是闷闷不乐。
33. 理解问题常比别人慢些。
34. 疲倦时,只要短暂的休息就能精神抖擞,重新投入工作。
35. 心里有话宁愿自己想,不愿说出来。
36. 认准一个目标就希望尽快实现,不达目的誓不罢休。
37. 学习、工作同样一段时间后,常比别人更疲倦。
38. 做事有些莽撞,常常不考虑后果。
39. 老师或师傅讲授新知识和新技术时,希望他讲慢些,多重复几遍。
40. 能够很快忘却那些不愉快的事情。
41. 做作业或完成一件工作总比别人花的时间多。
42. 喜欢运功量大的体育运动或参加各种文艺活动。
43. 不能很快地把注意力从一件事转移到另一件事上去。
44. 接受一个任务后,就希望把它迅速解决。
45. 认为墨守成规比冒风险强些。
46. 能够同时注意几件事情。
47. 当我烦闷时,别人很难使我高兴起来。
48. 爱看情节跌宕起伏、激动人心的小说。
49. 对工作报认真严谨、始终一贯的态度。
50. 和周围人的关系总是相处不好。
51. 喜欢复习学过的知识,重复做已经掌握的工作。
52. 希望做变化大、花样多的工作。
53. 小时候会背的一首歌,我似乎比别人记得清楚。
54. 别人说我出口伤人,可我并不觉得这样。
55. 在体育活动中,常因反应慢而落后。
56. 反应敏捷,头脑机智。

57. 喜欢有条理而不甚麻烦的工作。
58. 兴奋的事常使我失眠。
59. 老师讲新概念时,常常听不懂,但是弄懂以后就很难忘记。
60. 假如工作枯燥无味,马上就会情绪低落。

(五)性格气质类型行为特征分析

(1) 胆汁质

神经活动强而不均衡型。这种性格气质的主要行为特征是:充满热情,精力充沛,爽朗豁达;动作粗犷有力,说话直截了当,办事果断,勇猛坚强;性情急躁,情绪不稳定,爱冲动,缺乏耐性,不讲究方式方法,容易好心办坏事。对此类性格气质的后天改造不易。这类人适合从事外贸、信息、管理工作,善于管理逆境企业。

(2) 多血质

神经活动强而均衡的灵活型。这种性格气质的主要行为特征是:活泼开朗,热情奔放,感情比较丰富,待人亲近,富有同情心,思维敏捷,反应迅速,兴趣广泛,健谈,富于幻想,善于交际,接受能力强;情绪易变冷淡,注意力易转移,易见异思迁。对此类性格气质的后天改造较易,这类人适合从事公关、销售等工作,善于管理企业。

(3) 黏液质

神经活动强而均衡的安静型。这种性格气质的主要行为特征是:沉着冷静,耐性较强,言行谨慎,情感不易外露,性情比较稳定,善于克制忍让,生活有规律。不为无关事情分心;不够灵活,一般只按指示或经验办事。因循守旧,对事业缺乏热情,不善于交际。对此类性格气质的后天改造较易。这类人适合从事科研、金融、保险、会计等工作,善于管理顺境企业。

(4) 抑郁质

神经活动弱而不均衡的抑制型。这种性格气质的主要行为特征是:感情细腻,执着,善于观察,多思考,喜静少动,敏感多虑,韧性强;易受挫折,孤僻胆怯,疲劳不容易恢复,疑心较重,不善于交际。对此类性格气质的后天改造不易。这类人适合从事制造业,善于管理朝阳企业。

混合型同时具备混合各类型的性格气质特征。在现实生活中,多数人一般是两种性格气质的混合型,单一型和三种、四种混合型的人较少。性格气质特征具有先天性,但可以通过后天的环境进行改造,改造的效果因人而异。

实训内容如下。

1. 通过测试,进一步了解自己性格气质类型的特征,结合自己从事或者即将从事的职业,认识自己职业性格气质的优劣势,针对劣势设计出解决方案。

2. 请熟悉自己的人(同学、老师、家人、朋友、同事、上级、下属等)及陌生人谈谈对自己性格气质的印象。将自己的优势、劣势、兴趣用列表的形式梳理出来,以此为依据,评价目前或者即将从事的工作是否适合自己。

3. 分析说明哪些职业能发挥你的性格气质优势?

项目二

商务形象礼仪

商务形象礼仪

学习目标

【知识目标】

1. 掌握头发修饰和面部护理的要点；掌握化妆的原则和步骤；掌握正确站姿、行姿、坐姿及手势；掌握眼神、微笑的使用方法。

2. 了解商务人员形象设计的基本原则与要求，能正确认识仪容仪表礼仪对个人形象塑造的重要性。

3. 掌握商务人员仪容仪表礼仪在社会生活与工作中的运用技巧，并按照不同场合和个性特征来打造得体的造型。

【能力目标】

能根据不同场合有针对性地修饰和美化自己的仪容、仪态；能正确展示姿态、表情和手势。

【素养目标】

在不同的场合化不同的妆，并懂得与各个要素搭配，能够运用仪容仪表礼仪与技巧来提升个人形象和魅力。

 情境导入

小杨和同事小刘都是本公司业绩不错的员工，他们的能力和外表形象几乎在伯仲之间。但是奇怪的是，公司每次有什么重大活动都要小刘主持，小杨百思不得其解，向朋友抱怨："领导为什么只重用小刘，而我的多才多艺就视而不见呢？"朋友说："如果是我，我也会用小刘的，你俩能力和外貌形象差不多，但是他往那一站很高大，很有气度，就没有见他对谁说话的时候弯着腰的，他的站姿挺拔，让人认为他是一个自信的人，充满活力。老板放心把工作交给他。而你总爱低着头，和人交谈的时候有时靠着墙或柱子，我们会认为你对一切都不感兴趣，缺乏活力。这不属于一个成功者、富有活力的年轻人所应有的样子。"

优美的站姿能衬托出一个人的气质和风度。交往中的站姿，要求做到"站有站相"。"站如松"，其意思是站得要像松树一样挺拔，同时，还需要站姿的优美和典雅。男女的站姿美感各有不相同：女性应是亭亭玉立，文静优雅；男性则是刚劲挺拔，气宇轩昂。

任务一　仪容礼仪

仪容指人的容貌，主要包括面部、头部、颈部、手足等部位。仪容礼仪作为商务人员个人形象塑造的重要组成部分，在商务交往中起着举足轻重的作用。仪容通常受两方面因素的影响：一是个人的先天条件，即个人长相，属自然形成，无法改变；二是后天的修饰和保养。修饰得当的容貌，看上去清新自然、精神焕发，既维护了个人的尊严，又体现了对他人的尊重，更重要的是维护了企业形象。因此，人们要想使自己的容貌为人际交往增光添彩，就应掌握有关仪容修饰的礼仪和技巧。

一、头发的修饰

健康的头发搭配适合自己的发型，可以让一个相貌平平的女性平添许多风韵，能让美丽的女性变得更加迷人，也能让男士显得更有风度、有品位，彰显个人气质。

（一）头发养护

头发要保持整洁、健康、无异味。同时要经常地洗护、梳理和修剪。

（1）及时洗护。洗发宜用40℃左右的温水，太热的水伤害发丝，太冷的水洗不净油脂。洗发时，要用手指肚轻轻揉搓，不能用指甲抓搔头皮。洗发水在头发上停留的时间越短越好，洗头的窍门是快速清洗，湿发最好自然风干。就像皮肤一样，头发和头皮在清洁之后，需要补充营养，使其拥有照人的光泽。护发的作用就是使头发充分吸收营养，并同时在头发外部形成保护层，使其免受损伤，保持头发柔软、亮泽、富有弹性。可在洗发之后，根据头发受损程度的不同，选择不同的护发产品，但使用不能太过频繁，一周一到两次比较合适，否则，可能会营养过剩，使头皮黏腻。

（2）认真梳理。经常梳头相当于按摩，可有效地促进头部血液循环。梳头首先要选一把好梳子，以牛角梳、玉梳、木梳为佳，牛角梳本身具有清热凉血作用，玉梳可以平肝、安神、镇惊，都有治疗功效。尽量不要使用塑料梳子，因为这种梳子梳理头发时容易起静电，破坏头发组织。梳头时不要用力过猛，避免损伤、拉断头发。梳头次数太多，会过分刺激头皮，如果用了品质差的梳子，更会严重损害头皮，新的研究发现，发丝不宜受到过分的摩擦，因此梳头每次不要超过50下。

（3）经常修剪。除洗护之外，头发应该常常修剪，尤其是短发，每月应修剪1～2次。留长发的女士应将枯黄、开叉的发梢剪掉，保持头发的美观。

（4）谨慎烫发、染发。近年来，男女青年流行烫发、染发，有的烫染出了自己的个性，又有时代气息，增色不少；有的则不土不洋，不伦不类，黯然失色。烫发、染发都会对头发造成一定的伤害，因此要慎重、把握好分寸，同时要重视烫染后的护理，否则既损伤头发，又损害自己的形象。

（二）选择发型

商务人士在为自己选择发型时，除考虑个人品位和流行时尚之外，还必须对本人的性别、年龄、发质、脸型、身材、职业等因素重点加以考虑。

1. 需要考虑性别

在日常生活中,发型一向被作为区分男女性别的重要的标志之一。虽然近几年来,发型的选择逐渐呈现出日益多元化的倾向,明星人物和新潮青年们在选择自己的发型时,纷纷"敢为天下先":有的成年男子留披肩发,有的梳起小辫儿;妙龄少女有的理成"板寸",有的剃成光头。此种做法虽然标新立异,但是素来以恪守传统而著称的商务人士依旧不宜效仿。

男士选择发型的要求:①不允许男士在工作之时长发披肩,或者梳起辫子。男士在修饰头发时,必须做到"前发不覆额,侧发不掩耳,后发不及领"。②出于美观,男士不应剃光头。

女士选择发型的要求:头发的长度不宜过肩部,不宜挡住眼睛,而且不允许随意将其披散开来。最好将超长的头发盘起来(图 2-1)、束起来或编起来,或是置于工作帽之内。

图 2-1　盘发

2. 需要考虑年龄

商务人士在为自己选择发型时,必须客观地正视自己年龄的实际状况。举例来说,一位青年女性,若是将自己的头发梳成"马尾式"或是编成一条辫子,可以显现出自己的青春和活力,可若是一名人过中年的女士选择这种发型的话,则不符合自己的年龄。

3. 需要考虑发质

(1) 细软发质的发型。发质细软的人,头发总是十分服帖地贴在头部,缺乏丰盈感。所以,这种发质的人千万不要留平直的发型,不然会显得老成而没有朝气,这种发质的头发不宜留太长,太长很容易纠结,不易梳理,也不容易定型。如果留刘海,最好采用斜外卷式,这种向外翻卷的发尾轻盈而活泼,能增加立体感。

(2) 粗硬发质的发型。头发粗硬就不会很服帖,如果留发太短,容易蓬松开来,极难约束,这种发质的头发可以留不到肩的短发发型和超过肩的长发发型,这样就避免了前面提到的两种弊病。如果将发梢稍向内卷,则会有轻重之感,我们在电视上看到的一些护发用品广告中,动静有致的秀发大部分都属于这种发质。

(3) 头发稀疏的发型。头发稀疏的人,千万不要选择长头发,长头发会使头发显得更少。可以选择有蓬松感的、可以增加头发量感的大波浪形,吹风时尽量将发根竖起来,使头发显出弹性而产生立体感。

(4) 头发稠密的发型。头发稠密的人,如果发质粗硬,可以参考前面的方法。如果发质适中就必须根据脸型、身体来考虑。但是切记一点,发型不要做得太花,应尽可能简单一些,或者干脆留成长发,梳一根独辫也别有一番韵味。

4. 需要考虑脸型

人的头发生在头顶,下垂到脸旁,因而发型与脸型相辅相成。选择恰当的发型,既可以使自己的脸型扬长避短,更可以体现发型与脸型的和谐之美。

(1) 圆形脸的人(图 2-2),五官集中,额头与下巴偏短,双颊饱满,可选择垂直向下的发型。发型应该是把圆的部位盖住,显得脸长一些。例如,头发侧分可以增加高度,用吹风机和圆齿梳将头顶吹高,两边的头发略盖住脸庞,头发宜稍长,或者两边的头发要紧贴耳际,不要露出耳朵,稍梳些短发盖住脸庞,头发倒分,长过下巴是最理想的。

(2) 方形脸的人(图2-3),面部短阔,两腮突出,轮廓较为平直。在设计发型时应侧重于以圆破方,以发型来增长脸型。可采用不对称的发缝、翻翘的发帘来增加发式变化,并尽量增多顶发。但勿理寸头,耳旁头发不宜变化过大。额头不宜暴露,不宜采用整齐平整的发廓线。

(3) 长形脸的人(图2-4),往往会给人以古典感,脸型较美。为其设计发型时,应重在抑"长"。可适当地保留发帘,在两侧增多发量,削出头发的层次感,顶发不可高隆,垂发不宜笔直。

(4) "由"字形脸,俗称三角形脸(图2-5),特点为额头窄小,下巴宽大。为了掩盖其缺陷,应当增加头顶头发的高度和蓬松度,留侧分刘海,以改变额头窄小的视觉,头发长度要超过下巴,避免短发型,如果烫一下更好,容易做出大波浪,发梢柔软地附在脸腮。

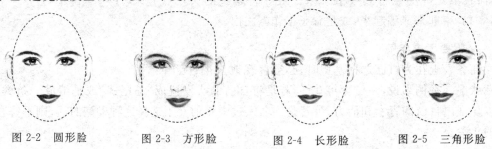

图2-2　圆形脸　　　图2-3　方形脸　　　图2-4　长形脸　　　图2-5　三角形脸

(5) "甲"字形脸(图2-6),俗称倒三角形脸。刘海边尽量剪短些,并做出参差不齐的效果,露出虚掩着的额头,转移宽额头的焦点。双耳以下发量宜适当增多,但切勿过于丰隆或垂直。

(6) 椭圆形脸(图2-7),这种脸型是最完美的脸型,采用长发和短发都可以,但应尽可能把脸显现出来,突出这种脸型的美感,而不宜把脸遮盖过多。

(7) 菱形脸(图2-8)适合在前额创造宽度,在颊骨减少宽度。留几撮发束的刘海,会柔和发缘,使脸型没有棱角。假如是又高又窄的前额,可以在眉毛上剪高层次的刘海,使前额觉得更短、更窄。

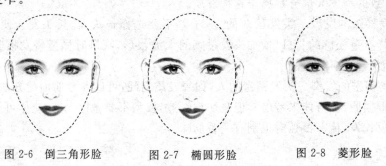

图2-6　倒三角形脸　　　图2-7　椭圆形脸　　　图2-8　菱形脸

5. 发型与身材相配

(1) 身材矮小的人。要避免表现头发的量感,因为这样会造成重心下移。蓬松的发型,会使高身材的人显得潇洒漂亮,如果矮身材的人盲目跟从,只会使人注意其身材的不足。身材矮小的人也尽量不要留披肩长发,这样会使身材显得更矮。如果喜欢长发,宜在头顶做一个发髻或扎一个马尾,这样重心就往上移了。最好采用短发型或超短发型,将头发削得与头部贴合,再适当做一些波纹,这样看上去重心低的感觉就得到了缓和。

(2)身材高大的人。身材高大的人选择发型较容易,尤其是优美的、丰隆蓬松的发型,就更显得潇洒大方;无论发型长与短,对身材高大的人来说总是相宜的。但是,身材太高的人切忌那种削得太薄的超短发,无论这种发型与你的脸型多么相配,从你的身后看去,还是觉得重心太高,有脱节感。

知识拓展　　　　　　伤害头发的 15 个坏习惯

(1)经常使用吹风机。头发所含的水分若降低至 10% 以下,发丝就会变得粗糙、分叉,而经常使用吹风机吹发的后果就会如此。

(2)每天反复梳发超过 50 次,梳理过多,会伤害秀发。

(3)只梳理头发的尾端,往往会出现断发或发丝缠绕的现象。

(4)趁头发很湿时上发卷,正确的方法是等头发干到七八成时再上发卷。

(5)洗完头发后用毛巾用力擦干,只会使头发枯涩分叉。

(6)误认为洗发剂泡沫越多越好,其实这样会使头发更干涩。

(7)在头发上喷洒香水,会将头发中的水分带走,使头发显得干燥。

(8)染发与烫发同时进行,会使头发的负担太重而伤害秀发。

(9)卷发时用力上紧发卷,上发卷时过于用力,很容易把头发扯断。

(10)戴着发卷入睡,头发被卷在发卷中,承受一整夜的重量和压力,不可避免地会受到伤害,所以这一方法是不可取的。

(11)头发干涩时就多抹一些护发乳,头发干燥,缺乏光泽,多抹些护发用品就可以解决,相信许多人都曾这样试过。事实上,过量的护发乳只会给头发造成负担。要抹的话,只抹在头发表层即可。

(12)用力梳头可除去头皮屑。用梳子的尖端用力刮头皮,的确可以除去一些头皮屑,但是头皮上的角质细胞也会脱落,使头皮受伤。

(13)烫发不成功再来一次。新烫的发型不令人满意时,有些人会重新再来一次,这样对头发将造成极大伤害。

(14)一瓶洗发用品全家合用。使用不合发质的洗发、护发用品,结果可想而知。

(15)各种皮质的人都可以染发。如果可以的话,在进行染发之前,与美发师进行充分沟通,先沾些染发剂在手腕内侧,如果出现红痒,就应该打消染发的念头,以免伤害头发。

二、面部的修饰

化妆是一种通过使用美容用品来修饰自己的仪容、美化自己形象的行为。对一般人来讲,化妆最实际的目的是对自己容貌上的某些缺陷加以修饰,使自己更加美丽、更为光彩照人。

(一)面容

面容是仪容里最引人注目之处,是构成一个人基本特征的主要因素,一般通过面容来认识、区分不同的人。脸面对人的自尊心具有无与伦比的重要性,所谓"丢脸"羞耻、"丢面子"

要紧,都说明了这个道理。热爱生活的人无不重视面容的美化。

保持清洁是最基本、最简单、最普遍的美容。男士要养成每日剃须修面的好习惯。从前,男士蓄须较为普遍,曾是身份和个性的体现。现在,留长须的人很少了,喜欢蓄须的人要考虑工作是否允许,有的行业、岗位明文规定不能蓄须。已蓄须者,无论胡子长短,都要经常修剪,保持整洁卫生。未蓄须的成年人,切忌胡子拉碴地参加各种社交活动,因为这是很失礼的表现。女士更注重美容,在保洁方面应更为讲究。

(1) 洁肤。适度地洁肤有助于面容的洁净,用温水湿面,让毛孔张开,选择适合自己的洗面奶,适量挤在掌心,用一点水揉开起沫。均匀地将洗面奶揉在脸部、颈部,用手指肚轻柔按摩,在额头、脸颊等处轻柔打圈,鼻头、下巴、额头这些容易生成黑头的地方,多按摩一会儿。不要忽略颈部的清洁,清洁时注意要从下往上按摩,这样有助于防止颈部皮肤松弛而呈现老化。按摩完毕后,尽量使用流水清洗,用手捧水冲洗泡沫,一边冲洗一边用指肚顺着皮肤纹理清洗会更干净。用干松毛巾轻轻擦干水珠,千万不要用粗糙的毛巾使劲搓揉面部,那样会划伤皮肤表层,造成细菌入侵,破坏脸部酸碱值。最后用冷水拍拍面部,长期坚持能增加皮肤的抵抗能力。除每日一至二次的日常洁肤外,有条件的,每周还可以用面膜进行一次深层清洁,彻底清除污垢。

(2) 爽肤。爽肤是洗完脸之后的重要步骤,爽肤也是使用保养品、化妆品之前必要的一步,因为爽肤水的作用在于再次清洁,以恢复肌肤表面的酸碱值,并调理角质层,为肌肤更好地吸收保养品做准备。此外应注意,在选择爽肤水时,摇一摇瓶身,如果出现很多很细的泡泡但很快就消失了,说明其中含有酒精。这类爽肤水偶尔使用可以起到消炎的作用,但是不要长期使用,因为酒精挥发时,会带走皮肤中的水分,从而破坏皮肤中的蛋白质,加速皮肤老化。

(3) 润肤。爽肤后还应为肌肤补充营养,白天用日霜,夜间用晚霜。日霜可形成一层保护膜,防止灰尘附着在皮肤上和免受紫外线的侵害,并为肌肤提供所必需的养分。一般来说,润肤油和润肤霜比较适合冬天使用,润肤露则比较适合全年使用。夏天应使用防晒霜来阻挡强烈日晒。临睡前使用晚霜,能使养分充分吸收,达到养颜的目的。

(二) 基本妆容修饰

化妆并不是一件简单随意的事情,它具有一定的艺术性。适度的化妆能表现出个人成熟干练的形象,给人留下深刻的印象。在日常工作环境中,一般以清新、典雅、自然为宜。

1. 上妆

清洁皮肤:一般建议油洗,就是选择洗面奶、洁面霜之类的皮肤清洁用品清洗面部。

化妆水:可根据皮肤性质的不同和季节的不同选择合适的化妆水。

修眉:使用眉钳或者剃眉刀,根据自身脸型和五官,修饰多余的眉毛,使面部看起来干净清爽。

眼霜:用来保护眼睛周围比较薄的这一层皮肤的,除了可以消除黑眼圈、眼袋的问题外,同时也具备改善皱纹、细纹的功效。眼霜的使用方法:挤出米粒大小的眼霜于手指指肚,由外眼角到内眼角轻轻地以如同弹钢琴的动作,将眼霜点按进眼周肌肤。这种手法既能有助于眼霜更好地被吸收,又可以有效促进眼部血液循环,消除黑眼圈,特别注意点按的力度一定要小。

乳液：选择适合自己皮肤的乳液，采用五点法点于额头、两颊、鼻部、下巴，用双手无名指和中指指腹轻轻拍打至完全吸收。注意不要忽视脖子。

隔离霜：隔离霜可用来隔离外界粉尘、污染和彩妆对皮肤的伤害。可选择质地轻薄些的，太过重油会给肌肤造成负担。

防晒霜：无论是阴天还是晴天，太阳辐射都会穿透云层，只是肉眼看不见，肌肤也感觉不到。在阴天可选择防晒指数较低的防晒产品，晴天可选择防晒指数较高的产品。

粉底：粉底的作用主要是均匀面部肤色，所以要选择与自己肤色接近的颜色，永远不要把粉底涂在手上来试，这绝对是一个全世界的女性都在犯的错误。粉底是涂在脸颊上而非手上，这两个部位皮肤的厚度和皮下脂肪均不同，粉底呈现出的质感也完全不同，所以我们不能再错下去了，而应把粉底涂在下巴和脸颊外侧。这两个部分一明一暗。你可以看出哪个最接近肤色，哪个色调就是适合你的。建议选粉底液一定要和肤色统一。这样整张脸涂好后，皮肤会显得白一些。

高光粉：选择比粉底明亮 2~3 度的粉底作为高光粉，用于鼻梁、眉骨等面部突出位置的提亮，粉应轻而薄，由内向外晕开，不能出现边缘色。

阴影粉：选择合适的阴影粉，在面部的外轮廓、鼻侧影部涂抹均匀，起到修饰脸型、突出面部轮廓的作用。要自然衔接，不能出现边缘色。

定妆粉：选择适合肤色的散粉，用粉扑蘸取少量（以粉扑向下不掉落为宜）轻轻按压全脸，然后用粉刷轻轻拂去多余浮粉。

眉笔：选择与自己头发和眼睛颜色相同或相近的眉笔。

眼影：中国人的瞳孔是深棕色的，而棕色里还有红色。在色彩学里，绿色和红色是对比色，所以绿色很适合中国人，涂抹起来会很自然、清新。眼影最普通也最简单的一种画法：同一色彩以不同的深、浅，自眼睑下方至上方由深至浅渐次画上，可以塑造目光深邃的效果。眼睛看起来会变大至少 1/3，且很有神、很亮。对于职场女性来说，三色眼影即白色、浅咖色、深咖色，可以满足基本的化妆需求。

眼线：眼线笔从眼睛的 2/3 开始沿睫毛根部向眼尾描画，到眼尾处稍稍向上微翘，这样使眼睛看起来深邃有神。画下眼线，只需在下眼睫毛根部 1/2 处向眼尾部位轻轻勾勒。眼线可以略宽，使眼睛看起来又大又有神。

睫毛膏：选择水洗防脱的睫毛膏，避免晕染和脱落而影响妆容。

口红：唇膏的颜色要和服饰、眼影等相协调。

腮红：选择与唇膏及整体妆容颜色协调的腮红。

知识拓展　　　　**护肤品里的霜、蜜、乳、膏、奶有什么区别**

乳液是指一相液体以微小液滴状态分散于另一相液体中形成的非均相液体分散体系。由油和水混合组成的乳浊液根据连续相和分散相不同，分成油包水型乳剂和水包油型乳剂，前者连续相为油脂，分散相为水溶液，后者连续相为水溶液，分散相为油脂；除上述两类乳剂之外，还有复合乳剂。常见护肤品中，霜、膏一般为油包水型，质地比较稠厚，适合干性皮肤，而乳液、奶、蜜一般为水包油型，质地比较清爽，适合油性、混合性皮肤。

2. 修妆和补妆

整个化妆程序完成后，要仔细观察整体妆容是否协调对称，不足之处适当修饰和补充。

脸部的妆一般只能保持一定的时间,时间长了,颜色就会发生变化。补妆是指补画化妆品在脸部已变化的部位。在正式场合,以残妆示人,既有损形象,也显得不礼貌,因此,不论在什么环境下,都要经常检查自己的妆容,特别是在出汗、用餐、休息后,要及时检查妆容。如果发现妆面残缺,要立即补妆。补妆的时候,要回避别人,在没有人的角落或洗手间进行。如果下班后要参加聚会或者晚宴,也需要进行补妆。

3. 注意肢部的修饰

(1) 手的修饰。在人际交往中,手往往是人们运用最频繁的身体部位。有人说:"手是女人的第二张脸"。要勤洗手、修指甲或是用刷子刷洗,不要满是脏东西,还要保持手润滑细腻,可以经常涂抹护手霜。

(2) 腿脚的修饰。人们常说:"远看头,近看脚"。一个人的下肢尽管不是个人形象的主要代表,但也不能任其自然。千万不要被别人看成"凤凰头,扫帚脚"。

4. 卸妆

睡觉之前,一定要对皮肤完成彻底的清洁,别忘了给皮肤涂上爽肤水及保养品。

三、手部的修饰

商务人士注重仪表仪容美的同时,还应当对自己手部的皮肤百倍爱护。爱护手部皮肤的问题,重点是要使之光洁、细腻、干净,既非粗糙不堪,又不要过分艳丽。

另外,商务人士在社交活动中,彼此之间需要握手,一双清洁没有污垢的手,是交往时的最低要求。商务人士应该养成经常修剪指甲的习惯,指甲的长度不应超过手指指尖。修指甲时,指甲沟附近的"爆皮"要同时剪去。需要注意的是,切忌在任何公共场合修剪指甲,这是极不文明、极不雅观的行为。

手部肌肤的护理时,要先用温水将整只手冲洗干净,同时软化指甲;再将指甲修剪成型,磨细滑,去除指甲边缘的死皮,随后用磨砂膏轻轻按摩手部,去除手部的角质;冲洗干净后擦干,涂上膏状的保湿面膜,包上保鲜膜,休息20分钟;洗去之后,再涂一层厚厚的护手霜,按摩吸收,指甲部分也要按摩。最好用含甘油、矿物质的润手霜。尤其是干燥肤质的手。每次洗手后要及时涂上,补充水分及养分,干燥的指甲边缘也要顾及。经常在户外活动、工作的商务人士应给手部涂些防晒霜。

 知识拓展　　　　　　关 于 香 水

1. 香水的选择

(1) 每次试闻香水最好不要超过3种,以免影响嗅觉。

(2) 香水喷涂在闻香试纸上,在空气中晃一晃,使香水的气味与空气混合,闻香。或带回家收在衣柜里,第二天再闻香。或对着空气喷洒,人从香雾中穿身而过。

2. 香水的正确使用

(1) TPO原则。香水的使用要注意 TPO 原则(time,place,occasion)。办公时应尽量使用清淡或中性香味的香水,郊游及运动时应使用清爽型香水,聚餐时使用淡香水,夏天要用较清淡的香水,冬天或晚上则可用较浓郁的香水。

（2）与护肤品和化妆品的香味相协调。香料科学发展到今天,除香水外,护肤、护发、洗涤用品都在大量使用各种香料。在使用香水时,注意香味应与这些产品的香味相协调。要想充分表现个人品位及性格,最好购买及使用无香洗护用品,以保证香味的纯正。

（3）出门前20min使用。大多数香水调配分前调、中调、后调,前调持续时间为10min左右;中调持续时间约2h,这时是香水的灵魂时段;后调持续时间为2h左右或更长,与肌肤融合后的味道形成了此种香水的独特味道,称为后味,也就是所谓的余香或体味。鉴于香水的特性,建议出门前20min使用,以便打造完美形象。

（4）善用最后的香气。将用尽的香水瓶去盖,放入衣柜中,让衣物充满香气,在清洗内衣时,滴上两滴香水,使贴身衣物也充满愉悦的香气。

3. 香水的保存

（1）香水应放置于阴凉而空气流通,或气温变化较小的地方。避免置于阳光直射之处,以防本身产生变质或变色。

（2）沾式的香水,打开的瓶盖不要直接接触到桌面。

（3）香水也不应该放于浴室内,因水汽会使金属部分氧化而产生锈斑。

4. 女人与香水

女人和香水有着剪不断的情缘,香水是美丽女人一生离不开的闺中密友。

（1）香水的喷洒部位。

① 整体喷雾法。在穿衣服前,让喷雾器距身体10~20cm,喷出雾状香水,喷洒范围越广越好,随后立于香雾中5min,或者将香水向空中大范围喷洒,然后慢慢走过香雾。这样都可以让香水均匀落在身体上留下淡淡的清香。

② 局部涂抹法。

耳后:耳朵后面的体温很高,非常适合涂抹香水,还可避免紫外线的照射。

脖子:由于头发遮挡了紫外线,后颈部可安心涂抹香水,但不可使用过多。

手肘:抹于手肘外侧不如抹于温度较高的手肘内侧。

手腕:抹于手腕内侧脉搏跳动的地方,脉搏的跳动会带动香气的散发。

腰:要想飘着淡淡的香味,就涂抹于此处,用餐时可涂抹在腰部以下。

腿部关节:可使用于关节或同样高度的裙子内侧。随着裙角的摆动及双脚的移动,香气会散发出来。

衣服:一般多喷在内衣和外衣内侧,裙下摆以及衣领后面。职业女性还可以将香水喷在名片上或者钱包内。

（2）女士使用香水的禁忌。

① 香水不能涂抹于阳光照射的皮肤处。

② 用香水时,喷洒量以自己刚感受到香味为宜。

③ 大汗淋漓或汗流浃背时不能喷洒香水。

④ 香料含有有机成分,容易使金、银、珍珠等首饰褪色、损伤,因此香水不能直接喷于饰物上,可先喷香水后戴首饰。

⑤ 棉质、丝质衣物很容易留下痕迹,千万不要喷在皮毛上,不但损害皮毛,颜色也会改变。

⑥ 去探望病人或长者时,香水的使用也要慎重。

⑦ 参加婚礼或他人的重大庆典,建议选择清雅的果香系或中庸些的香水,不要太引人注目,否则会喧宾夺主。而参加葬礼及宗教仪式则忌用香水。

任务二 服饰礼仪

人们总是通过看到的事物外在形象来建立第一感觉,穿着得体的人通常都能给人留下良好的第一印象。

服饰是装饰人体的物品总称,包括服装、鞋、帽、袜子、领带、首饰、围巾、提包、阳伞、发饰等。服饰能彰显出一个人的个性、身份、修养、品位和精神面貌,同时也会影响到留给他人的第一印象。在商务场合,商务人员的服饰是否得体则关系到所在企业的整体形象。

古今中外,着装体现着一种社会文化,体现着一个人的文化修养和审美情趣,是一个人的身份、气质、内在素质的无言的名片。从某种意义上说,服饰是一门艺术,它所能传达的情感与意蕴甚至难以用语言所表达。在各种正式场合,商务人士得体的着装通常体现着自身的仪表美,同时也有助于增加交际魅力,给人留下良好的印象,使人愿意与其深入交往,同时,注重着装礼仪也是每个事业成功者的基本素养。

礼仪故事   我国古代的穿衣礼仪

我国古代,穿衣强调不露形体,所以无论男女服装,都宽松肥大。《礼记·内则》还强调"女子出门,必拥蔽其面",连脸都要遮盖上。袒胸露体见人,不仅是轻视自己,而且是不讲礼节的举止,也是对对方的不尊敬。官方礼制在这方面的限制尤为严厉。

西汉元朔三年(公元前126年),武安侯田恬因只穿短衣入朝,便被判以大不敬之罪。清代规定,凡官员入宫见皇帝,夏天不得穿亮纱:"恶其见肤也,以实地纱代之,致敬也。"(《清稗类钞》)即使伏天,也不能穿葛纱。总之,无论穿短衣还是长衣,只要露出体肤,便在禁止之列。违反这种规则,便是不敬。如果不穿衣服,那就是对对方的一种莫大的侮辱了。

穿着要宽大不露体,一眼看上去要齐整。北宋太祖赵匡胤,一次晚间宣翰林学士陶毅入宫议事。陶毅进官后,见宋太祖只着便衣内服,几次进去又忙退出来,左右催宣甚急,他始终彷徨不进。宋太祖发觉后,忙令人取袍来,陶毅等宋太祖穿好袍服、束完腰带,才急忙进去。陶毅之所以逡巡不前,是因为他恪守君臣礼法,免得宋太祖衣冠不整,有失为君风度,君臣相见后出现尴尬局面。

皇帝穿戴齐整见官员,也是对臣下的礼敬。明朝天顺年间,薛瑄入朝,英宗上方小帽、短衣,闻先生奏事,为更长衣(《玉堂丛语》卷三)。即赶快穿好长衣见他,以示敬重。

士大夫在交际场合,尤为讲究穿戴的齐整,以保持自己的仪度,不失礼数。清代的英和,为翰林世家出身。一次,拜谒翰林院前辈窦东皋,当时正是三伏天,两人在厅中自早饭后即交谈,"正衣冠危坐两三时许",可谁也不敢襟脱衣,以至于"汗如雨下",直到中午,英和才"乘间告退"。

资料来源:恩福堂笔记·卷下(节选),略改动。

一、着装基本知识

(一) 职场着装的特点

着装要赢得成功,进而做到品位超群,就必须兼顾个体性、整体性、整洁性、文明性、技巧性。对这五个方面,一点都不能偏废。

1. 个体性

在着装时,既要认同共性,又要坚持个体性,要做到"量体裁衣",使之适应自身,并扬长避短。应创造并保持自己独有的风格。

2. 整体性

正确的着装,应当基于统筹的考虑和精心的搭配。一是要恪守服装本身约定俗成的搭配。例如,穿西装时,应配皮鞋,不能穿布鞋、凉鞋、拖鞋、运动鞋;二是要使服装各个部分相互适应,局部服从于整体,力求展现着装的整体之美、全局之美。

3. 整洁性

首先,着装应当整齐,不允许服装又折又皱,不熨不烫;其次,着装应当完好,不应又残又破,乱打补丁;再次,着装应当干净;最后,着装应当卫生,对于各类服装,都要勤于换洗,不应允许其存在明显的污渍、油迹、汗味与体臭。

4. 文明性

着装的文明性,主要是要求着装文明大方,符合社会的道德传统和常规做法:一是忌穿过露的服装;二是忌穿过透的服装;三是忌穿过短的服装;四是忌穿过紧的服装。

5. 技巧性

不同的服装有不同的搭配和约定俗成的穿法。例如,穿单排扣西装上衣时,两粒纽扣的要系上面一粒,三粒纽扣的要系中间一粒或是下面两粒。穿西装不打领带时,内穿的衬衫应当不系领扣。女士穿裙子时,所穿丝袜的袜口应被裙子下摆所遮掩,而不宜露于裙摆之外等。这些都属于着装的技巧。着装的技巧性主要是要求在着装时要依照其穿法而行,要学会穿法,遵守穿法。

 知识拓展　　　　　　**不同场合的着装要求**

在日常工作与生活中,商务人员的着装应当因场合不同而异,以不变应万变显然大为不妥。在不同的场合,商务人员应该选择不同的服装,以此来体现自己的身份、教养与品位。一般而言,商务人员所涉及的诸多场合有公务场合、社交场合、休闲场合三种。

(1) 公务场合。在写字间里、谈判厅里以及外出执行公务等情况。其着装的基本要求为庄重保守,宜穿套装、套裙,以及穿制服。除此之外,还可以考虑选择长裤、长裙和长袖衬衫。在非常重要的场合,短袖衬衫不适合作为正装来选择。

(2) 社交场合。工作之余在公众场合和同事、商务伙伴友好地进行交往应酬的场合。其着装的基本要求为时尚个性,宜着礼服、时装、民族服装。社交场合一般不适合选择过分庄重保守的服装,例如穿着制服去参加舞会、宴会、音乐会等。

(3) 休闲场合。在工作之余一个人独处,或者公共场合与其他不相识者共处的场合。其着装的基本要求为舒适自然,适合选择的服装有运动装、牛仔装、沙滩装以及各种非正式的便装,例如 T 恤、短裤、凉鞋、拖鞋等。

(二)服饰礼仪的原则

1. TPO 原则

1963年,日本男装协会提出了服饰 TPO 原则,即人们在选择服装、考虑其具体款式搭配时,要考虑时间(time)、地点(place)、目的(object)的协调性。

(1) 时间原则。服饰的选择首先要符合季节和气候特点,其次是要符合每天的不同时段。例如,男士有一套质地上乘的深色西装或中山装就可以应付很多场合,而女士的着装则要随时间而变换。白天工作时,女士应穿着正式套装,以体现专业性;晚上出席商务宴会时,就需多加一些有光泽的佩饰。

(2) 地点原则。衣着要与地点协调。与顾客会谈或参加正式会议时,服饰应庄重考究;听音乐会或看芭蕾舞等高雅艺术的场合,则应按国际惯例着正装;出席正式宴会时,则应穿晚礼服为佳;而在朋友聚会、郊游等场合,则应着轻便舒适的休闲装。

(3) 目的原则。在家里接待来客,可以穿着舒适但整洁的休闲服;去公司或单位拜访,穿职业套装会显得稳重、尊敬;外出异域时,要尊重当地的传统和风俗习惯;去教堂或寺庙等场所,不能穿暴露的服装。

2. 服饰的整体性原则

搭配得体的服饰必须从整体考虑服装的款式、色彩、质地、佩饰、工艺等方面的和谐。穿西装,必须穿不露脚趾的皮鞋,不能穿休闲的凉鞋、旅游鞋、拖鞋或布鞋等;也不可穿着西服上衣,打着领带,下身则穿着运动裤、短裤等休闲装。服饰的效果只有整体和谐,方能显出一个人良好的气质内涵。

3. 服饰的合"礼"原则

合"礼"即要符合礼仪规范。例如,在喜庆场合不宜穿着素雅、古板;在庄重场合不能穿得太宽松、随便;在悲伤场合,不能穿着鲜艳。

服装和配饰的搭配要尊重他人。例如,电视台新闻联播的女播音员,穿着庄重,可漂亮的吊坠耳环却随着女播音员的动作不停地晃动,让观众烦躁,这是对观众的不敬,是不合"礼"的行为。

4. 服饰的协调搭配原则

1) 服饰搭配要与体型相协调

古希腊哲学家毕达哥拉斯发现,只要符合黄金分割定律的物体和几何图形,都会让人感到悦目、和谐、愉快。优美人体应符合 0.618∶1 的比例,虽然现实中大多数人的体型不尽完美,但可以通过服饰的搭配扬长避短。

(1) 服饰的搭配中,通常把女士的体型分为 H、X、A、O、Y 五种类型(图 2-9)。

H 型:肩部与臀部的宽度比较接近,腰部不明显,臀部和腰部的差值小于 15cm。瘦削和肥胖的人都有这种体型,这种体型的人应避免较短或贴身的上衣。身材比较瘦的 H 型,可以利用加宽肩部与臀部的设计来修正体型;身材比较胖的 H 型,适当加强肩部与臀部设计的同时,可以选择一些有腰线设计的服装。

X 型:女性最标准的身材的三围比例是 8∶5∶8。肩部与臀部基本同宽,腰身细小。腰围比臀围小 18~25cm,胸部丰满,臀部圆润,曲线明显。这种体型的女士可以穿几乎所有的

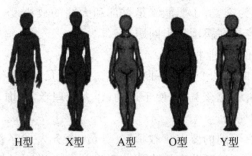

图 2-9　女士五种体型

服装款式,但如果身材比较丰满,应注意身体与服装的合适度。

A 型:小骨架,梨形身材,臀宽、胸平、肩窄、溜肩,脂肪堆积在下半身,这是亚洲女性身形的特点。这种体型的着装要避免长及臀部最宽处的夹克和宽松的蓬蓬裙,合体的西装裙与直筒裤较好。臀部要避免图案、贴口袋等设计元素。饰品应位于身体上部,使视觉注意力上移。垫肩、收腰、胸部贴口袋、胸部褶皱、宽大的领子都是适合的服装设计。

O 型:脂肪堆积在腹部和臀部,通常胳膊与腿为正常尺寸,多溜肩,这种体型以中年女性居多。着装要避免插肩袖与底摆收紧的夹克衫以及过于贴身的衣服,有垫肩的简洁合体的服装,上下身颜色一致、垂直线的设计、合体的西装裙或长裤等的效果都不错。

Y 型:颈短,宽肩窄臀,背部较宽,虽然胸部可能很丰满,但有腰部曲线,腿部较细。这种体型的人要选择简洁、宽松的上衣款式。避免穿有垫肩的衣服,为了在视觉上减小肩部和加宽臀部,插肩袖或无肩缝的衣袖设计较为有效。

(2) 男士体型分为矮瘦型、高瘦型、矮胖型、高胖型、健美型(图2-10)。

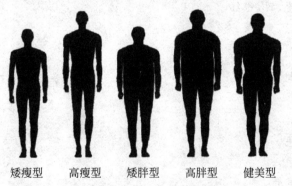

图 2-10　男士五种体型

矮瘦型:体型又瘦又矮,西服宜选收腰上衣,衣长不宜把臀部全部盖住,不宜穿黑色、藏蓝色、深灰色等深色衣服,西服宜为浅灰色等亮色调为主。

高瘦型:体型又高又瘦。西服选择以肩部合适为基准,不宜穿瘦细的裤子。

矮胖型:个矮体胖,腹部凸出。西装宜选择宽松款式,上衣不宜过长,裤口卷脚宜 3cm,西装面料花纹不宜太明显,不适合选粗纺花呢。

高胖型:个头高大,体胖腹部凸出。西装宜选择宽松款式,上衣应略长一些,色彩以黑色和藏蓝色为主,不适合穿平肩或翘肩款式。

健美型:肩宽厚,结实,健壮。腰明显较细,大腿、小腿肌肉发达。这种体型的男士选择西装时,上衣以肩部合适为准,裤子要能满足臀部和大腿的放松度,一般型号的成衣对于这种体型来说,上衣、裤子容易在腰围处出问题。

2) 服饰搭配要与身份、职业相协调

人的身份随着场合、时间的变化在不断变换着。作为员工,工作场合的穿着应该庄重,不宜随意;作为旅游者,着装应该宽松,便于运动;作为管理者,服饰不能随心所欲,应该庄重高雅,展示自己的风度和气质。

不同的职业对服饰有不同的要求。教师、公务员、商务人员穿着要庄重,衣着款式不能夸张,男士以西服套装、女士以西装套裙为佳。医生的白大褂可以显示洁净、稳重和富有经验,但白大褂内的衣着不宜过于时髦,以免使病人产生不信任感;演员、艺术家等则可以根据职业特点,穿着时尚,给人以艺术美感。

3) 服饰搭配要与色彩相协调

人的第一感觉就是视觉,而对视觉影响最大的则是色彩。人的行为之所以受到色彩的影响,是因为人的行为很多时候易受情绪的支配。

红色通常给人带来刺激、热情、积极、奔放和力量感,还有庄严、肃穆、喜气和幸福感等;绿色是自然界中草原和森林的颜色,有生命永久、理想、年轻、安全、新鲜、和平之意,给人以清凉之感;蓝色则让人感到悠远、宁静;粉红色象征健康,是女性最喜欢的色彩,具有放松和安抚情绪的效果,例如,美容院的员工服装通常是粉红色。

 知识拓展　　　　　　　**服装与色彩**

1. 服饰色彩类型

(1) 暖色。红、橙、黄、粉红。

(2) 冷色。青、蓝、紫、绿、灰。

(3) 中间色。黑、白、灰。

2. 色彩搭配原则

(1) 冷色,冷色。

(2) 暖色,暖色。

(3) 冷色,中间色。

(4) 暖色,中间色。

(5) 中间色,中间色。

(6) 纯色,纯色。

(7) 纯色,杂色。

(8) 纯色,图案。

3. 色彩搭配禁忌

(1) 冷色,暖色。

(2) 亮色,亮色。

(3) 暗色,暗色。

(4) 杂色,杂色。

(5) 图案,图案。

4. 色彩搭配方法

(1) 上深下浅。端庄、大方、恬静、严肃。

(2) 上浅下深。明快、活泼、开朗、自信。

(3) 突出上衣时。裤装颜色要比上衣稍深。

(4) 突出裤装时,上衣颜色要比裤装稍深。

(5) 绿色难搭配,但可与咖啡色搭配在一起。

(6) 上衣有横向花纹时,裤装不能有竖条纹或带格子。

(7) 上衣有竖纹花时,裤装应避开横条纹或格子。

(8) 上衣有杂色,裤装应穿纯色。

(9) 裤装是杂色时,上衣应避免杂色。

(10) 上衣花型较大或复杂时,应穿纯色裤装。

(11) 中间色的纯色与纯色搭配,应辅以小饰物衬托。

5. 服装色彩哲学

(1) 黑色。神秘、悲哀、静寂、刚强、坚定、冷峻。

(2) 白色。纯洁、明亮、神圣、高雅、空虚、无望。

(3) 黄色。炽热、光明、庄严、明丽、高贵、权威。

(4) 大红。活力、热烈、激情、奔放、喜庆、爱情。

(5) 粉红。柔和、温馨、温情。

(6) 紫色。高贵、华贵、庄重、优越。

(7) 橙色。快乐、热情、活动。

(8) 褐色。谦和、平静、沉稳、亲切。

一次着装不超过三种颜色,全身服饰色彩的搭配要避免1∶1,尤其是穿着对比色,一般以3∶2或5∶3为宜。主色是全身色彩面积最多的颜色,占全身面积的60%以上,通常指套装、风衣、大衣、裤子、裙子等;辅助色是与主色搭配的颜色,占全身面积的40%左右,通常指单件的上衣、外套、衬衫、背心等;点缀色一般只占全身面积的5%~15%,通常指丝巾、鞋、包、饰品等。胖人适合穿颜色较深、色彩反差较小的服装;瘦人则应选择颜色较浅、色彩鲜亮的服装;个子矮的人应选择上下一体色的套装;个子高的人,则应选择上浅下深颜色的服装。

职场链接

某写字间内,三男三女正或坐或走忙于工作。甲男,西装配布鞋;乙男,花T恤;甲女,无袖上装;乙女,透视装;丙男,短裤;丙女,紧身装。一西服革履男士敲门,进入,环视之后,愕然,又退出门外,看写字间标牌,自言自语:"这是一家公司吗?怎么人人穿着打扮不伦不类?"

二、西装的礼仪

西装是男士的正装、礼服。商务男士参加各种社交活动,都要穿西装。西装的种类繁多,可分为工作用、礼服用、休闲用等。一般来说,同样一套西装装配上不同的衬衫、领带,差不多可以每天穿,并可应付多数的交际活动。

（一）商务男士职业西装的分类

（1）按版型可分为欧式型、美式型、英式型、日式型。

① 欧式型。通常讲究贴身合体，衬有很厚的垫肩，胸部做得较饱满。袖笼部位较高，肩头稍微上翘，翻领部位狭长，背面一般用骑马衩，这能增添纤长优雅之感，大多为两排扣形式，多采用质地厚实、深色全毛面料。欧式西装版型对身材比较挑剔，只适合高大魁梧的男士。

② 美式型。讲究舒适，线条相对来说较为柔和，腰部适当地收缩，胸部也不过分收紧，符合人体的自然形态。肩部的垫衬不过于高。袖笼较低，呈自然肩型，显得精巧，一般以2粒单排扣为主，翻领的宽度也较为适中，对面料的选择范围也较广。美式西装版型适合身材高胖型男士。

③ 英式型。类似于欧式型，腰部较紧贴，符合人体自然曲线，肩部与胸部没有过于夸张，多在上衣后身片下摆处做两个叉，英式上装较长。英式西装版型适合普通身形的男士。

④ 日式型。基本轮廓是H型，不过分强调肩部和腰部，双肩不高，领子较短、较窄。多是单排扣式，衣后不开衩。日式西装版型适合肩不太宽、不高不壮的亚洲男士。

（2）按使用场合可分为日常西装、礼服西装和西服便装。

① 日常西装。日常西装包括西装上衣、背心和西裤三个部件，俗称"三件套"，用相同的面料制作，形成严肃、庄重的套装。商务场合中多穿西装上衣、西裤两件套。如需色彩配搭，通常是上浅下深，如灰色西装配深蓝色西裤，给人以重心沉稳之感。款式采用装袖和驳领，在保持整体风格的前提下，轮廓有宽松型和紧身型的变化。日常西装多选用精纺呢绒制作，以沉着稳重的色彩为主。在非正式场合，穿着的西装也可用粗纺呢、灯芯绒作为面料。

② 礼服西装。男子的礼服西装包括夜间穿着的燕尾服、半正式礼服，白天穿着的晨礼服。礼服西装具备高贵大方的风格、优雅适体的造型和挺括精致的工艺。各部件的线条、装饰都应精心设计与制作。豪华礼服西装选用优质的礼服呢制作，夏日则可用薄型的毛织物或亚麻织物、混纺织物。在社会风尚、生活方式、日常礼仪越来越趋于简化的当今时代。男子夜间半正式礼服用途的范围日渐广泛，它已成为使用较多的男士礼服。

③ 西服便装。西服便装保持了日常西装的外形，但尺寸更加宽松，面料选用范围很广，如灯芯绒、水洗布等，其工艺制作也比较简单，通常不加大衬。穿着时不必扎系领带，休闲自由。款式上可显示穿着者的个性，内衣可穿T恤衫或套头衫，门襟纽扣可任其敞开，给人以轻松之感。西服便装的选料十分广泛，如毛料、棉布、麻布、丝绸、化纤织物、针织物等。

（二）穿着要领

根据西装礼仪的基本要求，商务男士穿西装时，务必要注意以下四个方面。

（1）拆除商标。在西装上衣左边袖子上的袖口处，通常会缝有一块商标。有时那里还同时缝有一块纯羊毛标志。在正式穿西装之前，切勿忘记将它们先行拆除。这种做法意味着对外宣告该套西装已被启用。而若西装穿过许久之后，商标依旧没有拆除，定会见笑于人，有招摇过市之嫌。

（2）熨烫平整。欲使一套西装穿在身上显得美观而大方，首先就要使其线条笔直，显得平整而挺括。要做到这一点，除定期对西装进行干洗外，还要在每次正式穿着之前，对其进行认真的熨烫。千万不要疏于此点，脏兮兮、皱巴巴、美感全失的西装穿在身上定会惨不忍睹。

欲使西装平整,还要做到悉心呵护。无论何时何地,都不可以将西装上衣的衣袖挽上去;在公共场所,更不要当众随心所欲地脱下西装上衣,或是把它当作披风一样披在肩上,这样都将给人以粗俗之感。

(3) 扣好纽扣。穿西装时,上衣纽扣的系法尤为讲究。站立时,尤其是在大庭广众面前起身而立时,西装上衣的纽扣应当系上,以示郑重其事。就座之后,西装上衣的纽扣则大都要解开,以防其"扭曲"走样。唯独在内穿背心或羊毛衫而外穿单排扣西服上衣时,才允许站立之际不系上衣的纽扣。

系西装上衣的纽扣时,单排扣上衣与双排扣上衣又有各不相同的具体做法。系单排两粒扣式的西装上衣的纽扣时,讲究"扣上不扣下",即只系上边那粒纽扣。系单排三粒扣式的西装上衣的纽扣时,可以只系中间那粒纽扣,也可以系上面两粒纽扣,以示郑重。而系双排扣式的西装上衣的纽扣时,在通常情况下,可以系上的纽扣一律都要系上。

(4) 少装东西。西装的口袋里应当少装东西,这样可以保证西装在外观上不走样,如果可以,则尽量不装东西。而若是把西装上的口袋当作一只"百宝箱",用乱七八糟的东西把它塞得满满的,无异于是对西装的践踏。

通常,西装上的口袋都有着各不相同的作用。上衣左侧的外胸袋除可以插入一块用于装饰的真丝手帕外,不应再放其他任何东西。而钢笔、钱夹或名片夹等可以放在内侧的胸袋,但也不要放过大、过厚的东西或无用之物。外侧下方的两只口袋,原则上以不放任何东西为佳。

(三) 搭配技巧

商务男士穿着西装时,对与西装相搭配的衬衫、领带、鞋袜和公文包等都有一定的要求。有句行话说:"西装的韵味不是单靠西装本身穿出来的,而是用西装与其他衣饰一道精心组合搭配出来的。"由此可见,西装与其他衣饰的搭配,对于成功地穿着西装,是何等的重要。

1. 衬衫

与西装相配的衬衫,应当是正装衬衫。一般来讲,正装衬衫具备下述几方面特征。

(1) 色彩。正装衬衫必须为单一色彩。在正规的商务应酬场合中,白色衬衫可谓商务男士的最佳选择。除此之外,棕色、灰色、黑色、蓝色,有时也可加以考虑。但是,杂色或是黄色、红色、橙色、粉绿色等颜色的衬衫穿起来通常会有失庄重之感。因此,从图案上讲,正装衬衫大体上以无任何图案为佳。印花衬衫及带有人物、动物、植物、文字、建筑物等图案的衬衫,均非正装衬衫。唯一的例外是,较细的竖条衬衫在一般性商务活动中也可以穿着。但是,当穿这种衬衫的时候,切记不要同时穿着竖条纹的西装。

(2) 面料。正装衬衫主要以高支精纺的纯棉、纯毛制品为主。以棉、毛为主要成分的混纺衬衫,也可酌情选择。可能的话,最好不要选择以条绒布、水洗布、化纤布制作的衬衫,因为这类衬衫或是过于厚实,或是易于起皱,或是易起球、起毛、起静电。

(3) 衣领。正装衬衫的领型多为方领、短领和长领。具体进行选择时,需兼顾本人的脸形、脖长及所打领带结的大小,不要使它们相互之间反差过大。扣领的衬衫,有时也可选用。另外,立领、翼领和异色领的衬衫,通常都不适于同正装西装相配。

(4) 衣袋。正装衬衫以无胸袋者为佳,即便穿有胸袋的衬衫,也要尽量少往胸袋里塞东西。

(5) 衣袖。正装衬衫必须为长袖衬衫。以其袖口而论,衬衫又有单层袖口与双层袖口之别。后者又称法国式衬衫,主要作用是可以佩戴装饰性袖扣。装饰性袖扣又称链扣或袖链,使用时如恰到好处,可平添高贵典雅的风度。在国外,它早已被视为商务男士在正式场合所佩戴的重要饰物。但是,若将其别在单层袖口的衬衫上,就有些煞风景了。

知识拓展　　　　　　　男式衬衫穿着常识

(1) 衬衫款型要分清。正式场合配穿西装或礼服时,应选穿内穿型衬衫;衬衫穿在夹克衫或中山装里面时,以内穿型最好,内外兼穿型次之。当衬衫仅作外衣穿着时,外穿型或内外兼穿型是比较适当的选择。

(2) 正规场合应穿白衬衫或浅色衬衫,配之以深色西装和领带,以显庄重。

(3) 衬衫袖子应比西装袖子长出 1cm 左右,这既能体现出着装的层次,又能保持西装袖口的清洁。

(4) 当衬衫搭配领带穿着时(不论配穿西装与否),必须将领口纽扣、袖口纽扣和袖叉纽扣全部扣上,以显男士的刚性和力度。

(5) 衬衫领子的大小,以塞进一个手指的松量为宜。脖子细长者尤忌领口太大,否则会给人羸弱之感。

(6) 不系领带配穿西装时,衬衫领口处的一粒纽扣绝对不能扣上,而门襟上的纽扣则必须全部扣上,否则会显得过于随便和缺乏修养。

(7) 配穿西装时,衬衫的下摆忌穿在裤腰之外,这样会给人不伦不类、缺乏品位的感觉;反之,则会使人显得精神抖擞、充满自信。

2. 领带

在男士穿西装时,最抢眼的,通常不是西装本身,而是领带。因此,领带被称为西装的"画龙点睛之处"。一位男士,若只有一身西装,只要经常更换不同的领带,往往也能给人以天天耳目一新的感觉。作为西装的灵魂,领带的选择讲究甚多。商务男士在挑选领带时,要重视以下几点。

(1) 面料、质量、色彩、图案。

① 面料:最好的领带,应当是用真丝或者羊毛制作而成的。以涤丝制成的领带售价较低,有时也可选用。而用棉、麻、皮、革、绒、珍珠、塑料等物制成的领带,在商务活动中均不宜佩戴。

② 质量:一条好的领带,必须具有良好的质量。其主要特征为外形平整、美观,无疵点、无跳丝、无线头,衬里为毛料,不变形,悬垂挺括,显示厚重。宁肯不打领带,也不要以次充好。

③ 色彩:从色彩上来看,领带有单色与多色之别。在商务活动中,灰色、蓝色、黑色、棕色、紫红色等单色领带都是十分理想的选择。商务男士在正式活动场合中,应尽量少打艳色或是浅色领带。同时,切勿使自己佩戴的领带多于三种颜色,这与由艳色或是浅色所制成的领带一样,仅适于社交或休闲活动之中。

④ 图案:适用于商务活动中佩戴的领带,主要是单色无图案的领带,或者是以圆点、方格、条纹等规则的几何形状为主要图案的领带。含有其他类型图案的领带,一般不适于商务

活动场合。

(2) 款式。领带的款式,即其形状外观。领带有宽窄之分,这主要受时尚流行的左右。进行选择时,应注意最好使领带的宽度与自己身体的宽度成正比,而不要反差过大。另外,领带的款式还有箭头与平头之别。前者下端为倒三角形,适用于各种场合,比较传统。后者下端平头,比较时髦,多适用于非正式场合。值得注意的是,对于那种简易式的领带,如"一拉得"领带、"一挂得"领带等,均不适合在正式的商务活动中使用。

(3) 佩饰。领带佩饰的基本作用是固定领带,其次才是装饰。常见的领带佩饰有领带夹、领带针和领带棒。它们分别用于不同的位置,但一次只能选用其中的一种,切不可同时登场。选择领带佩饰,应多考虑金属质地制品,并要求以素色为佳,形状与图案要求雅致、简洁。

① 领带夹:其作用是将领带固定于衬衫上。领带夹佩戴的正确位置应当是衬衫从上往下数的第四粒、第五粒纽扣之间。最好不要让它在系上西装上衣扣子之后外露。若其夹得过于靠上,甚或被夹在鸡心领羊毛衫或是西装背心领子开口处,则显得异常土气。

② 领带针:其作用是将领带别在衬衫上,并发挥一定的装饰作用。其含有图案的一端应处于领带之外,含有细链一端则应免于外露。使用领带针时,应将其别在衬衫从上往下数第三粒纽扣处的领带正中央,使含有图案的一面,宜为外人所见。但要注意的是,千万别把领带针误当领针使用。

③ 领带棒:其作用是穿扣领衬衫时将其穿过领带,并固定于衬衫领口处。使用领带棒,如果方法得当,会使领带在正式场合显得既飘逸,又减少麻烦。

知识拓展　　　　　　**各种颜色的西装如何搭配领带**

穿银灰、乳白色西服,适宜佩戴大红、朱红、墨绿、海蓝、褐黑色的领带,会给人以文静、秀丽、潇洒的感觉。

穿红色、紫红色西服,适宜佩戴乳白、乳黄、银灰色的领带,以显示出一种典雅、华贵的效果。

穿深蓝、墨绿色西服,适宜佩戴橙黄、乳白、浅蓝、玫瑰色的领带,如此穿戴会给人一种深沉、含蓄的美感。

穿褐色、深绿色西服,适宜佩戴天蓝、乳黄、橙黄色的领带,会显示出一种秀气、飘逸的风度。

穿黑色、棕色西服,适宜佩戴银灰色、乳白色、蓝色、白红条纹或蓝黑条纹的领带,这样会显得更加庄重大方。

3. 鞋袜

穿西装时,商务男士所穿的鞋子与袜子均应符合既定的要求,认真与之搭配。对商务男士来说,鞋袜在正式场合也被视作"足部的正装"。不遵守相关的礼仪规范,必定会令自己"足下无光"。

选择与西装配套的鞋子,只能选择皮鞋。与西装配套的皮鞋,应当是真皮制品而非仿皮。一般来说,牛皮鞋与西装最是般配,羊皮鞋、猪皮鞋则不甚合适。至于以鳄鱼皮、鸵鸟皮、蟒蛇皮制作的皮鞋,穿出去多有炫耀之嫌,一般不宜选择。

与西装配套的皮鞋,按照惯例应为深色、单色。人们通常认为,最适于同西装套装配套的皮鞋,只有黑色一种。黑色皮鞋被认为是万能鞋,它能配任何一种深颜色的西装。

商务男士在正式场合所穿的皮鞋,应当没有任何的图案、装饰。皮鞋的款式,理当庄重而正统。根据这一要求,系带皮鞋是最佳之选。各类无带皮鞋,如船形皮鞋、盖式皮鞋、拉锁皮鞋等,都不符合这一要求。而那些厚底皮鞋、高跟皮鞋、坡跟皮鞋或高帮皮鞋,若穿在这种场合中,只能显得不伦不类。

另外,鞋子擦得很亮的人,会显得特别光鲜,容易给人以好感,脏兮兮的鞋子最不宜登大雅之堂。

商务男士在穿袜子时,必须遵守下列五项规则。

(1) 完整。穿袜子之前,一定要检查一下有无破洞、跳丝。如果有,要及时更换。

(2) 干净。袜子务必要做到一天一换、洗涤干净,以防止产生异味,而令自己难堪、令他人难忍。

(3) 搭配。袜子色彩与西装的搭配也不应忽视。通常,深色袜子既可以配深色的西装,也可以配浅色的西装。浅色的袜子能配浅色西装,但不宜配深色西装。忌用白色袜子配西装。

(4) 配双。无论如何,穿袜子时都要穿配双的袜子。不要自行将原非一双的两只袜子随意穿在一起,尤其两者色彩不同、图案各异时,更是贻笑大方之举。

(5) 合脚。袜子的大小一定要合脚。袜子太小,不仅易破,也容易从脚上滑下去,袜子太短,则容易露出脚踝。一般而言,袜子的长度,不宜低于自己的踝骨,原则上为宁长勿短。

(四) 饰物佩戴

(1) 公文包。公文包被称为商务男士的"移动式办公桌",是其外出之际须臾不可离身之物。对穿西装的商务男士而言,外出办事时,手中若是少了一只公文包,未免会使其神采和风度大受损害,而且其身份往往也会令人质疑。

商务男士所选择的公文包,有许多特定的讲究。其面料以真皮为宜,并以牛皮、羊皮制品为最佳。色彩以深色、单色为好,浅色、多色甚至艳色的公文包,均不适用于商务男士。一般情况下,黑色、棕色的公文包,是最正统的选择。若是从色彩搭配的角度来说,公文包的色彩若与皮鞋的色彩一致,则看上去十分完美而和谐。除商标之外,商务男士所用的公文包在外表上不宜再带有任何图案、文字,否则有失自己的身份。手提式的长方形公文包是最标准的公文包。

商务男士外出之前,随身携带之物均应尽量装在公文包里的既定之处。这样用时方便,也不至于装在别处不好找。但应切记,无用之物千万别放在公文包里,尤其是别使之"过度膨胀"。放在包里的物品,一定要有条不紊地摆放整齐。

(2) 皮夹和名片夹。对商务男士来说,皮夹是重要的随身物品,分为皮的和人造革的两种,有一定身份的商务男士最好购买皮的,如果经济实力允许的话,可以购买好的皮料、好的品牌。颜色可选含有华贵之感的深咖啡色或是黑色。皮夹中不宜塞过多的东西。

名片夹用来装自己的名片和他人给予的名片,以皮制的为最好,金属的次之。

(3) 手表。手表是佩戴在手腕上的用以计时的工具。商务男士在社交场合佩戴手表,通常意味着时间观念强、作风严谨;而不戴手表的人,或是动辄向他人询问时间的人,则总会令人嗤之以鼻,因为这多表明其时间观念不强。

在正规的社交场合,手表往往被视同首饰,对于平时只有戒指一种首饰可戴的男士来说,更是备受重视。有人甚至强调说:"手表不仅是男人的首饰,而且是男人最重要的首饰。"与首饰相同的是,商务男士所戴的手表往往体现其地位、身份和财富状况。因此,在社交场合中商务男士所戴的手表大都引人注目。

商务男士在社交场合中所戴的手表,其色彩应力戒繁杂凌乱,一般宜选择单色手表、双色手表,不应选择三色或三种颜色以上的手表。不论是单色手表还是双色手表,其色彩都要高贵、典雅、清晰。金色表、银色表、黑色表,即表盘、表壳、表带均有金色、银色、黑色的手表,是最理想的选择。金色表壳、表带、乳白色表盘的手表,也能经得住时间的考验,在任何年代佩戴都不会落伍。

手表上除数字、商标、厂名、品牌外,不应出现其他图案。

三、套裙的礼仪

按照国际惯例,商务女士在正式场合穿着的职业装以西装套裙为首选。

职场链接

李玫是化妆品公司的直销人员,她的工作业绩一直非常不错,在同行中受到不少人的尊重和羡慕。每次外出见自己的客户,李玫从来都不马虎,即使有时候客户约李玫在家里见面,李玫也从来不放松对自己的要求,每次都身着职业套裙。而公司的其他人则常常穿得非常休闲、随意地去顾客的家中介绍产品。李玫说:"大家都知道穿职业套裙可以更好地体现我们职业女性的庄重优雅。我们到客户家中,对于客户来说,只是在家中,大家可以随便,爱怎么穿就怎么穿,可是,对我们这些直销人员来说,我们是去工作的,所以着装是非常重要的。"听了李玫的这番话,大家才醒悟过来:是呀,平时客户来到公司,自己往往有一种工作状态,但是客户约在家中或者是公园等其他场所见面的时候,往往就忘了自己仍然是在工作之中。

西装套裙简称套裙。有上身是女式西装、下身是半截式裙子的套裙;也有三件套的套裙,即女式西装上衣、半截裙外加背心。套裙可以分为两种基本类型:一种是用女式西装上衣和随便的一条裙子进行的自由搭配组合成的"随意型";另一种是女式西装上衣和裙子成套设计制作而成的"成套型"或"标准型"。西装套裙的穿着和搭配原则如下。

1. 选对款型

一套在正式场合穿着的套裙,应该由高档面料缝制,上衣和裙子要采用同一质地、同一色彩的素色面料。职业套裙的最佳颜色是黑色、藏青色、灰褐色、灰色和暗红色。在造型上讲究为着装者扬长避短,量体定衣。套裙的上衣注重平整、挺括、贴身,通常不使用饰物和花边进行点缀。

2. 穿着得法

(1)长短适合。正式场合,女士套裙的上衣纽扣要全部扣好,不可当着他人的面随意脱下外套。套裙的上衣最短可齐腰,袖长要盖住手腕。裙长要到膝或过膝。裙短不雅,裙长无神。最长的裙长是下摆恰好抵达小腿肚最丰满的地方。

(2)搭配衬裙。穿丝、棉、麻等薄型面料或浅色面料的套裙时,衬裙裙腰不能高于套裙的裙腰,要把衬衫下摆掖到衬裙裙腰和套裙裙腰之间。

(3) 选好衬衫。一般商务场合,质地较好的圆领、一字领、V字领紧身衫都可与西装上衣搭配,但女士出席正式的商务活动时,西装上衣内一定要搭配正装衬衫,且不可脱下西装外套,只穿衬衫。

西装套裙的衬衫应轻薄柔软,颜色可以多样,只要与套装相匹配即可;白色、黄白色和米色与大多数套装都能搭配;丝绸、纯棉是最好的衬衫面料;要遵循"外简内繁,内简外繁"的搭配原则;衬衣领既可以有花边修饰,也可以是普通衬衣领,若是普通衬衣领,可以用领花或丝巾来做配饰。

(4) 慎穿内衣。内衣包括文胸、内裤等。商务场合的女士穿内衣"不可不穿、不可外露、不可外透",要确保内衣合身。内衣最贴近身体,如果不合身,不仅会使身材走形,还会让商务女士缺乏自信。

(5) 穿好袜子。穿西装套裙一定要配长筒丝袜,最好是穿连裤丝袜;袜子的颜色以肉色、黑色为主,尤以肉色袜最为得体;袜子大小要合适,不能在公众场合整理自己的袜子,长筒袜的袜口不能露在裙摆外边;不穿带图案和惹眼的袜子。

穿裙装时,每天应随身携带一双备用丝袜,以防袜子脱丝或跳丝时换用;出席正式的商务活动时,还可多备几双丝袜;忌用健美裤、九分裤作长袜来搭配西装套裙。

(6) 选对皮鞋。传统的皮鞋是最佳的商务用鞋,皮鞋跟的高度以3~4cm为宜,这种鞋外观简洁,穿着舒适,美观大方。正式场合不要穿凉鞋、后跟用带系住的女鞋或露脚趾的鞋;鞋的颜色应与衣服下摆一致或再深一些,衣服从下摆开始到鞋的颜色一致,可以使人显得高挑一些;鞋子的颜色以黑色、深棕色、灰褐色为佳。

(7) 选好大衣。女式大衣约于19世纪末出现,是在女式羊毛长外衣的基础上发展而成。其衣身较长,大翻领,收腰式,大多以天鹅绒作面料。长款、收腰设计的大衣会让下半身显得更修长;富有精品感的大衣既可以穿得运动、休闲,也可以搭配正装出席正式场合。

知识拓展　　　　　职业女士裙装禁忌

(1) 绝对不能在商务场合穿黑色皮裙。
(2) 不光腿。
(3) 袜子上不能有洞。
(4) 套裙不能配便鞋。
(5) 穿凉鞋不要穿袜子。
(6) 正式场合要穿正式凉鞋,前不露脚趾,后不露脚跟。
(7) 不能出现三截腿,即裙子一截、腿一截、袜子一截。
(8) 不能拿健美裤充当袜子。
(9) 不能将长筒袜卷曲一截。

3. 配好皮包

皮包是每一位女士在各种场合中都不可缺少的饰物,它既有装饰价值,又有实用价值;在商务、政务等正式场合,女士的用包是比较考究的皮质肩挂式和手提式皮包。肩挂式皮包轻盈、便捷,为很多女士选用;平拿式皮包时尚,能够充分体现出女性的职业、身价、社会地位及审美情趣。

椭圆形款式的包给人以亲切感,是职场提升人气度的必备品;方形的包给人以干练的感觉;职场女士还可以选择大款式的包,时尚又实用,可以用来装笔记本电脑等。

4. 搭好饰品

饰品泛指全身的小型装饰,分为首饰和服饰两大类:项链、耳环、手镯、手链、戒指、手表等属于首饰;胸针、围巾、手套等属于服饰。饰品具有点缀着装、美化自身、体现品位的作用。

商务场合中,饰品的佩戴应合乎礼仪,以少为佳。一次佩戴全身不宜超过三种饰品;女士不宜佩戴过度张扬的耳环、手镯、脚链等饰品;不宜佩戴与个人身份有关的珠宝首饰,如钻石饰品等。

(1)项链。项链是人体的装饰品之一,是最早出现的首饰。项链质地、色彩、款式的不同风格体现着人们的审美品位。

项链有铂金、黄金、白银、珠宝(钻石、宝石、珍珠、玛瑙、珊瑚玉、象牙等)等材质。金项链给人华贵富丽的感觉,珍珠项链则给人以光洁高雅的美感,深色宝石项链给人古朴典雅的印象。

项链要根据脸型佩戴。脸部清瘦且颈部细长的女士,戴单串短项链就不会显得脸部太瘦和颈部太长;脸圆而颈部粗短的女士,适宜戴细长的且有坠的项链;椭圆形脸的女士最好戴中等长度的项链,这种项链在颈部形成椭圆形状,能够更好地烘托脸部的优美轮廓。

(2)耳环。耳环处在人体上最明显、最重要的脸部,正确选择与佩戴耳环能提升职业女性的气质。耳环形状有钉状、圈状、悬挂式、夹状。耳环材质有铂金、黄金、白银、钻石、宝石、珍珠、玛瑙等。在商务场合,女士戴钉状耳环更符合礼仪要求。

(3)手镯与手链。手镯与手链是一种套在手上的环形装饰品,它在一定程度上可以使女性的手臂与手指显得更加美丽。手镯与手链的戴法有不同的暗示寓意,戴在右臂,表示"未婚";戴在左臂或左右两臂均戴,则表明已婚。

手镯与手链不是职业装的必要装饰品,职业女士在商务场合无须佩戴,也最好不戴。

(4)戒指。戒指的佩戴往往暗示着佩戴者的婚姻和择偶状况。戒指一般戴在左手,按西方的传统,左手与心相关联,显示着上帝赐予的运气,因此,戒指戴在左手上有助于达成心愿。右手在传统上只有无名指戴戒指是有意义的,表示具有修女的心性。

左手的国际惯例戴法如下:大拇指,一般不戴戒指,如戴即表示正在寻觅对象;食指,指示方向的手指,想结婚,表示未婚;中指,已在恋爱中,已订婚;小指,表示独身主义或已离婚;无名指,表示已结婚。从古罗马时代以来,习惯将婚戒戴在无名指上,相传此指与心脏相连,最适合发表神圣的誓言。此外,无名指上有重要穴道,戒指戴其上,可以适度按压肌肉,有安定情绪之效。

戒指应与指形相配。手指短小,应选用镶有单粒宝石的戒指,如橄榄形、梨形和椭圆形的戒指。指环不宜过宽,这样才能使手指看起来较为修长;手指纤细,宜配宽阔的戒指,长方形的单粒宝石,会使手指显得更加纤细圆润;手指丰满且指甲较长,既可选取用圆形、梨形及心形的宝石戒指,也可选用大胆创新的几何图形。

戒指也应与体型、肤色相配。身体苗条、皮肤细腻者,宜戴戒指圈较窄、嵌有深色宝石的戒指;身材偏胖、皮肤偏黑者,宜戴戒指圈较宽、嵌有透明度好的浅色宝石的戒指。

(5)手表。手表既实用,又是陪衬手腕的时尚饰物,是一种品位的象征。商务场合如果佩戴手表,以戴品质较高的名表为宜。

(6)胸针。胸针又称胸花,是指佩戴在上衣两侧胸前或衣领上的一种饰物。佩戴胸针要与服装、场合相协调。商务场合若是被要求佩戴身份牌或本单位证章、徽记,则不宜再同时佩戴胸针。

选佩胸针时,花朵襟针或彩石胸针配上简洁的职业西装,能提升商务女士的品位和精神面貌。西服套装的领子边上别一枚带坠子的胸针,会令商务女士庄重之中增添活跃的动感;穿衬衫或薄羊毛衫时可以佩戴款式新颖别致、小巧玲珑的胸针。如果服装色彩简单,可以佩戴有花饰的胸针,能使女士高贵端庄中显出独特的风采;如果上衣多彩且下身是较为深色的裙或裤,这时就要在上衣佩戴同下身一样颜色的胸针。

(7)围巾和手套。围巾的装饰作用越来越突出。它可以将人们的视线集中在脸上,可以在一身单调的服装上起到视觉的缓解作用。商务女士可以根据出席的场合、着装和当日妆容、发型选配围巾的色泽和款式。商务活动中,以搭配丝质围巾为宜。

手套不仅可以御寒,也是服装的重要饰品;手套的颜色要与穿在西装套裙外的大衣颜色相一致。穿深色大衣时宜戴黑色手套。

任务三 仪态礼仪

优雅的举止,洒脱的风度,常常被人们羡慕和称赞,最能给人们留下深刻印象。在日常生活中,人们常常会评论某个人的行为优雅或粗俗,实际上,就是在评论其仪态是否符合礼仪的要求。仪态包括人的表情与举止。通过仪态可以透视出一个人的精神状态、心理活动、文化修养及审美情趣。商务人员要使自己具有文明、优雅、得体的仪态,也要经过一番训练才行。

职场链接

某机械厂的业务员李先生带着厂里新设计的机械轮轴样品在市内跑了一天,快到下午5:00,他终于找到一家对口的贸易公司。他兴冲冲地一口气上到该贸易公司所在的18楼,脸上的汗珠未来得及擦一下,便直接走进公司营销部王经理的办公室,正在处理业务的王经理被吓了一跳。"对不起,这是我们企业设计的新产品,请您过目。"李先生说。王经理停下手中的工作,接过李先生递过的轮轴,随口赞道:"做工不错啊!"并请李先生坐下,倒上一杯茶递给他,然后拿起轮轴仔细研究起来。李先生看到王经理对新产品如此感兴趣,如释重负,便往沙发上一靠,跷起二郎腿,一边吸烟一边悠闲地环顾着王经理的办公室,当王经理问他相关的产品问题时,李先生习惯性地用手搔了搔头皮,又拍拍挠出来的头屑。好多年了,别人一问他问题,他就会不自觉地用手去搔头皮。虽然李先生作了较详尽的解释,王经理还是有点儿半信半疑。谈到价格时,王经理强调:"这个价格比我们预算的高出很多,能否再降低一些。"李先生微露出一点不屑,不假思索地说:"我们经理说了,这是最低价格,一分也不能再降了。"王经理沉默了半天没有开口。李先生却有点沉不住气,不由自主地拉松领带,眼睛盯着王经理。王经理皱了皱眉问:"这种轮轴的性能先进在什么地方?"李先生又搔了搔头皮,反反复复地说:"造型新,寿命长。"王经理借口离开了办公室,只剩下李先生一个人。李先生等了一会儿,感到无聊,便非常随意地抄起办公桌上的电话,同一个朋友闲谈起来。这时,门被推开,进来的却不是王经理,而是办公室秘书,准备送客了。

一、商务人员仪态基本要求

1. 仪态要自然

自然是对仪态礼仪的第一要求。体态语的设计必须与情感合拍,服从情绪的支配,所有动作都应随着说话者的情感起伏自然而然地发出,切不可故作姿态、装模作样。有的人说话时动作生硬,像在"背台词";有的人则搔首弄姿,刻意表演,这都会使人觉得虚伪、缺乏诚意。

2. 仪态要优雅

培根说过:"相貌的美高于色泽的美,而优雅合适的动作的美又高于相貌的美。"主要是因为仪态比相貌更能展现人的精神气质。因而无论何时何地,或站或坐,一颦一笑,都要注意造型优美,举止优雅。一般来说,男尚阳刚,女尚温柔。在设计体态动作的时候,一定要注意体现出性别特征和个性特征。男人要有男人的气质和风度:刚劲、强健、粗犷、潇洒;女人要有女人的柔情和风姿:温柔、细腻、娴静、典雅。

3. 仪态要适宜

仪态作为体姿语言,是口语表达的辅助手段,在表现上,首先要适度,不可喧宾夺主。如果每讲一句话都用上一个表情或动作,挤眉弄眼,手舞足蹈,反而会弄巧成拙,令人反感。其次要切合场景,符合身份。不同的场合要求应用不同的体态。喜庆的场合要兴高采烈,甚至可以翩翩起舞,但在严肃的、庄重的场合就不能高声说笑、手舞足蹈。一般来说,中老年人要稳重老成,不能有轻浮的动作表情,青少年则要活泼大方,不要故作老成。

4. 仪态需要修炼

一个人优雅、得体、自然的举止,不是为了某种场合硬装出来的,而应是日常生活中的修养所致,是一种长久熏陶顺乎自然的结果。要想达到仪态美,需要内外兼修:内修品格,外炼礼仪。有了优秀的品格,才会有宜人的风度。风度和礼仪总是相伴相随的,商务人士应明确礼仪的重要,掌握礼仪的技巧,遵守礼仪的规范,日积月累定能展现潇洒风度。

礼仪故事　　　　周总理的风度

周恩来青少年时就读的南开中学,各教学楼门口都有一面大镜子,上面写着引人注目的《镜箴》:"面必净,发必理,衣必整,钮必结,头容正,肩容平,胸容宽,背容直。气象:勿傲,勿暴,勿怠。颜色:宜和,宜静,宜庄"。周恩来毕生注重彬彬有礼的风度,保持光彩动人的形象与他在南开中学所受的礼仪熏陶是分不开的。

二、站姿礼仪

"站如松,坐如钟,行如风,卧如弓",这是我国古人对人体姿势的要求,从仪态美角度来说也是适用在人际交往中,站姿是一个人全部仪态的核心,"站有站相"是对一个人礼仪修养的基本要求,良好的站姿能衬托出美好的气质和风度。如果站姿不够标准,其他姿势就谈不上优美。

1. 站姿的规范要求

上体正直,头正目平;收须梗颈,挺胸收腹;双臂下垂,立腰收臀;嘴唇微闭,表情自然。手指自然弯曲,掌心向内轻触裤缝,或将右手搭在左手上,贴放在腹部身体的重心置于双足的后部。双眸平视前方,精神饱满,面带微笑,胸部稍挺,小腹收拢,整个形体显得庄重、平稳、自信。

2. 男性立姿

男性的立姿要稳健,所谓"站如松",以显出男性刚健、强壮、英武、潇洒的风采。男性通常可采取双手相握,叠放于腹前的前腹式站姿;或将双手背于身后,然后相握的后背式站姿。双脚可稍许叉开,与肩部同宽为限。

3. 女性立姿

女性的立姿要柔美,所谓"亭亭玉立",以体现女性轻盈、妩媚、娴静、典雅的韵味。女性的主要站姿为前腹式,但双腿要基本并拢,脚位应与服装相适应,穿紧身短裙时,脚跟靠紧,脚掌分开呈"V"状或"Y"状(即"丁字步");穿礼服或旗袍时,可双脚微分。

4. 不雅的站立姿势

不论男女,站时切忌歪头、缩颈、耸肩、含胸、塌腰、撅臀;切忌身躯歪斜、浑身乱抖、腰驼背、趴伏倚靠、手位失当(如抱在脑后、手托下巴、抱在胸前、插入衣兜、摸来摸去)、腿位不雅(双腿叉开过宽、双腿扭在一起、双腿弯曲、一腿高抬)、脚位欠妥("人"字式、蹬踩式、独脚式等)。更不要下意识地做小动作,如摆弄打火机、香烟盒,玩弄衣带、发辫,咬手指甲等这些动作不但显得拘谨,给人以缺乏自信和教养的感觉,也有失仪表的庄重。

5. 规范站姿的训练方法

(1) 贴墙法。使后脑勺、双肩、臀部、小腿肚、双脚跟部紧贴墙壁。
(2) 贴背法。两人背对背相贴,部位同上,在肩背部放置纸板,纸板不掉下。
(3) 顶书法。头顶书本,使颈部梗直,收下颌,挺上身,以书不掉为宜。

当然,日常生活中,各种场合的站姿应依时间、地点、场合的不同而有所变化。但不论何种站姿,只是改变脚部姿势或角度,身体仍需保持挺直,使站姿自然、轻松、优美。

三、坐姿礼仪

坐姿是一种静态的身体造型,是人们在社交应酬中采用最多的姿势。端庄优美的坐姿不仅给人以文雅、稳重、大方的感觉,而且是展现自己气质和风度的重要形式。

(一) 正确的坐姿

基本要求:端庄、大方、文雅、得体;上体正直,头部端正;双目平视,两肩齐平;下颌微收,双手自然搭放。

入座时礼仪:在社交中讲究顺序,礼让尊长。若与他人一起入座时,应礼貌地邀请对方首先就座或与对方同时就座,不可抢先坐下。入座时,要注意方位,分清座次的尊卑,主动把上座(如面对门的座位、居中的座位、右侧的座位、舒适的座位)让给尊长。坐姿与站姿一样,端庄优雅的坐姿也能表现出一个人的静态美感。入座要轻,立腰挺胸,双肩放松,双膝并拢,上身微倾,上体自然坐直,两腿自然弯曲,双脚平落地上并拢或交叠,双膝自然收拢,臀部坐在椅子1/2或者2/3处,两手分别放在膝上(女士双手可叠放在左膝或右膝上),双目平视,下颌微收,面带微笑。女士入座时,应先背对着自己的座椅站立,右脚后撤,使右脚肚确认椅子的位置,再整理裙边,将裙子后片向前拢一下后随势轻轻坐下,入座后两个膝盖一定要并起,双脚也要并齐,无论是入座还是离座,一般都要求左进左出,即从椅子的左边入座,从椅子的左边离座。

坐定后,男士双膝并拢或微微分开,两脚自然着地。而女士则无论何时都应双膝并拢。在社交场合,不论坐椅子还是坐沙发,最好不要坐满,正襟危坐,以表示对对方的恭敬和尊重,双目正视对方,面带微笑。作为女士,还应该谨记"坐莫动膝,立莫摇裙",女士的坐姿应温文尔雅,自然轻松。

在比较正式的场合,可采取如下坐姿。

1. 女士坐姿

(1)正襟危坐式。女士双膝双脚要完全并拢,双手可交叠放于腿上。

(2)双腿斜放式。双膝先并拢,然后双脚向左或向右斜放,力求使斜放后的腿部与地面呈 45°角。这种坐姿适用于穿裙子的女士在较低处就座使用。

(3)前伸后曲式。大腿并紧之后,向前伸出一条腿,并将另一条腿屈后,两脚脚掌着地,双脚前后要保持在同一条直线上。这种坐姿是适用于女性的一种优美的坐姿。

(4)双腿叠放式。将双腿完全地一上一下交叠在一起,交叠后的两腿之间没有任何缝隙,犹如一条直线。双腿斜放于左或右一侧,斜放后的腿部与地面呈 45°角,叠放在上的脚尖垂向地面。这种坐姿适合身份地位较高的人士,或穿短裙的女士。

(5)双腿交叉式。双膝先要并拢,然后双脚在踝部交叉。交叉后的双脚可以内收,也可以斜放,但双脚不宜向前方远远直伸出去。这种坐姿适用于各种场合。

(6)双腿内收式。两大腿首先并拢,双膝略打开,两条小腿分开后向内侧屈回。这种坐姿在一般场合采用。

常见的女士坐姿如图 2-11 所示。

图 2-11　常见的女士坐姿

2. 男式坐姿

(1)正襟危坐式。上身与大腿、大腿与小腿、小腿与地面,都应当成直角。双手自然放在双腿下。这种坐姿是最基本的坐姿,适用于最正规的场合。

(2)垂腿开膝式。上身与大腿、大腿与小腿都成直角,小腿垂直于地面。双膝分开,但不能超过肩宽。这种坐姿较为正规,多为男士使用。

(3)双腿叠放式。两条腿的大腿部分叠放在一起。叠放之后位于下方的一条腿垂直于地面,脚掌着地。位于上方的另一条腿的小腿则向内收,同时脚尖向下。这种坐姿多适合男士在非正式场合采用。

常见的男士坐姿如图 2-12 所示。

图 2-12　常见的男士坐姿

(二) 纠正不雅的坐姿

坐姿要注意入座的顺序、尊卑,讲究方位,落座无声,入座得法。下面列举一些不良的坐姿。

(1) 当与他人一起入座时,没有礼让尊者、长者,抢先入座;在正式商务场合挑座位,没有依身份就座,随意乱坐;在剧场、音乐厅等公众场合,没有对号入座。

(2) 入座时没有遵循"左进左出",随意进出。

(3) 入座后,上体不直,左右晃动,或身体后仰,或歪向一方,或趴于桌上。

(4) 入座后发现衣服不整齐,重新起来整理衣服,影响别人入座。

(5) 入座起座时,猛起猛坐,弄得桌椅乱响,造成尴尬气氛。

(6) 入座后,跷起二郎腿,脚尖对准对方,并不时地晃动;或跷二郎腿抱胸,这样既不庄重,也有摆谱之嫌,显得目中无人、傲慢无理。

(7) 坐在沙发上交谈时,有些男士喜欢将双臂横搭在沙发背上,摆出傲慢的姿势。

(8) 入座后,将两腿分得很开,伸得老远,斜躺在椅子上,双手抱后脑,或支于膝上、椅腿上,或插在两腿之间,这些姿势都太过随意。

(9) 入座后,女士膝盖并拢,但双腿叉开,A 字腿坐姿不雅观。

(10) 在礼仪场合,用叠腿式坐姿,但用手扣住双腿;使用"4"字形叠腿,并晃脚尖;把脚藏在座椅下或钩住椅腿会显得小气,欠大方。

(11) 在交谈过程中,一方身体前倾,双手摆在膝上,或抓住椅架,会误判对方对话题感兴趣,但是对方是想尽快结束话题,容易造成误会。

(12) 入座后,满座并背部靠在凳子上,下巴后仰,则会给人傲慢的印象,但坐在 1/3 处又显得胆小怯懦。

(13) 在商务活动期间需要离座时,没有用语言或动作示意他人,忽然离座,影响他人活动。

> **职场链接**
>
> 某跨国公司正在进行招聘,一位应聘者进门后沉着地向大家举手致意,然后选择了最前排且人较多的中间座位就座。他就座的姿势极佳,臀部占据椅子 2/3 左右,并且上身挺直,两手自然地放在膝盖上,不左顾右盼,双眼注视着面试官们……最后,面试官们一致认为,这名应聘者是一名难得的人才,非常适合他们所招聘的职位。

四、行姿礼仪

行姿是指商务人士在行走的过程中所形成的姿势。它以人的站姿为基础,实际上属于站姿的延续动作。与其他姿势所不同的是,它自始至终都处于动态之中,它体现的是人类的运动之美和精神风貌。商务人士只有领悟到这一点,才能够正确地掌握行姿的礼仪。

对行姿的总的要求是轻松、矫健、优美、匀速。虽然不一定非要做到古人所要求的"行如风",但至少也要做到不慌不忙、稳重大方。

1. 行姿的礼仪规范

商务人士要注意自己的行姿礼仪,具体有以下规范要求。

(1) 重心落前。在起步行走时,身体应稍向前倾,身体的重心应落在反复交替移动的前脚脚掌之上。要注意的是,当前脚落地、后脚离地时,膝盖一定要伸直,踏下脚时再稍微松弛,并即刻使重心前移,这样行走时,步态才会好看。

(2) 昂首挺胸。行走过程中,要面朝前方,双眼平视,头部端正,胸部挺起,背部、腰部、膝部尤其要避免弯曲,使全身形成一条直线。

(3) 脚尖前伸。行进时,向前伸出的那只脚应保持脚尖向前,不要向内或向外。同时还应保证步幅(行进中一步的长度)大小适中。通常,正常的步幅应为一脚之长,即行走时前脚脚跟与后脚脚尖两者相距为一脚长。

(4) 摆动两臂。行进时,双肩、双臂都不可过于僵硬呆板。双肩应当平稳,力戒摇晃。两臂则应自然地、一前一后地、有节奏地摆动。在摆动时,手腕要进行配合,掌心要向内,手掌要向下伸直。摆动的幅度以 30°左右为佳。

(5) 协调匀速。在行走时,大体上在某一阶段中速度要均匀,要有节奏感。另外,全身各个部分的举止要相互协调、配合,要表现得轻松、自然。

(6) 直线前进。在行进时,双脚两侧行走的轨迹,大体上应呈一条直线。与此同时,要克服身体在行进中的左右摇摆,并使自腰部至脚部始终都保持以直线的形状进行移动。

2. 不同着装的行姿

商务人士所着服饰不同,行姿也应有所区别。一般来讲,行走中要充分展现服装的特点。直线条服装具有舒展、庄重、大方、矫健的特点;以曲线条为主的服装则显得妩媚、柔美、优雅、飘逸。

(1) 着西装的行姿。西装以直线为主,商务人士应当走出挺拔、优雅的风度。着西装行走时,后背应保持平直,走路的步幅可略大些,手臂放松、自然摆动,手势简洁大方。行走时男士不要向两边晃动,女士不要左右摆髋。

(2) 着裙装的行姿。裙装可分为短裙和长裙两种。商务女士着短裙行走时,要表现轻盈、敏捷、活泼、洒脱的风度,步幅不宜过大,但脚步频率可以稍快些,保持轻快灵巧的风格。若着长裙,应显出女性身材的修长和飘逸美。行走时要平稳,步幅可稍大些。转动时,要注意头和身体相协调,注意调整头、胸、髋三轴的角度。

(3) 着旗袍的行姿。商务女士着旗袍行走时,要求身体挺拔,下颌微收,不要塌腰撅臀。走路时,步幅不宜过大,以免旗袍开衩过大。两脚跟前后要走在一条线上,脚尖略微外开,两手臂在体侧自然摆动,幅度也不宜过大。

(4) 穿高跟鞋的行姿。商务女士在社交场合经常穿着黑色高跟鞋,行走要保持身体平衡。具体做法是直膝立腰、收腹收臀、挺胸抬头。膝关节不要前曲,臀部不要向后撅。一定要把踝关节、膝关节、髋关节挺直,行走时步幅不宜过大。

(5) 穿平底鞋的行姿。穿平底鞋走路比较自然、随便,要脚跟先落地,前行力度要均匀,显得轻松、大方。由于穿平底鞋不受拘束,往往容易过分随意,商务人士在社交场合若穿平底鞋,应当注意防止给人留下松懈的印象。

3. 行姿中的禁忌

商务人士应注意自己的行姿,行走时下列举止均为失礼。

(1) 八字步态。在行走时,若两脚脚尖向外侧伸构成外八字步,或两脚脚尖向内侧伸构成内八字步,看起来都很难看。

(2) 左顾右盼。行走时,不应左顾右盼,尤其是不应反复回过头来注视身后。

(3) 方向不定。在行走时方向要明确,不可忽左忽右,变化多端,给人心神不定之感。

(4) 忽快忽慢。行走之时,切勿忽快忽慢,突然快步奔跑,又突然止步不前,让人不可捉摸。

(5) 声响过大。行走时用力过猛,声响大作,因此而妨碍其他人,或惊吓了他人。

五、蹲姿礼仪

蹲姿在商务场合用得不多,但最容易犯错误。商务人士在公共场所拿取低处的物品或拾落在地上的东西时,不妨使用下蹲和屈膝的动作,这样可以避免弯上身和翘臀部。尤其是商务女士在穿裙装时,如不注意背后的上衣自然上提,露出腰、臀部皮肤和内衣,很不雅观。

优雅蹲姿的基本要领:屈膝并腿,臀部向下,上身挺直。

1. 四种蹲势

(1) 交叉式蹲姿。下蹲时右脚在前,左脚在后。右小腿垂直于地面,全脚着地。左腿在后与右腿交叉重叠,左膝由后下方伸向右侧,左脚跟抬起,脚掌着地。两腿前后靠紧,合力支撑身体。臀部向下,上身稍向前倾。穿裙装的女士比较适合这种蹲姿。

(2) 高低式蹲姿。左脚在前、右脚在后向下蹲去,左小腿垂直于地面,全脚掌着地,大腿靠紧;右脚跟提起,前脚掌着地;右膝内侧靠于左小腿内侧,形成左膝高于右膝的姿态,臀部向下,上身稍向前倾。男士可选用这种蹲姿。

(3) 半蹲式蹲姿。半蹲式蹲姿多为人们在行进之中临时采用。它的基本特征是身体半立半蹲。其主要要求是在蹲下之时,上身稍微下弯,但不与下肢构成直角或者锐角,臀部务必向下,双膝可微微弯曲,其度可根据实际需要有所变化,但一般应为钝角。身体的重心应放在一条腿上,而双腿不宜过度地分开。

（4）半跪式蹲姿。半跪式蹲姿又称单蹲姿，它与半蹲式蹲姿一样，也属于一种非正式的蹲姿，多适用于下蹲的时间较长时，它的基本特征是双腿一蹲一跪。其主要要求是下蹲以后，改用一腿单膝点地，而令臀部坐在脚跟上，另外一条腿应当全脚着地，小腿垂于地面，双膝必须同时向外，双腿则宜尽力靠拢。

2. 蹲姿三要点

蹲姿三要点：迅速、美观、大方。脊背保持挺直，臀部一定要蹲下来，避免弯腰翘臀的姿势。男士两腿之间可留有适当的缝隙，女士则要两腿并紧，穿旗袍或短裙时需更加留意，以免尴尬。

六、握手礼仪

握手的举止源起于原始社会。当时，人们手中常常握着棍棒、石块，以猎取动物和进行自我防卫。当无敌意的人们遇见时，会放下手中之物，让对方摸摸自己的手掌，以示友好。这种习惯演变到了今天，成了日常交往的基本礼节。恰当的握手能使人精神愉悦。清代思想家龚自珍有诗云："游山五岳东道主，拥书百城南面王。万人丛中一握手，使我衣袖三年香。"

与他人初次见面或熟人久别重逢，告辞或送行时，向人表示祝贺、感谢或慰问时，交谈中出现了令人满意的共同点时，谈判出现了某种良好的转机或彻底和解等场合，都会约定俗成地以握手为礼。商务活动中，握手要遵循"尊者先伸手"的原则，即主人、长辈、上级、女士主动伸出手，客人、晚辈、下属、男士再相迎握手。握手礼的姿态要求如下。

1. 握手一定要用右手

人在攻击另一方时，大多数的人都会使用力度较大的右手，因此，使用右手相握示好成了一种约定俗成的国际惯例。左撇子的人握手时，也要伸出右手，表示友好尊重。

2. 握手要保持正确的距离和姿态

握手时，要距对方约一步之远，上身稍向前倾，两足立正，伸出右手，四指并拢，虎口相对，拇指张开下滑握手。不同的握手姿态传达着不同的心理含义，例如，两人握手的右手掌处于垂直状态，表示双方的平等；掌心向下握住对方的手，显示着一个人强烈地支配欲；掌心向上握手，显示出一个人的谦卑和毕恭毕敬。

3. 握手要热情、有力度

握手的时间一般以3s为宜。握手的同时要注视对方，态度真挚亲切，同时可以说"你好""幸会""见到你很高兴"之类的客气话。关系亲密的双方，在隆重场合，双方的手握住后应上下微摇几下，以体现出热情。紧紧地握手或只用手指部分漫不经心地接触对方的手是不礼貌的。男士同女士握手，不宜握得太紧、太久。

4. 握手有次序

年轻者、职务低者被介绍给年长者、职务高者时应根据年长者、职务高者的反应行事，即年长者、职务高者用点头致意代替握手时，年轻者、职务低者也应随之点头致意；年长者、职务高者伸手握手时，年轻者、职务低者对年长者、职务高者都应稍稍欠身相握，以示尊重。

一般场合下，为表示特别尊敬和谦恭，可双手迎握。但在商务等正式场合，一般不使用双手迎握式,以免在无形中降低了自己所代表的企业等组织的形象和地位。

接待来访者时,当客人抵达,应由主人首先伸出手来与客人相握;在客人告辞时,应由客人首先伸出手来与主人相握。前者是表示"欢迎",后者是表示"再见"。

  知识拓展　　　　　　　　　**握手的八项禁忌**

在行握手礼时,应努力做到合乎规范,注意以下禁忌。

(1) 不要用左手相握,尤其是和阿拉伯人、印度人打交道时要牢记,因为在他们看来,左手是不干净的。

(2) 在和基督徒交往时,要避免两人握手时与另外两人相握的手形成交叉状,这种形状类似十字架,在他们看来,这是很不吉利的。

(3) 不要在握手时戴着手套或墨镜,只有女士在社交场合戴着薄纱手套握手,才是被允许的。

(4) 不要在握手时另外一只手插在衣袋里或拿着东西。

(5) 不要在握手时面无表情、不置一词或长篇大论、点头哈腰、过分客套。

(6) 不要在握手时仅握住对方的手指尖,好像有意与对方保持距离。正确的做法是握住整个手掌,即使对异性也应这样。

(7) 不要在握手时把对方的手拉过来、推过去,或者上下左右抖个不停。

(8) 不要拒绝握手,即使有手疾或汗湿、弄脏了,也要和对方说一下"对不起,我的手现在不方便",以免造成不必要的误会。

七、表情礼仪

美国心理学家艾伯特通过实验把人的感情表达效果总结了一个公式:传递信息的总效果(即感情的表达)=7%的语言+38%的声音+55%的表情。这说明表情在人际感情沟通中占有相当重要的位置。商务人员的表情运用讲究自然、亲切、和蔼、友善。在丰富的表情之中,眼神和微笑的运用最具礼仪功能。

(一) 眼神

著名心理学家弗洛伊德说过:"即使你不说话,你的眼睛也会多嘴多舌。"在日常交往中,眼神具有很强的表达作用。在商务交往过程中,人的眼神应当是友善和自信的。

商务人员的眼神在运用时主要把握以下两个要点。

1. 协调好注视时间

商务人员在与他人交谈时,为使对方感到舒适,与对方目光相接触的时间要有度。若向对方表示友好,则注视对方的时间应占全部谈话时间的1/3左右。若向对方表示关注,或者是表示兴趣时,则注视对方的时间应占全部谈话时间的2/3左右。若注视对方的时间不到全部谈话时间的1/3,则表示瞧不起对方或对对方没有兴趣;超过2/3则表示可能对对方怀有敌意或寻衅滋事。

2. 掌控好注视区域

掌控好注视区域是指商务人员在与他人交谈时,目光落在对方身体的部位要有所区别和调整。通常应使自己的目光局限于上至对方的额头、下至对方衬衣的第二粒纽扣以上、左右以两肩为准的方框中。在这个方框中，分为三种注视方式。

（1）公务注视。人们在洽谈业务、磋商交易、商务谈判时所使用的一种凝视行为，注视的区域在对方的双眼与额头之间。公务凝视会使你显得严肃认真、有诚意，这种凝视会使你把握谈话的主动权和控制权，具有权威感。

（2）社交注视。这是人们在社交场所中使用的一种凝视行为，注视的区域在对方的双眼到唇心之间，包括双眉、双眼、鼻子和嘴之间，但不直视瞳孔。在鸡尾酒会、舞会、交谊会上，使用这种凝视很容易形成一种良好的社交气氛。

（3）亲密注视。这是男性之间、女性之间或者亲人、恋人等亲近人员之间使用的一种凝视行为，注视的区域在对方的双眼到胸部之间。

在不同的商务交往场合，关于眼神的运用还应注意以下细节。

（1）与人对面而行，在2.5m之外可以仔细端详。近于此距离目光要旁移，以示尊重别人的独处空间。

（2）听人讲话时，眼睛要看着对方，一方面表示礼貌，另一方面也容易理解对方话语的意思；自己讲话时，则要常常用眼光与听话人交流。

（3）与多人同时交谈时，要用眼神关照在座的每一个人，可以讲一句看看这个，再看看那个，也可以讲话时，目光环视每一个人，让谈话对象感觉受到重视，没有被冷落。

（4）有人离开你身边时，目送一段距离是礼节的表示。目送人至看不见为止表示尊重。如果只是暂时离开，则用目光关注一瞬间就可以。

（5）商务谈判时，目光要平视、直视，眼神中还应适当融入精明强干、不卑不亢以及充分的自信和果敢。

（二）微笑

微笑是一门学问，也是一门艺术。微笑是世界上通用的沟通手段，它能体现出乐观向上、愉快热情的情绪，也可以较快地消除彼此之间的陌生感，打破交际障碍，创造友好的交际氛围。所以，商务人员在工作过程中，不要吝惜自己的微笑。

1. 微笑的魅力

（1）微笑展现个人素质。微笑是礼貌的表现，是自信的象征。一个有教养的人总是以微笑待客。职场人士应该让微笑之花常开在脸上，将微笑当作礼物，慷慨、温和地奉献，使人们感到享受、愉快，这是绝大多数社交活动和公关工作的需要，也是一个人自身素质和修养的体现。

（2）微笑点亮社交绿灯。人际交往中，尤其是在一些重要的交际场合，人们往往存在戒备心理，生怕由于出言不慎带来麻烦。有的人尽量少说话，有的人甚至是一言不发，这样，沟通就出现了障碍，很多交际场合就会出现僵局。此时，微笑可以作为主动交往的敲门砖，拆去对方的心理防线，使之对自己产生信任和好感，随之进入交往状态。微笑可以缩短双方的心理距离，增进感情、促进交流、缓和气氛。它以真诚、宽容、信任、礼貌、友好、亲切等为能量，为人们的社会交往点亮绿灯。

（3）微笑奠定成功基石。一个人如果学会了时常微笑，他就有可能排除一切艰难险阻，赢得更多的机遇和财富。微笑是很多企业的制胜法宝。仅用5 000美元起家的希尔顿集团创始人唐纳·希尔顿,在其旅馆经营中始终认为,微笑是简单、可行、不花钱又行之有效的法宝,他要求企业的员工,不论在什么情况下,都必须对顾客保持微笑。凭借持之以恒的微笑服务,希尔顿迅速成为全球最大规模的连锁旅馆。希尔顿总裁在位的50多年里,不断地到他设在世界各国的希尔顿饭店视察,视察中他经常问到的一句话依然是"你今天对客人微笑了没有",可见,"微笑"作为看不见金钱的资本,所产生的巨大吸引力确实是生意兴隆的法宝。

2. 微笑的基本要求

微笑应是发自内心的笑,要真诚、适度、适宜,符合礼仪规范。

(1) 微笑要真诚。微笑要亲切、自然、诚恳,发自内心,切不可故作笑颜,假意奉承。发自内心、自然坦诚的微笑才是最美丽、最动人的。它能温暖人心,消除冷漠,获得理解和支持。发自内心的真诚微笑应是笑到、口到、眼到、心到、意到、神到、情到。

(2) 微笑要适度。微笑的美在于文雅、适度,不随心所欲,应有所节制。微笑的基本特征是不出声、不露齿,嘴角两端略微提起,既不要故意掩盖笑意、压抑内心的喜悦影响美感,也不要咧着嘴哈哈大笑。只有笑得得体、笑得适度,才能充分表达友善、真诚、和蔼、融洽等美好的情感。

(3) 微笑要适宜。微笑应注意场合、对象,该笑则笑,不该笑时就别笑,这是发挥笑容功能的关键。例如,打破沉默之前,先露出笑容,立即拥有一个良好的氛围,要想先等对方笑后才露出笑容,就为时已晚了,因为没有哪一种形象沟通是不先付出就会成功的。但在严肃场合不能笑时千万别笑。

相关案例

微笑的魅力

在一家饭店,一位住店的客人外出时,有一位朋友来找他,要求进他房间去等候,由于客人事先没有留下话,总台服务员没有答应他的要求。客人回来后十分不悦,跑到总台与服务员争执起来。公关部年轻的王小姐闻讯赶来,刚要开口解释,怒气正盛的客人就指着她的鼻尖,言辞激烈地责备起来。当时王小姐心里很清楚,在这种情况下,勉强作任何解释都是毫无意义的,反而会使得客人情绪更加冲动。于是她默默无言地看着他,让他尽情地发泄,脸上则始终保持一种友好的微笑。客人平静下来,王小姐才心平气和地告诉他饭店的有关规定,并表示歉意。客人接受了王小姐的劝说。没想到后来这位客人离店前还专门找到王小姐辞行,激动地说:"你的微笑征服了我,希望我有幸再来饭店时能再次见到你的微笑。"

课后习题

一、简答题

1. 商务人士个人形象礼仪的重要性体现在哪几个方面?
2. 个人形象设计的基本原则有哪些?
3. 详述男士西装的标准穿法与搭配。
4. 简述女士着装的基本原则。
5. 女士职业套裙的选择与搭配要注意哪些礼仪?

6. 简述仪容礼仪的基本原则。

7. 简述男士与女士在发型设计上的共同点与差异性。

二、案例分析

一天,黄先生与两位好友小聚,来到一知名酒店,接待他们的是一位五官清秀的服务员,接待工作做得很好,可是她面无表情,显得无精打采。黄先生仔细观察后发现这位服务员没有化工作淡妆,在餐厅昏暗的灯光下显得有些病态。上菜时,黄先生又突然看到服务员涂的指甲油缺了一块,他的第一反应是不会掉到我的菜里了吧,但为了不惊扰其他客人用餐,就没将自己的怀疑说出来。用餐结束后黄先生去收银台结账,收银员却一直对着反光玻璃墙面修饰自己的妆容,丝毫没有注意到客人的需要。从此以后黄先生再也没去过这家酒店。

讨论:

1. 商务形象礼仪中,化工作淡妆要做到哪几个关键点?

2. 案例中的几位服务员需如何纠正商务礼仪形象中存在的问题?

三、实践训练

(一)微笑训练

(1) 分组练习一度微笑、二度微笑、三度微笑。

(2) 默念字母 A,然后保持 30s。

(3) 与同伴对视 3s,保持微笑,视线可在颈部以上转移。

(4) 微笑着朗读下面这段话。

感恩的心,感谢有你

伴我一生

——让我有勇气做我自己

感恩的心,感谢命运

花开花落

——我一样会珍惜

(二)女生练习化职业淡妆

备齐化妆品的种类,进行实际操作示范,并指导学生练习:①净面;②涂护肤霜;③上粉底;④扑蜜粉;⑤描眉;⑥画眼线;⑦涂眼影;⑧上腮红;⑨画唇线;⑩涂唇膏。

(三)综合展示规范礼仪动作

四人为一小组,身着职业装,综合展示 10 个规范礼仪动作,时间 3min 左右,进行站姿、坐姿、走姿、蹲姿训练。

(1) 站姿:可用顶书法、贴墙法在老师带领下按照站姿的动作要领进行练习。

(2) 坐姿:分组练习各种坐姿,纠正不良坐姿,练习入座和离座。

(3) 走姿:每四人一组在全班同学面前走,找出缺点。

(4) 蹲姿:面向不同方向,练习正确蹲姿。

项目三

商务交往礼仪

学习目标

【知识目标】

1. 了解交际礼仪在现代礼仪活动中的重要性。
2. 掌握称呼、握手、介绍、递送名片等活动中礼仪的基本内容以及要求。
3. 掌握称呼、握手、介绍、递送名片等活动的基本技巧。

【能力目标】

1. 掌握在商务往来中会面涉及的称呼和介绍技巧。
2. 能够在社交场合展示自然、大方的气质。
3. 能够在交际活动中运用合适的交际礼仪提高自身人际吸引力。

【素养目标】

1. 掌握握手的动作要领。
2. 能使用恰当的语言沟通及非语言沟通形式进行有效沟通。

商务交往礼仪

 情境导入

　　一天，一位外国客人来到南京的一家宾馆准备住宿。前厅服务人员为了确认客人的身份，在办理相关手续及核对证件时花费了较长的时间。看到客人等得有些不耐烦了，前厅服务人员便使用中文跟陪同客人的女士作解释，希望能够通过她使对方谅解。谈话中服务人员习惯地用了"老外"这个词来称呼客人。谁料这位女士听到这个称呼，立刻沉下脸来，表示了极大的不满，原来这位女士不是别人，而是客人的妻子，她认为服务人员的称呼太不礼貌了。见此情形，这位服务人员随即赔礼道歉，但客人的心情已经大受影响，并且始终不能释怀，甚至连带着对这家宾馆也产生了不良的印象。

　　前厅服务人员该如何称呼外国人较为得体？一般初见者打招呼时，一些形式上的用语是必不可少的，如"某某先生""某某女士"等，这样既体现自身的修养，又使对方有受重视之感，特别是在比较庄严的场合，更要注意。在向他人打招呼时，要使对方有一见如故之感。在交际中最简单、最明显、最重要、最能得到好感的方法，就是记住人家的名字，使他有受到重视的感觉。许多成功人士的经验告诉我们，记住别人的名字的多少与交往范围的大小和事业的大小成正比。

任务一 商务会面基本礼仪

一、称呼礼仪

称谓,也叫称呼。称谓礼仪主要是指人际交往过程中彼此规范性的礼貌称呼。这种称呼通常基于血缘关系、职业特性、宗教信仰、社会地位等因素。能恰当地体现出当事人之间的关系称谓礼仪的原则是称谓得体、有礼有序。在商务场合中正确的称呼能使商业活动得以顺利地进行。

(一) 姓名的种类

姓名在不同的国家和地区有着不同的内涵。姓名按照构成和排列顺序可分为三类。

1. 前姓后名

前姓后名主要分布在汉文化圈的国家、欧洲一些国家以及其他地区,如中国、日本、韩国、柬埔寨、匈牙利等。

柬埔寨贵族与平民的姓名有所不同,贵族一般承继父姓,平民一般以父名为姓。明治维新后日本人才有姓。日本妇女婚前使用父姓,现在虽然越来越多的日本女子反对夫妻同姓,主张婚后仍用自己的姓,但大多数的女性婚后使用夫姓,本人的名字不变。例如,中野良子嫁给川崎善弘后,改名川崎良子。日本天皇无姓、平民嫁到皇家仍然用娘家的姓。如皇子文仁的妻子川岛纪子,川岛就是娘家的姓。中国香港、台湾等地的很多女性则习惯于婚后将夫姓冠于自己的姓名前,如范徐丽泰。

匈牙利人的姓名是姓在前名在后,都由两节组成。如纳吉·山多尔,简称纳吉。女子婚后可保留自己的姓和名,但也有些女子改用丈夫的姓名,只是在丈夫姓名后再加词尾"ne",译为"妮",是夫人的意思。姓名连用时加在名字之后,只用姓时加在姓之后。如瓦什·伊斯特万妮或瓦什妮是瓦什·伊斯特万的夫人。

2. 前名后姓

前名后姓主要分布在欧美文化圈和穆斯林文化圈的国家,如英国、法国、美国、德国及阿拉伯国家。

英国人姓名一般为教名(First Name)+中间名(Middle Name)+姓(Last Name)。但在很多场合,中间名往往略去不写。英国人习惯上将教名和中间名全部缩写,如M. H. Thatcher。美国人则习惯于只缩写中间名,如 Ronald. W. Reagan。

法国人姓名一般由二节或三节组成。前一、二节为个人名,最后一节为姓。有时姓名也可达四、五节,多是教名和由长辈起的名字。但现在长名字越来越少。例如,亨利·勒内·阿贝尔·居伊·德·莫泊桑简称居伊·德·莫泊桑。

美国人的姓名一般由三个部分组成,即教名(First Name)+中间名(Middle Name)+姓(last Name)。教名是受法律承认的正式名字,一般是在婴儿接受洗礼时取的,故称为教名;中间名是父母或亲戚所取,一般取长者的名或姓;姓是家族沿袭下来的称谓。如美国前总统比尔·克林顿的正式名字是威廉·杰斐逊·克林顿。其中,威廉是教名,杰斐逊是他的父母以美国总统托马斯·杰斐逊的姓氏作为中间名,其用意在于激励,克林顿是家族的姓氏。在美国,很多人喜欢用昵称取代正式教名,比尔就是克林顿的昵称。

德国人的姓是在21世纪以后才逐渐被普遍使用的,德国人的姓名一般由两节或两节以上组成,如约翰·塞巴斯蒂安·巴赫和路德维希·凡·贝多芬,德国人的名字早在古日耳曼时期就开始形成。它们以固定的形式存在于德语语汇之中,德国父母给孩子起名字时,只需给初生婴儿在名字库中选择一个自己喜欢的就行。因此,德国人的名字相同的很多,男性的名字和女性的名字有严格区别,人们仅根据名字就可以知道这个人的性别。

西班牙人的姓名常有三节或四节,即本人名+父姓+母姓。如迭戈·罗德里格斯·德席尔瓦·贝拉斯克斯,前一、二节为本人名字。倒数第二节为父姓,最后一节为母姓,如西班牙前元首弗朗西斯科·佛朗哥,其全名是弗朗西斯科·保利诺·埃梅内希尔多·特奥杜洛·佛朗哥·巴蒙德。前四节为个人名字,倒数第二节为父姓,最后一节为母姓。已婚女子常把母姓去掉而加上丈夫的姓。

葡萄牙人的姓名也多由三节或四节组成,即本人名+母姓+父姓。简称时,一般是个人名加父姓。

俄罗斯人的姓名一般由三节组成,即本人名+父名+姓。如伊万·伊万诺维奇·伊万诺夫。俄罗斯人的姓名也可以把姓放在最前面,特别是在正式文件中,即上述伊万写成伊万诺夫·伊万·伊万诺维奇。俄罗斯女子的姓名多以娃、娅结尾,妇女婚前用父亲的姓,婚后多用丈夫的姓,但本人名字和父名不变。如尼娜·伊万诺夫那·伊万诺姬,假如她与罗果夫结婚。婚后姓改为罗果娃,其全名为尼娜·伊万诺夫那·罗果娃。俄罗斯人的名字和父名都可缩写,只写第一个字母。

阿拉伯人的姓名一般由三节或四节组成,即本人名+父名+祖父名+姓。如沙特阿拉伯前国王费萨尔的姓名是费萨尔·伊本·阿卜杜勒·阿齐兹·伊本·阿卜杜勒·拉赫曼·沙特。其中,费萨尔为本人名,阿卜杜勒·阿齐兹为父名,阿卜杜勒·拉赫曼为祖父名。沙特为姓。正式场合应用全名,但有时可省略祖父名,有时还可以省略父名,简称时,只称本人名字。很多阿拉伯人,特别是有社会地位的上层人士都简称其姓。如穆罕默德·阿贝德·阿鲁夫·阿拉法特简称阿拉法特,加麦尔·阿卜杜勒·纳赛尔简称纳赛尔。

3. 有名无姓

有名无姓主要分布在缅甸、印度尼西亚、蒙古国、冰岛等国家或地区。

缅甸人不论男女,都是有名无姓,他们通常在自己的名字前冠上一个称呼,以便表示性别、长幼、社会地位和官职的区别。成年、幼年或少年男子的名字前,往往加"貌",意为"弟";对长官或长辈的男子,其名前往往加"吴",如缅甸总理吴努、吴奈温等;对平辈或年轻的男子,名前往往加"郭"。意为"兄";对年轻女子称"玛",意为姐妹;有地位或年老的女士称"杜"。此外,"哥"为二兄,"波"为"军官","塞耶"为"老师","道达"是英语Dr.的译音(即"博士"),"德钦"为"主人"等。例如,一男子名刚,长辈称他为"貌刚",同辈称他为"哥刚",该男子有一定社会地位,则被称为"吴刚"。是军官被称为"波刚"。如果一女子名"刚",是有社会地位的女士,则称为"杜刚",是年轻女子,则称为"玛刚"。

印度尼西亚人大多数只有名而没有姓,少数人在本名后面有父名。爪哇族由于历史原因长期受印度教文化的影响,人们往往从梵文中选字取名。现在,爪哇人大都信奉伊斯兰教,有的人就在自己的梵文名前加上一个阿拉伯文名。如阿里·苏米特罗,阿里是阿拉伯文,苏米特罗是梵文。印度尼西亚的马都拉族、马来族的名字形式是"本名+父名"。在一般情况下,只用本名,在正式场合才用父名。

蒙古国人传统上没有姓,现在蒙古国人的名字主要分两种:一种是没有姓氏,如腾格尔、斯琴格日勒、德德玛等都是蒙古语的组合;另一种是有姓的,姓氏后面加蒙语名字,其中,包、白、吴等姓居多。这些姓氏也是由过去的蒙古语部落名称简化并汉化演变过来的,如包胡尔察、包青格勒等。

冰岛至今仍保留着古代淳朴的民风,除首都雷克雅未克外,各地仍然采用家长制,当他们要和其他家庭区别时,男子便在父亲的名字后面加上松字(儿子之意),女儿则在父亲的名字后面加上德提尔(女儿之意),以取代姓氏。

不同地区、国家、民族历史地理的差异造就了其姓名的内涵以及排列顺序有别。在涉外商务场合,商务人员应提前了解客户姓名的正确称呼,以免失礼而妨碍商务交往的正常进行。

(二) 称呼

称呼是人们在社会交往中用于识别身份、指代称呼对象以及交际中角色关系定位的特定语言。在商务交往中,如能正确称呼对方,不但表现了一个人自身有较高的素养,还体现了对对方的尊重,因此在商务活动中能否正确地称呼对方在一定程度上影响着这次交际的成败,可见称呼语是十分重要的。

1. 商务交往中称呼的要求

(1) 采用常规称呼。常规称呼,即人们平时约定俗成的较为规范的称呼。

(2) 区分具体场合。在不同的场合,应该采用不同的称呼。

(3) 坚持入乡随俗。要了解并尊重当地风俗。

(4) 尊重个人习惯。在不知如何称呼对方时应先请教对方。

2. 商务交往中规范的称呼

1) 职务性称呼

一般在较为正式的官方活动、政府活动、公司活动、学术性活动中使用。以示身份有别,敬意有加,而且就高不就低。

(1) 仅称职务。如董事长、总经理等。

(2) 在职务前加姓氏。如王总经理、张主任、刘校长等。

(3) 在职务前加姓名。适合于极为正式的场合,如×××市长等。

2) 职称性称呼

对于有专业技术职称的人,可用职称相称。

(1) 仅称职称。如教授、律师、工程师等。

(2) 在职称前加姓氏。如赵教授、吴律师、李工程师。

(3) 在职称前加姓名。适用于正式的场合,如×××教授、×××工程师等。

3) 学衔性称呼

这种称呼,增加被称者的权威性,同时有助于增加现场的学术气氛。

(1) 仅称学衔。如博士。

(2) 加姓氏。如曹博士。

(3) 加姓名。如曹方博士。

(4) 将学衔具体化,说明其所属学科,并在后面加上姓名。如法学博士曹方。这种称呼最正式。

4）行业性称呼

在工作中，按行业称呼。可以直接以职业作为称呼，如老师、教练、会计、医生等。在一般情况下，此类称呼前，均可加上姓氏或者姓名。如郑老师、王教练、钱会计、李医生等。

5）泛尊称

对社会各界人士在一般较为广泛的社交中，都可以使用的称呼。如小姐、女士、夫人、太太。未婚女性称小姐，已婚者或不明其婚否的女性称女士，男的称先生。

 知识拓展 称呼小技巧

对于初入职场者来说，作为"新人"，怎么称呼别人可不是一件小事。称呼得好就很容易和同事搞好关系，称呼得不好也许会大大影响职业前景。下面的几个小技巧或许有用。

（1）职务就"高"不就"低"。意思是称呼别人的职务时，尽量往"高"里叫，而别"实打实"地叫人家真实的职务或把职务叫"低"了。特别是那些带有"副"字头衔的领导们，例如李副总叫他"李总"，张副经理叫他"张经理"，别看他们打着哈哈说："别这样叫，我是副的。"其实心里可受用了。你要是口口声声叫他们"李副总""张副经理"，他们心里可能不太高兴。

（2）辈分就"长"不就"平"。意思是对那些比自己大十几岁，没什么职务，但在公司有一定资历的同事，宁可"高看"他们，把他们以"长辈"来称呼比较好，例如叫"张叔""李阿姨"，这样显示自己年龄小，是晚辈。要是直呼其名或者以兄弟相称，他们可能会想：这人没大没小，敢跟我称兄道弟？

（3）男就"大"女就"小"。意思是男性同事们一般喜欢被人称呼得"大"一些，以显示成熟，例如比自己大的男同事，喜欢被小兄弟们叫"哥""兄"，听着很慰帖。而女同事们则喜欢把自己叫得小一些，过四十再叫阿姨，四十以下还是叫"姐"，这样她们比较高兴。

（4）就"尊称"不就"绰号"。职场中叫绰号一般发生在彼此年龄相当、资历相当，且关系不错的两个人之间。职场新人别"不识时务"地掺和其中，也跟着叫别人的绰号，以免给人留下"不知天高地厚"的印象。

当然，职场称呼不是一成不变的，它在不断地发生变化，要根据自己的年龄、职务、在公司里的资历，留心揣摩和把握。

3. 商务交往中称呼的禁忌

1）错误的称呼

常见的错误称呼一般是由误读或误会引起的。

（1）误读也就是念错姓名。为了避免这种情况的发生，对于不认识的字，事先要有所准备：如果是临时遇到，就要谦虚请教。

（2）误会主要是对被称呼者的年纪、辈分、婚否以及与其他人的关系做出了错误判断。例如，将未婚妇女称为"夫人"，就属于误会。相对年轻的女性，都可以称为"小姐"，这样对方也乐意接受。

相关案例

被拒绝的生日蛋糕

有一位先生为一位外国朋友订做生日蛋糕。他来到一家酒店的餐厅。对服务员说："小姐,您好,我要为我的一位外国朋友订一份生日蛋糕,同时写一张贺卡,你看可以吗?"服务员接过订单一看,忙说:"对不起,请问先生,您的朋友是小姐还是太太?"

这位先生也不清楚这位外国朋友结婚没有,从来没有打听过,他为难地抓了抓后脑勺想想说:"小姐?太太?一大把岁数了,太太。"生日蛋糕做好后,服务员按地址到酒店客房送生日蛋糕,敲门,一女子开门,服务员有礼貌地说:"请问,您是怀特太太吗?"女子愣了愣,不高兴地说:"错了!"服务员丈二和尚摸不着头脑,抬头看看门牌号,再回去打个电话问那位先生,没错,房间号码没错。再敲一遍,开门。"没错,怀特太太,这是您的蛋糕。"那女子大声说:"告诉你错了,这里只有怀特小姐,没有怀特太太。""嘭"的一声,房门被大力关上,蛋糕被摔了一地。

2) 不恰当的称呼

(1) 不通行的称呼。有些称呼,具有一定的地域性,例如山东人喜欢称呼"伙计",但在南方人听来,"伙计"肯定是"打工仔"。中国人把配偶经常称为"爱人",在外国人的意识里,"爱人"是"第三者"的意思。

(2) 不当的称呼。工人可以称呼为"师傅",但如果用它来称呼其他人,可能会让对方产生自己被贬低的感觉。

(3) 庸俗的称呼。有些称呼在正式场合不适合使用。例如,"兄弟""哥们儿""死党"等一类的称呼,虽然听起来亲切,但显得档次不高。

(4) 称呼外号。对于关系一般的人,不要随便给对方起外号,更不能用道听途说来的外号去称呼对方,也不能随便拿别人的姓名乱开玩笑。

4. 生活中的称呼

1) 对亲属的称呼

(1) 常规。亲属,即与本人直接或间接拥有血缘关系者。在日常生活中,对亲属的称呼业已约定俗成,人所共知。例如,父姑、舅之子应称为"表兄""表弟",叔伯之子应称为"堂兄""堂弟"。

(2) 特例。面对外人,对亲属可根据不同情况采取谦称或敬称。

① 对本人的亲属应采用谦称。

称辈分或年龄高于自己的亲属,可在其称呼前加"家"字,如"家父""家叔"。

称自己的子女,则可在其称呼前加"小"字,如"小儿""小女""小婿"。

② 对他人的亲属应采用敬称。

对其长辈,宜在称呼之前加"尊"字,如"尊母""尊兄"。

若在其亲属的称呼前加"令"字,一般可不分辈分与长幼,如"令堂""令尊"。

对待比自己辈分低、年纪小的亲属,可以直呼其名,使用其爱称、小名,或是在其名字之前加上"小"字相称,如"毛毛""小宝"等。

2) 对朋友、熟人的称呼

对朋友、熟人的称呼,既要亲切、友好,又要不失敬意。

(1) 敬称。对任何朋友、熟人,都可以以人称代词"你""您"相称。对长辈、平辈,可称其为"您"。对待晚辈,则可称为"你"。以"您"称呼他人,是为了表示自己的恭敬之意。

对于有身份者、年纪长者,可以"先生"相称。其前还可以冠以姓氏,如"张先生""何先生"。

对文艺界、教育界人士以及有成就者、有身份者,均可称为"老师"。在其前,也可以加上姓氏,如"高老师"。

对德高望重的年长者、资深者,可称为"公"或"老"。其具体做法是:将姓氏冠以"公"之前,如"谢公"。将姓氏冠以"老"之前,如"周老"。

(2) 姓名的称呼。平辈的朋友、熟人,彼此之间可以以姓名相称,例如,"李静""朱一凡""郑秋芬"。长辈对晚辈也可以这样。

为了表示亲切,可以在被称呼者的姓前分别加上"老""大""小"字,而免称其名。例如,对比自己年长的,可称"老王""大刘";对比自己年纪小的,可称"小宋"。

对同性的朋友、熟人,若关系极为亲密,可以不称其姓,而直呼其名。对于异性,则一般不可这样称呼。

(3) 亲近的称呼。对于邻居、至交,有时可采用"大叔""阿姨"等类似血缘关系的称呼。这种称呼,会令人感到信任、亲切。

3) 对普通人的称呼

在现实生活中,对一面之交、关系普通的交往对象,可酌情采取下列称呼。

(1) 以"先生""女士"相称。

(2) 以其职务、职称相称。

(3) 入乡随俗,采用对方理解并接受的称呼相称。

相关案例

巧妙避开

在官场,应注意上级的姓氏与职务的语音搭配,如赶上姓傅、姓戴的一把手,称呼"傅厅长""戴局长",对方一准不高兴,因为外人一听,误以为他是副职或临时代办呢!那怎么称呼呢?略去其姓氏,直称官衔"厅长""局长"则可。如某处长姓贾,最好不要随便张口就"贾处长""贾处"的,以直呼"处长"为宜,否则难避调侃之嫌。

此外,按照一般原则,正职以姓氏加职务称谓,如"赵厅""钱局""孙处""李科""周所""吴队""郑总""王工""冯校""陈院"等。而遇到姓氏谐音难题,如"季院"(妓院)、"史科"(屎坑儿)等,略作变通,改用全称,总还能说得过去。

二、握手礼仪

握手之礼,来源于西方,流行于中国,不过百年之久。但是,握手已经成了我国人际交往和商务活动中最常用的礼节。在我国,握手礼不但在见面和告辞时使用,而且被作为一种祝贺、感谢或相互鼓励的表示。

美国现代女作家海伦·凯勒说:"我接触过的手,虽然无言,却极有表现性。有的人握手能拒人千里。我握着他们冷冰冰的指尖,就像和凛冽的北风握手一样。而有些人的手却充满阳光,他们握住你的手,使你感到温暖。"握手虽然简单,但握手动作的正确与否、伸手的主动与被动、力量的大小、时间的长短、面部的表情及视线的方向等,往往表现出握手人对对方的不同礼遇和态度,也能窥测对方心中的奥秘。握手是大有讲究的。了解和掌握其礼仪规范,对我们在商务活动中因人施礼并了解对方的心态及性格特点有着重要意义。

其实握手和相互介绍都是在人们接触的最初几分钟内进行的,这时一个人的举止,往往决定着他在别人眼中的交际形象。

(一)正确的握手方式

1. 标准的握手姿势

标准的握手姿势是距离受礼者约一步,双腿立正,伸出右手,手掌均呈垂直状态,四指并齐,拇指张开,以手指稍用力握住对方的手掌(即虎口对虎口相握,见图3-1)。握手时用力适度,持续3s,双目凝视对方,面带笑容,同时向对方问候,如"您好""见到您很高兴""欢迎您""恭喜您""辛苦啦"等。位尊、已婚、女士、先到者先伸手。

图3-1 标准握手姿势

以上讲述的是单手相握的姿势,但社交场合中有时也会出现双手握,即为了表示对对方加倍的亲切和尊敬时,同时伸出双手,握住对方双手。但是这种握手方式只在年少者对年长者,身份低者对身份高者,或同性朋友之间握手时使用。男子对女子一般不用这种礼节。若伸出双手捧接对方的右手,则更是谦恭备至。

从礼貌的角度讲,商务场合中最好选择单手握法,不论对谁都能有一种亲切、平等、自然的感觉,并且伸手时的动作要稳重、大方,态度要亲切、自然。

2. 握手的时间

握手时间的长短可因人、因地、因情而异。太长了使人局促不安,太短表达不出热烈情绪,被人认为傲慢冷淡,敷衍了事。

初次见面者,握一两下即可,一般应控制在3s之内;男士之间或女士之间行握手礼时,根据双方的熟悉程度灵活掌握,只要遵从一般规范即可,控制在3~5s;男士与女士之间握手,男士切记不要握住女士的手久久不松开;老朋友之间特别亲热的,握手时间可长一些;在多人相聚的场合,不宜只与某一人长时间握手,以免引起他人误会;在谈判场合,双方首席代表握手,可以持续时间较长,以便记者照相。

3. 握手的力度

握手时的力度要适当,以紧而不捏疼对方为宜。过重的"虎钳式"握手握得对方龇牙咧嘴,会显得粗鲁无礼,有故意示威之嫌,当然完全不用力或柔软无力地将手握在对方的手上,给人的感觉是这个人缺乏热忱,没有朝气或敷衍了事。

若要表示热情,可握得稍紧些,但不可太用力;男士握女士的手应轻一些,如果下级或晚辈与你的手紧紧相握,作为上级和长辈一般也应报以相同的力度,这容易使晚辈或下级对自己产生强烈的信任感。与老人、来宾、上级握手,不仅是为了表示问候,还有尊敬之意。

(二)握手的顺序

在商务场合,握手时伸手的先后顺序讲究颇多,一般来说,握手的顺序根据握手人的社会地位、年龄、性别、身份和婚否来确定,最基本的规则是"尊者居前"。

(1) 长幼之间,年幼的要等年长的先伸手。
(2) 上下级之间,下级要等上级先伸手,以示尊重。
(3) 职位高者与职位低者之间,职位高者先伸手。
(4) 已婚者与未婚者之间,已婚者先伸手。

(5) 在社交和商务场合,先到者与后到者之间,应该由先到者先伸手。

(6) 男女之间握手,男方要等女方先伸手后才能握手,如女方不伸手,无握手之意,方可用点头或鞠躬致意;倘若男方已是祖辈年龄,则男方先伸手也是适宜的。

(7) 宾主之间,主人应向客人先伸手,以示欢迎;但客人辞行时,应是客人先伸手表示辞行,主人才能握手告别。当客人不止一个时,若无法确定谁的身份较高,握手可以由近及远。

(8) 朋友和平辈之间谁先伸手可不作计较,一般谁先伸手,谁就被视为有礼貌。

(9) 如要同许多人握手,应当先同性后异性,先长辈后晚辈,先职位高者后职位低者,先上级后下级,先已婚者后未婚者;也可以由近及远地依次与之握手。

总而言之,上级、职位高者、年长者、女士、主人、已婚者享有握手的主动权。朋友、平辈见面,先出手者更有礼。但是在商务场合,当别人不按先后顺序的惯例,已经伸出手时,都应毫不迟疑地立即回握,拒绝他人的握手是不礼貌的。另外,在祝贺对方、宽慰对方,或表示谅解对方的场合下,应主动向对方伸手。

(三) 握手的场合

握手是人们日常交际的基本礼仪,在必须握手的场合如果拒绝或忽视了别人伸过来的手,就意味着自己的失礼。具体来说,应该握手的场合有以下几种。

1. 介绍与问候

在被介绍给不相识者时,为对初次见面的对方表示尊敬,在介绍之后,互致问候的双方应同时握手。与友人久别重逢时要握手,表示高兴与问候。在商务场合,突遇同事、同学、朋友、邻居、长辈或上级时,要握手表示问候。

2. 迎送客人

在办公室或家中等社交场合需要迎接或送别来宾的时候,主人要握手表示欢迎或欢送,客人在告辞时握手表示"再会"。

3. 洽谈成功

双方洽谈中出现了令人满意的共同点时,或与客户达成协议时握手表示庆祝成功。

4. 一些特殊场合

向人表示祝贺、感谢或慰问,双方原先的矛盾出现了某种良好的转机或彻底和解时,习惯上也以握手为礼。

(四) 握手的注意事项

(1) 不要在握手时戴着手套或墨镜,应该把它们摘除掉或脱掉再握手。只有女士可以在一些社交场合戴着薄纱手套与人握手,工作场合是不适宜的。

(2) 握手时应伸出右手,不能伸出左手与人相握,尤其是对阿拉伯人和印度人,他们认为人的左手是脏的。右手与人相握时,左手应当空着,并贴着大腿外侧自然下垂,以示用心专一。如果是右手有手疾或太脏,需用左手代替右手时,应先声明原因并致歉。

(3) 作为女士,当男士伸出手时,不应置之不理,以免造成难堪的局面。如果女士不打算和自己问候的人握手,可欠身致意,或用点头、说客气话来代替握手,不要视而不见,或转身离去。

（4）握手时应该面带笑容，目光与对方交流，切忌左顾右盼或心不在焉，眼睛寻找第三者而冷落对方，使人感到你缺乏诚意；也不要敷衍了事，漫不经心；也不宜点头哈腰，过分客套，这只会让对方不自在、不舒服。

（5）握手时不要抢握，切忌交叉握手。不可左手右手同时与两个人相握；不宜隔着中间的人握手；在多人同时握手时，当自己伸手时发现别人已伸手，应主动收回，并说声"对不起"，等别人握完后再伸手；当两人正在握手时，上前与正握手的人相握，也是失礼的。

（6）除非是年老体弱或者身体有残疾的人，握手双方应当站着而不能坐着握手，坐着与人握手是不礼貌的，只要有可能，都要起身站立。女士在某些社交场合有所例外。

（7）握着别人的手猛摇的做法千万不要做，这不是热情好客的表现，相反地别人会觉得你太不礼貌了。一般握手时，手只需要轻轻点三下即可，但也不宜僵硬不动或者将对方的手拉过来推过去。

（8）在握手时，如果面对几个人，而你只同一个人握手，对其他人视而不见，这是极不礼貌的。同一场合与多人握手时，与每个人握手的时间应大致相等，若握手的时间明显过长或过短，也有失礼仪。

（9）与客人见面或告辞时，不能跨门槛握手，要么进屋，要么在门外。

（10）握手时通常需要稍事寒暄，发表长篇大论或一言不发都是不恰当的。

（11）男士不能戴着帽子与他人相握，军人可不脱帽先行军礼，后握手。

（12）右手与人相握时，左手不能放在口袋里或拿东西。

（13）同外宾握手，应该照顾到对方的风俗习惯，同时又要热情、友好、大方、不卑不亢。

（14）握手的方式也表明亲密度。如双手相握—左手握腕—左手按肩—左手拥肩，表明越来越亲热的关系。

（15）一些不宜握手的情况：对方手上有伤，对方手里拎着东西不方便，对方正忙着打电话、用餐、与他人交谈等，对方与自己距离较远，对方所处的环境不适合握手。

部分错误的握手姿势如图3-2所示。

图3-2　不正确的握手姿势

知识拓展　　　　握手姿势透露出的信息

1. 手指微微弯曲——耳根子软

你是一个充满爱心的人，个性温和。你的意志力稍稍有点薄弱，只要他人有求于你，你都无法拒绝，是一个耳根子特别软的人。

2. 手指全部并拢——小心谨慎

你经常会注意到一些细节方面的事情，是一个用心至深的人。你还能抑制自己的情绪，慎重考虑过后才开始行动。

3. 手指全部张开——条理分明

你是一个个性爽快、利落的人。你最讨厌受到拘束,你会把自己"想做的事"和"不想做的事"清清楚楚地表现出来。

4. 只将拇指张开——坚持主见

你是一个有主见的人,坚持自己的主张,不会被别人所说的话左右。你拥有正面思考的能力,并且总是积极地去面对人生。

5. 小拇指微微向外伸展——聪明伶俐

你是一个好恶感非常分明的人,感受相当敏锐,脾气焦躁不安,容易发火。你的智商相当高,点子特别多,还拥有非一般的艺术气质。

三、介绍礼仪

介绍是人与人之间进行相互沟通的出发点,它最突出的作用就是缩短人与人之间的距离。对商务人士来说,如能正确地利用介绍,那么不仅可以广交朋友,而且也有助于进行必要的自我展示、自我宣传,并且替自己在人际交往中消除误会,减少麻烦。

> **知识拓展**　　　　　　　　　**古代的"介绍"**
>
> 在现代日常生活中,"介绍"一词使用相当频繁,一般指沟通双方的第三者的言语或行为。但在中国古代,"介绍"是礼仪中的一种传话方式。
>
> 古代公、侯、伯、子、男等诸侯朝见天子,或者诸侯相互拜见之初,彼此之间是有着一定距离的,主、宾不能直接对话,而是通过站立在彼此之间的人来传话,客人一方传话的人称作"介",主人一方的传话之人称作"摈"。主、宾之间的距离完全依据双方的地位而定,地位越尊贵,距离越远,中间的"介"也越多。
>
> 《礼记•聘义》载:"上公七介,侯伯五介,子男三介。"按照"介"的级别,分为上介、承介、末介。"承介"可以是一人、三人或五人。"摈"也是如此,也分为上摈、承摈、末摈,人数比"介"要少,而担任"介"和"摈"的人的身份也不同,通常"上摈"和"上介"为抑,"承摈"和"承介"为大夫,"末摈"和"末介"为士。
>
> 在双方见面时,介、摈出列。来访者将要对拜访者所说的话告诉"介",依次通过上介、承介、末介传达。
>
> 或许在现代人来看,古人如此烦琐的礼节有些小题大做。但是古人却认为,"礼"为社会一切活动的准则,是表达敬意的一种方式。《礼记•聘义》载:"介绍而传命,君子于其所尊弗敢质,敬之至也。"意思是说,君子是值得尊重的人,不敢直接与其对话,而是通过摈、介传命的方式来表达敬重的心意。这里的"绍"是继续、承接的意思。现代汉语中的"介绍"一词正源于此。

(一)自我介绍

商务人士在社交活动中,如欲结识某些人或某个人,而又无人引见,如有可能,即可向对方自报家门,自己将自己介绍给对方。而有时出于礼貌或工作上的需要,商务人士往往也需要做自我介绍。

1. 自我介绍的时机

应当何时进行自我介绍？这是最关键的而又往往被人忽视的问题。通常，商务人士在下面的场合中，有必要进行适当的自我介绍。

（1）在社交场合，与不相识者相处时，或是有不相识者表现出对自己感兴趣时，或是有不相识者要求自己做自我介绍时。

（2）在公共聚会上，与身边的陌生人组成一定的交际圈时，或是打算介入陌生人组成的交际圈时。

（3）有求于人，而对方对自己不甚了解，或一无所知时。

（4）前往陌生单位，进行工作联系时。

（5）拜访熟人遇到不相识者挡驾，或是对方不在，而需要请不相识者代为转告时。

（6）初次利用大众传媒向社会公众进行自我推荐、自我宣传时。

（7）在出差、旅行途中，与他人不期而遇，并且有必要与之建立临时接触时。

2. 自我介绍的态度及方式

商务人士在做自我介绍时一定要注意态度及方式。

（1）镇定、自信。商务人士进行自我介绍时，其本身就是当事人，因此要先向对方点头致意，待对方得到回应后再报出自己的姓名、身份、单位及其他有关情况，语调要热情友好，充满自信，眼睛要注视对方。如"您好，我是某某公司的销售员"。同时递上事先准备好的名片。要自然、大方，不要扭扭捏捏。

通常情况下，人们对于自信的人会另眼相看，如果你充满信心，对方就会对你产生好感。相反，如自我介绍时流露出羞怯心理，则会让人感到你不能把握好自己，可能会使对方对你有所保留，从而使彼此之间的沟通产生障碍。

（2）主动与被动的自我介绍。主动的自我介绍方式通常可以引起对方的呼应，如"您好！我是某某公司的王某某，很高兴见到您"。

被动的自我介绍方式，即首先婉转地询问对方："先生您好！请问我该怎样称呼您呢？"待对方做完自我介绍，并表示要了解一下你的情况时，再顺水推舟地介绍自己。采用这种自我介绍的方式，措辞一定要得体，尽可能用一些适用的谦辞或敬语。

（3）介绍内容的繁简。在商务人士的社交场合中，自我介绍的内容大体由三个要素构成：本人姓名的全称、供职的单位及职业（职务）。自我介绍的三要素简明扼要，能使他人对你有所认识。一般的自我介绍大都需要将三者一气呵成地报出来。初次见面时的自我介绍，本人姓名一定要报全称，否则随便一句"叫我小王好了"，就明显地带有不愿进一步深谈、拒人千里之外的意思。

虽然自我介绍的内容由三个基本要素构成，但不一定每次都面面俱到，作为商务人士，应视交际需要来决定介绍的繁简。

一般参加聚会、沙龙或演讲，发言前的自我介绍应简明扼要。而有些社交场合，如果对方不一定有多大的兴趣去深入地了解你，这时只报出自己姓名的全称，为对方提供称呼自己的方便就足够了。

而如若自己很想认识对方，或者对方显然也有认识自己的愿望，或者对于公开招标过程中的投标者来说,自我介绍仅局限于三要素,恐怕就不够了。鉴于此种情况,还可以简略地介绍一下自己的籍贯、出生地、母校、专长、兴趣等相关的方面。

 知识拓展   自我介绍的时机

在下面场合,有必要进行适当的自我介绍。
(1) 应聘求职时。
(2) 应试求学时。
(3) 在社交场合,与不相识者相处时。
(4) 在社交场合,有不相识者表现出对自己感兴趣时。
(5) 在社交场合,有不相识者要求自己做自我介绍时。
(6) 在公共聚会上,与身边的陌生人组成交际圈时。
(7) 在公共聚会上,打算介入陌生人组成的交际圈时。
(8) 交往对象因为健忘而记不清自己,或担心这种情况可能出现时。
(9) 有求于人,而对方对自己不甚了解,或一无所知时。
(10) 拜访熟人遇到不相识者挡驾,或是对方不在,而需要请不相识者代为转告时。
(11) 前往陌生单位,进行业务联系时。
(12) 在出差、旅行途中,与他人不期而遇,并且有必要与之建立临时接触时。
(13) 因业务需要,在公共场合进行业务推广时。
(14) 初次利用大众传媒向社会公众进行自我推荐、自我宣传时。

3. 自我介绍的注意事项

(1) 注意时间。要抓住时机,在适当的场合进行自我介绍,不要打断别人的谈话而介绍自己,应在对方有空闲,而且情绪较好,又有兴趣时,这样就不会打扰对方。有时,为了节省时间,在做自我介绍时,还可利用名片、介绍信等加以辅助介绍。

(2) 态度诚恳。商务人士在进行自我介绍时,态度一定要自然、友善、亲切、诚恳。应落落大方,彬彬有礼。既不能唯唯诺诺,又不能虚张声势。无论男女,都希望别人尊重自己,特别是希望别人敬重自己的优点和成就,因此在进行自我介绍时,表情一定要庄重。

(3) 无须提醒。如果一个曾经向他介绍过自己的人,一时未记起你的姓名,这时请不要做出任何提醒式的询问,最佳的方法是直截了当地再做一次自我介绍。

(4) 实事求是。进行自我介绍要实事求是,真实可信,不可自吹自擂,夸大其词。

 知识拓展   自我介绍的形式

1. 应酬式

应酬式的自我介绍,适用于某些公共场合和一般性的社交场合,如旅行途中、宴会厅里、舞场上、通电话时。它的对象,主要是进行一般接触的交往对象。对介绍者而言,对方属于泛泛之交,或者早已熟悉,进行自我介绍只不过是为了确认身份而已,故此种自我介绍内容要少而精。

应酬式的自我介绍内容最为简洁,往往只包括姓名一项即可。例如:

您好！我的名字叫李璐。

我是张红艳。

2. 公务式

公务式的自我介绍，主要适用于工作之中。它是以工作为自我介绍的中心，因工作而交际，因工作而交友。公务式的自我介绍的内容，应当包括本人姓名、供职的单位及其部门、担负的职务或从事的具体工作三项。它们是公务式自我介绍内容的三要素，通常缺一不可。其中，第一项姓名，应当一口报出，不可有姓无名，或有名无姓。第二项供职的单位及其部门，有可能最好全部报出，具体工作部门有时也可以暂不报出。第三项担负的职务或从事的具体工作，有职务最好报出职务，职务较低或者无职务，则可报出所从事的具体工作。例如：

你好！我叫张瑞希，是××市政府外办的接待处处长。

我名叫付冬梅，现在北京大学哲学系教哲学。

3. 交流式

交流式的自我介绍，主要适用于在社交活动中，它是一种刻意寻求与交往对象进一步交流与沟通，希望对方认识自己、了解自己、与自己建立联系的自我介绍方式。有时，它也叫社交式自我介绍或沟通式自我介绍。

交流式自我介绍的内容，大体应当包括介绍者的姓名、工作、籍贯、学历、兴趣以及与交往对象的某些熟人的关系等。但不一定要面面俱到，而应依照具体情况而定。例如：

我叫邢冬松，在北京吉普有限公司工作。我是清华大学汽车工程系2018级的，我想咱们是校友，对吗？

我的名字叫沙静，在天马公司当财务总监，我和您先生是高中同学。

4. 礼仪式

礼仪式的自我介绍，适用于讲座、报告、演出、庆典、仪式等一些正规而隆重的场合。它是一种意在表示对交往对象友好、敬意的自我介绍。

礼仪式的自我介绍的内容，也包含姓名、单位、职务等项，但是还应多加入一些适宜的谦辞、敬语，以示自己礼待交往对象。例如：

各位来宾，大家好！我叫张凤霞，是淮海公司的副总经理。现在，由我代表本公司热烈欢迎大家光临我们的开业仪式，谢谢大家的支持。

5. 问答式

问答式的自我介绍，一般适用于应试、应聘和公务交往。

问答式的自我介绍的内容，讲究问什么答什么，有问必答。例如：

甲问："这位小姐，您好！不知您应该怎么称呼？"

乙答："先生您好！我叫李娟。"

（二）介绍他人

介绍就是向有关人士说明有关情况，使互不相识的双方彼此认识。通过符合礼仪的介绍可以使互不认识的人之间解除陌生和畏惧，建立必要的了解和信任。商务人士在商务场合中，除需要自我介绍外，有时难免也要为他人做介绍，即介绍他人。

1. 介绍他人的时机

在何时介绍不相识的人相互认识,为他人做必要的介绍,这也要有适当的时机。通常,遇到下列情况时,可进行他人介绍。

(1) 陪同上级、长者、来宾时,遇见不相识者,而对方又跟自己打了招呼。

(2) 本人的接待对象遇见不相识的人士,而对方又跟自己打了招呼。

(3) 在办公室或其他社交场合,接待彼此不相识的客人或是来访者。

(4) 与家人、亲朋外出,路遇家人、亲朋不相识的同事或朋友。

(5) 打算推荐某人加入某一方面的交际圈。

(6) 受到为他人做介绍的邀请。

2. 明确介绍的顺序

商务人士在介绍他人时,要先明确有一个优先权的原则,即介绍有先后顺序。商务人士在商务活动中,通常会遇到以下几种情况,其介绍的先后顺序如下。

(1) 介绍陌生男女相识。通常情况下,先把男士介绍给女士认识。这是最常见的一种方式。但是也有例外,如果男士的年纪比女士大很多时,则应将女士介绍给男士长者,以表示对长者的尊重。

(2) 把晚辈介绍给长辈。即优先考虑被介绍人双方的年龄差异,通常适用于同性之间。

(3) 把客人介绍给主人。通常在来宾众多的场合中,尤其是主人未必与客人个个相识的情况下。

(4) 把地位低者介绍给地位高者。如果在被介绍相识的两个人或几个人中,有一位地位较别人高,宜将别人先介绍给他。

(5) 把个人介绍给团体。当新加入一个团体的个人初次与该团体的其他成员见面时。

以上五种方式,基本精神和共同特点是"尊者居后",即应把身份、地位较为低的一方介绍给身份、地位较为尊贵的一方,以表示对尊者的敬重之意。

在口头表达时,应先称呼受尊敬的一方,再将介绍者介绍出来。介绍的顺序已为国际所公认,颠倒和错乱顺序的后果是不会令人愉快的。

3. 介绍他人的注意事项

(1) 在为被介绍人介绍之前,必须充分考虑到被介绍人双方有无相识的必要或愿望,务必征求一下被介绍双方的意见,切勿直接上前开口就讲,否则,不仅显得很唐突,还会让被介绍者感到措手不及。在为不同国籍人士做介绍时,宜先考虑两国的邦交。

(2) 如需要介绍两位地位相近的经理或是两位经理夫人相识时,对前者,不能按照"把职位低者介绍给职位高者"的惯例行事,因为他们的职位高低难分伯仲。对后者,也不能按照"把晚辈介绍给长辈"的规矩去做,因为女士的年龄属于个人秘密。

商务人士如遇到这种情况,可采取"先温后火",或"先亲后疏"的办法进行介绍,即把脾气好的一方介绍给脾气欠佳的一方,或是把与自己关系密切的一方介绍给自己较为生疏的一方。一般而言,脾气好的人、与自己熟悉的人,总归好说话。

(3) 商务人士如果需要把一个人介绍给其他众多的在场者时,最好能够按照一定的次序。如采取逆时针或顺时针方向,自左至右或自右至左等方式依次进行。若没有地位非常尊贵的人在场,就不该破例,否则挑三拣四地"跳跃式"进行,会很容易伤人。

（4）作为介绍人，陈述的时间宜短不宜长，内容宜简不宜繁。通常的做法是连姓带名加上尊称、敬语。较为正式的话，可以说："尊敬的吴某某先生/女士，请允许我把王某某先生介绍给您。"比较随便一些的话，可以略去敬语与被介绍人的名字，如"吴小姐，我给你介绍一下，这位是王先生。"或以手势辅助介绍，先指向一方，说"刘先生"，再指向另一方，说"王先生"。不论采取怎样的方式，都不宜略去其姓而直称其名。

（5）商务人士在为他人做介绍时，要避免给任何一方厚此薄彼的感觉。不可以对一方介绍得面面俱到，而对另一方介绍得简略至极。也不可以对被介绍的一方冠以"这是我的好朋友"等类似话语，因为这似乎暗示另外一方不是你的朋友，显得不友善。

（6）作为介绍人，在为他人做介绍时，态度要热情友好、认认真真，不要给人以敷衍了事或油腔滑调的感觉。

做介绍时，介绍人应起立，行至被介绍人之间。在介绍一方时，应微笑着用自己的视线把另一方的注意力引导过来。手的正确姿态应是手指并拢，掌心向上，胳膊略向外伸，指向被介绍者。但绝对不要用手指对被介绍者指指点点。

（三）接受介绍

商务人士在社交场合中，更多的还是以被介绍者的身份出现的。这并不意味着你的角色不重要，相反，你的言行举止正暴露在众人的注意力之下。

作为被介绍者的身份出现时，商务人士应该注意以下的态度和行为。

1. 起立

在接受介绍时，无论是男士还是女士同样都要起立，尤其是给你介绍长辈之时，不起立，表示你的身份比对方高。但在宴会、会谈的进行中可不必起立，被介绍者只要面带微笑并欠身致意即可。

2. 握手

彼此认识之后，行握手礼必不可少，握手时应注意以下事项。

（1）男士对女士不可先行伸手请握，需等女士先伸手，再与之相握。唯男士年长或地位崇高者，不在此限。如果两人比较熟识，也可同时伸手，相握示礼。

（2）女士彼此相见，应由年长者或已婚者，先伸手相握。

（3）对于年长者或是地位高者，不可先出手请握。如长者或是地位高者先行伸手，应即与之相握，相握时，年幼者或是地位低者的手只能轻握，不可摇动。

（4）握手时，男士、女士均应脱去手套与对方相握，如手套不易脱去或不便脱去时，需声明原因，并请求原谅。

（5）握手时间不宜太长，也不宜用力过猛。为表示亲切，握手时可上下微摇，但不可左右乱摆。

（6）握手时应有力但不失亲切之感。与男士握手不妨稍重，与女士握手则应稍轻，时间要短暂，握手时应目视对方，面露微笑。

（7）有多数人在场时，握手切勿慌乱，可依次进行。

四、名片礼仪

名片是印有个人姓名、地址、职务、电话号码、邮箱等信息的媒介，是人际交社和公务、商务等活动中的一种重要的自我介绍方式。名片被广泛用于商务答谢、邀约、馈赠、祝贺、挽悼等方面的事宜。随着现代技术的发展,名片分为很多类型。本节主要介绍最常用的传统名片(卡片式名片)的礼仪。

礼仪故事　　　　　　　　漫不经心的崔董事长

4月,新城举行了春季商品交易会,各方厂家云集,企业家们济济一堂。华新公司的徐总经理在交易会上听说衡诚集团的崔董事长也来了,想利用这个机会认识这位素未谋面又久仰大名的商务名人。午餐会上他们终于见面了,徐总彬彬有礼地走上前去,"崔董事长,您好,我是华新公司的总经理,我叫徐刚,这是我的名片。"说着,便从随身携带的公文包里拿出名片,递给了对方。崔董事长显然还沉浸在之前的谈话中,他顺手接过徐刚的名片,"你好",草草地看过,放在了一边的桌子上。徐总经理在一旁等了一会儿,并未见崔董事长有交换名片的意思,便失望地走开了。

这位崔董事长对于名片这种交往方式太心不在焉了,他没有认识到他的举动对别人是非常不礼貌的,从而使自己失去了多认识一个朋友的机会,也失去了许多潜在的商机。

(一)名片的种类

1. 名片的规格

现代名片的规格一般为10cm长、6cm宽或略小。世界各国名片规格不统一,中国名片规格通常为9cm×5.5cm;英国的名片规格为7.62cm×5.08cm。制作名片的材料多种多样,有布纹纸、白卡纸、合成纸、皮纹纸以及不锈钢、黄金和光导纤维等。

2. 名片的类型

1)按照名片的使用目的分类

(1)商业名片。商业名片是为企业进行业务活动中使用的名片。其主要特点:名片常使用企业标志、注册商标、业务范围等。大公司有统一的名片印刷格式,使用较高档纸张。商业名片没有私人家庭信息,主要用于商业活动。

(2)公用名片。公用名片是政府或社会团体在对外交往中所使用的名片,名片的使用不以营利为目的。其主要特点:名片常使用标志,部分印有对外服务范围,没有统一的名片印刷格式,名片印刷力求简单适用,注重个人头衔和职称。名片内没有私人家庭信息,主要用于对外交往与服务。

(3)个人名片。个人名片是朋友之间交流感情和结识新朋友所使用的名片。其主要特点:名片设计个性化,不使用标志,常印有个人照片、爱好、头衔和职业,按照个人喜好选择名片纸张质地,名片中含有私人家庭信息,主要用于朋友交往。

2)按照名片的介质来源分类

(1)传统名片。传统名片是指将个人姓名、地址、职务、电话号码、邮箱等信息印在纸质材料上的小卡片。传统名片是目前人际交往、公务、商务活动中最常见的名片类型。

(2)数字名片。数字名片是在数字信息背景下应运而生的。是运用现代数字信息技术和数字多媒体合成技术将文字、图片、视频、声音等信息整合成介绍政府、企业、单位及个人的"多媒体名片"。

(3)手机名片。手机名片是指通过计算机下载到手机上的一个名片软件,通过这个软件,人们就可以把过去的纸质名片上的内容经过整理存储在手机上,故称为手机名片。手机名片交换快捷,交换后自动储存。手机名片随身携带,使用方便,绿色环保。个人名片信息可以自由修改,随时更新。

(4)光盘名片。光盘名片是运用现代化高科技手段融入视频和声音等多媒体元素,把企事业单位的文字、图片、视频、声音等宣传资料整合成一种自动播放的多媒体文件刻录到名片大小的光盘内,是名片和企业宣传画册的结合体。

光盘名片容量大,应用范围比传统纸质名片和印刷画册更广泛、便捷、直观、充分,适用于政府招商引资、推介会、促销会、公司企业宣传等场合使用。

(5)二维码名片。二维码名片上没有常见的职业、职务、手机、电话、信箱、地址等信息,右下方有形如"马赛克"的正方形花纹图案二维码,具备二维码识别功能的手机只要扫描二维码,便可立即解析整张名片的文本信息,包括名片人姓名、职务、电话、地址和邮箱等事先录入的信息内容。这些信息便于存入手机,还能作为邮件直接发送。

相对商务人士传统名片繁重管理而言,只需用手机摄像头扫描名片上的二维码,便能快速、准确地将二维码名片上的姓名、电话等个人资料录入手机中,可保存,也可发送。省去烦琐的文字录入过程。应用在商务交流中,更能体现企业的实力以及对客户的尊重,有利于彼此之间沟通实效和实现移动商务的发展。

(6)数字身份证名片。数字身份证是身份认证方式的一种,指先在身份认证机构注册申请获取数字身份和密钥,并用此数字身份和密钥签发文件,别人也可在身份认证机构求证你签发文件的身份,在此身份认证系统建立的个人身份信息即是数字身份证标识式名片。

数字身份证名片突破传统光盘的圆形外观,抗磨损,信息量大,不易盗版,易保存收藏,兼具流行时尚个性、高附加值、多元化的商业特征,是21世纪最受欢迎的传播新媒介。

(二)名片的内容

商务人员的名片作为企业的一种职业独立媒体,在内容设计上讲究便于记忆和有较强的识别性。名片的主要内容包括以下几部分。

(1)姓名。姓名是名片中最重要的组成部分,通常应使用本名。如果使用笔名,为考虑签约或有关法律问题,一定要在笔名后加括号注明本名。

(2)名称。名称也是名片的重要内容。如果企业经营两种以上的行业,这些行业名称都可以印在名片上。

(3)商标或服务标志。商务场合非常注重品牌形象,因此,名片中都会印有专属自己企业的商标或标志,以加深在对方心中的印象。

(4)业务项目或产品。名片上印有业务项目或产品,是为了给对方加深印象,以达到业务或产品的宣传或促销目的,进而创造更多的商机。

(5)地址。公司的地址是名片必备内容。若是有分公司,还可加上分公司的地址,以显示实力强大。随着电子商务的发展,很多商务人员也会将公司的网址印于名片上。

(6)联系方式。名片中,除电话(私宅电话除外)是必备内容之外,移动电话、传真号码以及电子邮箱均可作为联系方式印在名片上。

(7)头衔或职称。根据需要或所在企业的职务来印刷名片,让名片的接收者直观地多了解递送名片者的情况,也可印刷社会团体的头衔,如会长、顾问等。

(8) 照片。在服务业或保险业中,经常有将个人照片印在名片上的方法,以期给客户留下深刻印象;演艺界或艺术界人士比较前卫的个性名片,也可将个人的写真照片印在名片上。但其他行业,个人名片不要印上照片。

(9) 地图。介绍门市或店面时,为方便寻找地址,省去电话解说的不便,可以将地图印在名片的背面。

(三) 名片交换的礼仪

名片是一个人的尊严和价值外在显现的方式。通常,初次相识自我介绍或别人为你介绍时,或当双方谈得较融洽表示愿意建立联系时,或当双方告辞并表示愿结识对方希望能再次相见时,需要互相交换名片。

在商务活动中,商务人员要备好自己的名片,要懂得递接名片的礼仪,自己和别人的名片要妥善保管。

1. 名片递送的礼仪

(1) 递送名片的姿态。名片要事先准备好,放在易于拿出的地方,递送名片给对方时,要起立或欠身向前倾15°,面带微笑,注视对方,双臂自然伸出,四指并拢,用双手的拇指和食指分别持握住名片上端的两角递送给对方,名片正面要对着对方,便于对方接看。递送时,说一些客气话,如"这是我的名片,请您收下""很高兴认识您,这是我的名片,希望以后和您多联系"等。自己的名字如有难读或特别读法的字,在递送名片时应加以说明。

(2) 注意递送名片的顺序。名片的递送虽无很严格的先后顺序,但约定俗成的原则是"尊者优先得到名片"。即地位低的人先向地位高的人递送名片,年轻者先向年长者递送名片,男士先向女士递送名片。

当对方不止一个人时,应先将名片递给职务较高或年龄较大者;如分不清职务高低和年龄大小,则先和自己对面、左侧的人交换名片,然后按顺时针进行交换。

2. 名片接受的礼仪

(1) 接受名片的姿态。接收他人递过来的名片时,除女士、老人和残疾者外,应尽快起身或欠身,上身前倾15°,面带微笑,用双手的拇指和食指分别持握名片的下角,并说"谢谢"等。

在涉外商务等活动中,欧美人、阿拉伯人和印度人惯于用右手单手与人交换名片;日本人则喜欢用右手送自己的名片、用左手接对方的名片或者双手接递。

(2) 接受名片后要认真看。接过名片后,要当着对方的面,用30s以上的时间,仔细把对方的名片"读"一遍,并注意语言轻重,有抑扬顿挫,重音应放在对方的职务、学衔、职称上,有不清楚的地方可以请教对方。之后,当着对方的面郑重地将他的名片放入自己携带的名片盒或名片夹之中。切不可接过对方的名片后一眼不看,拿在自己手中摆弄或随意乱放,这些都是不尊重对方的表现。

(3) 接受名片后要回礼名片。接到对方递来的名片后,一定要回给对方自己的名片。如果自己没有名片或没有带名片,应先向对方表示歉意,再如实说明理由,如"很抱歉,我没有名片""对不起,今天我带的名片用完了。过几天我会亲自给您寄一张"等。如果一次同许多人交换名片,又都是初交,最好依照座次来交换名片。

(4)接受名片后要妥善保存。接受对方名片后,应该妥善保存在自己携带的名片盒或名片夹之中,不要随意乱放,以防污损。如果交换名片后,需坐下来交谈,此时应将名片放在桌子上最显眼的位置,十几分钟后自然地放进名片夹,不可用别的物品压住名片或在名片上做谈话笔记。

接受的名片要妥善保管。为了查找和使用方便,宜分类收藏。对个人名片可按姓氏笔画分类,也可依据不同的交际关系分类。要注意他人职务、职业、住址、电话等情况的变动,及时记下相关的变化,以便通过名片掌握客户或他人的实际情况。

(四)索要和婉拒名片的礼仪

为了尊重别人的意愿,最好不要向他人索要名片。如果确信是对方忽略了而并非不愿意,则可用婉转的方式提醒。名片的索要有以下几种方式。

主动递上自己的名片,同时说:"您好!很高兴认识您,这是我的名片,以后请多关照!"

直接向平辈或晚辈索取名片,同时说"我们可以互赠名片吗",或"很高兴认识你,不知能不能跟您交换一下名片"。

向地位高、长辈索取名片,可以委婉地说:"久仰您的大名,不知以后怎么向您请教",或"很高兴认识您!以后向您讨教,不知如何联系"。

当别人向你索要名片而你又不想给对方时,应该用委婉的方法表达,如"对不起,我忘了带名片"或"抱歉,我的名片用完了"。

五、乘车礼仪

在比较正规的场合,乘坐轿车时一定要分清座次的尊卑。座次的尊卑已成为一个人身份地位的象征,是一种被礼遇、被尊重的体现,所以要认清自己的位置,不应逾越,也不要妄自菲薄。而在非正式场合,则不必过分拘礼。

(一)乘车座次的安排

随着轿车使用量的增加,在商务场合乘坐轿车的机会也越来越多,本节主要探讨乘坐小轿车的礼仪规范。小轿车上座次的尊卑,从礼仪上来讲,主要取决于车辆的驾驶者、座次的安全系数以及乘车人本人的意愿等因素。

1. 小轿车的驾驶者

驾驶的司机一般有轿车的主人、专职司机两种人。目前国内常见的小轿车为双排四座与双排五座,车上的座次尊卑如下。

(1)主人或领导亲自驾车时,一般称为社交用车,上座为副驾驶座。这种情况,一般前排座为上、后排座为下,以右为尊、以左为卑。这种坐法体现出客人对开车者的尊重,表示平起平坐,亲密友善。如果这时你坐在后排,就有把主人当成司机的嫌疑。

① 双排四人座由尊而卑依次是副驾驶座—后排右座—后排左座。

② 双排五人座由尊而卑依次是副驾驶座—后排右座—后排左座—后排中座(图3-3)。

(2)专职司机驾车时分为两种情况:一种情况与上述相同,以右尊左卑为原则,同时后排为上、前排为下,上座是后排右座。其实这个座次也跟我国道路行驶规则有关,我国车辆是靠右行驶,右边比左边上下车方便。如果碰到训练有素的司机开车到某一个酒店停车,后排右座一定正对着门。这个位置的人伸腿下车,抬腿上车,非常方便。座次顺序如下。

① 双排四人座由尊而卑依次是后排右座—后排左座—副驾驶座。
② 双排五人座由尊而卑依次是后排右座—后排左座—后排中座—副驾驶座(图 3-4)。

图 3-3　主人驾车时的座次安排　　　　图 3-4　司机驾车时的座次安排

另一种情况是接待非常重要客人的场合,例如政府要员、重要外宾、重要企业家等,这时候上座是司机后座,因为该位置的隐秘性好,而且是车上安全系数较高的位置。

2. 轿车上座次的安全系数

从某种意义上讲,乘坐轿车理当优先考虑安全问题。在轿车上,后排座比前排座要安全得多。最不安全的座位,当数前排右座(副驾驶座)。因此,按惯例,在社交场合,该座位不宜请尊长、妇女或儿童就座。最安全的座位是后排左座(驾驶座之后),或是后排中座。

当主人或领导亲自开车时,之所以以副驾驶座为上座,是为了表示对主人的尊重。

当专职司机驾车时,副驾驶座一般也叫随员座,专供秘书、翻译、警卫、陪同等随从人员就座。

3. 轿车上嘉宾的本人意愿

在正式场合乘坐轿车时,理应请尊者、女士、来宾就座于上座,这是给予对方的一种礼遇。但更为重要的是,不要忘了尊重嘉宾本人的意愿和选择,嘉宾坐在哪里,即认定哪里是上座。即便嘉宾不明白座次,坐错了地方,也不要轻易对其指出或纠正。这时,务必要讲究"主随客便"。

(二) 上下车的举止

乘坐轿车时应注意自己的举止姿态,尤其是女士着裙装时。

上下车应采用背入式和正出式,即打开车门上车时,双腿并拢微屈身,背对车内,臀部先坐下,同时上身及头部入内,女士应稍微抚平裙摆,坐定后,双手扶稳,保持双腿双脚并拢状态,双腿移至车内,继而调整体位至标准坐姿后关上车门(图 3-5)。

下车时应先打开车门,略调整体位,移近车门,保持双腿并拢状态,双脚同时移出车外在地面上踩稳,然后双手助力将整个身体移出,继而调整体位至标准站姿(图 3-6)。女士穿裙装时,只能采取这样的方式出入轿车。

女士上下车时,最容易犯的错误是单腿跨入或者迈出,裙装容易走光,并且姿势很不优雅。

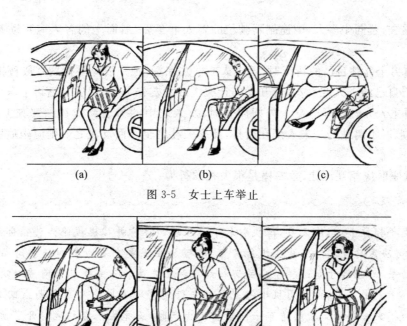

(a)   (b)   (c)

图 3-5 女士上车举止

(a)   (b)   (c)

图 3-6 女士下车举止

（三）上下车的顺序

在正式的商务场合中，上下车的先后顺序不仅有一定的讲究，而且必须认真遵守。

(1) 一般情况下，出于尊重，应当让尊者、女士、来宾或领导先上车、后下车。例如位卑者请尊者先上车，为尊者打开车门，请尊者上座；若男女同车时，男士应主动为女士开车门；商务人员身为低位，则在上下车时主动为高位者开关车门，以示尊敬。

(2) 由主人亲自开车时，出于对客人的尊重与照顾，可以由主人最后一个上车，最先一个下车。

(3) 倘若女士裙子太短或太紧不宜先上车时，男士可主动表示先上车坐次要位置。

(4) 在其他特殊情况下还需随机应变。例如，陪同领导外出办事时，同去的人较多，而且大家是同乘一辆面包车。遇到对方热情相送，这时我们应主动向对方道谢后先行上车等候，主动坐到后排，因为送别仪式的中心环节应是在双方的主要领导人之间进行的。如果所有的人都等领导上车后再与主人道别上车，就会冲淡双方领导之间道别的气氛，而上车时也会显得混乱无序。如果我们是分乘几辆轿车，则应进入各自的车内等候，只需留下一个与领导同车的人陪同领导道别即可。再如，到达时接待方已经准备了隆重的欢迎仪式，则陪同人员应当等领导下车后再下车，否则就会有"抢镜头"之嫌。

（四）注意事项

(1) 乘坐主人（或领导）驾驶的轿车时，最重要的是不能让前排座（副驾驶座）"虚位以待"，一定要有一个人坐在那里，以示相伴。例如主人（或领导）亲自驾车，坐客只有一人，则应坐在副驾驶;若同坐多人,中途副驾驶位的客人下车后,后面坐的客人应主动补位到副驾驶座上。

(2)由男士驾驶自己的轿车时,若夫人或女友在场,她一般应坐在副驾驶座上。同时男士要服务于自己的夫人或女友,宜开车门让夫人或女友先上车,然后自己再上车。

(3)由主人夫妇驾车送友人夫妇回家时,友人之中的男士要坐在副驾驶上,与主人相伴,而不宜形影不离地与其夫人坐在后排,此举失礼之至。而友人之妇则应坐后座与主人之妇相伴。

(4)就座时应相互谦让,争一座是很失礼的行为。

职场链接

王先生年轻肯干,想法又多,很快引起了总经理的注意并拟提拔他为营销部经理。为慎重起见,公司决定再一次对王先生进行考查,恰巧总经理要去省城参加一个商品交易会,需要带两名助手,总经理于是选择了公关部杜经理和王先生。王先生非常看重这次机会,也想趁机表现一下。出发前,由于司机小张乘火车先行到省城安排一些事务尚未回来,所以,他们临时改为搭乘董事长驾驶的轿车一同前往。上车时,王先生很麻利地打开了前车门,坐在驾车的董事长旁边,董事长看了他一眼,但王先生并没有在意。车上路后,董事长驾车很少说话,总经理好像也没有兴致,似在闭目养神。

为活跃气氛,王先生寻到一个话题:"董事长驾车的技术不错,有机会也教教我们,如果我们都自己会开车,办事效率肯定会更高。"董事长专注开车,不置可否,其他人均无应和,王先生感到没趣,便也不再说话。一路上,除董事长向总经理询问了几件事,总经理简单作答后,车内再也无人说话。到达省城后,王先生悄悄问杜经理:董事长和总经理好像都有点儿不太高兴。杜经理告诉他原委,他才恍然大悟:"噢,原来如此。"会后从省城返回,车子改由司机小张驾驶。杜经理由于还有些事要处理,需在省城多住一天,同车返回的还是三人。

王先生想,这次不能再犯类似的错误了。于是,他打开前车门请总经理上车,总经理坚持要与董事长一起坐在后排,王先生诚恳地说:"总经理,您如果不坐前面,就是不肯原谅来的时候我的失礼之处。"并坚持让总经理坐在前排才肯上车。回到公司,同事们知道王先生这次同董事长、总经理一道出差,猜测着公司肯定要提拔他,都纷纷向他祝贺。然而,提拔之事却一直没有人提及。

六、馈赠的礼仪

在选择作为馈赠的礼品时,每个人都是十分仔细、认真的,将其视为感情或敬意的物化。一份太昂贵、太便宜或品位很差的不适当礼物,可能使受礼者困窘和苦恼,而送礼者也很难达到预期所要达到的效果和目的。

1. 礼品选择的要求

选择礼品的出发点,就是送礼的目的。俗话说:"礼下于人,必有所求。"馈赠之时,即便没有任何事情相求,增进了解、沟通感情的心思总还是有的。否则,也就不会有所谓"送礼"之称,而直接叫作捐赠了。

商务人士在选择馈赠的礼品时,要针对不同的受礼对象区别对待,最主要是要考虑受礼者个人特点和礼品的纪念意义。一般来说,有以下几点要求。

(1) 求新求异。送礼也应创意出新,要能在把握对方心理需求的基础上尽量送一些受礼者意想不到的礼物,体现出礼品的个性色彩和文化品位。礼品应有前瞻性和艺术性。

(2) 合乎潮流。送礼宜顺时尚潮流而动,切忌送一些过时的礼品,那样还不如不送。

(3) 包装精美。现代的社会潮流趋势,越来越讲究礼品的外在包装。包装精美的礼品,其本身的属性也决定了人们对包装的追求。包装与礼品价值应大体相称。

(4) 售后服务。有些礼品如小家电、工艺钟表等,与普通商品一样有售后服务等问题。商务人士在选购礼品时应主动索取票据、说明书等一并放在礼品中,以免除受礼者的后顾之忧,从而让对方感到你的一份细心和周到。

以上四点要求主要是针对所馈赠的礼品而言的,而对受礼者来讲,通常以下的做法是比较适宜的:①对富裕者,以精巧为佳;②对家贫者,以实惠为佳;③对亲朋,以趣味性为佳;④对年长者,以实用为佳;⑤对年幼者,以启智新颖为佳;⑥对外宾,以特色为佳。

2. 不宜馈赠的礼品

商务人士在馈赠他人礼品时,还要注意什么样的礼品是不宜送人的。根据常识和社交知识,往往以下这些物品是受赠者难以接受的。

(1) 违法物品。涉及国家和商业秘密、涉黄、涉毒一类物品,不能赠送于人。

(2) 有害物品。有害物品主要是指假烟、烈酒以及低级庸俗的书刊、音像制品等。这些物品,虽不为法律所禁止,但对人们学习、生活、工作和身体健康有害而无益,也不能赠送于人。

(3) 废弃物品。废弃物品是被视为垃圾的,绝对不可以做礼物送人。

(4) 广告物品。把带有广告标志或广告语的物品送人,等于什么都没送,而且会让对方觉得你是在做免费宣传。

一般来说,商务人士在国内、国际正式的商务社交活动场合中,需要赠礼时,不允许选择以现金、信用卡、有价证券等类物品,或是价格过于昂贵的奢侈品作为正式赠予交往对象的礼品,而且有一些不合时尚、不利于健康的物品,易使异性产生误解的物品,以及前面提到的触犯受赠对象个人禁忌的物品等。

任务二　商务会面语言礼仪

语言是社会交际的工具,是人们表达意愿、交流思想感情的媒介和符号。语言也是一个人道德情操、文化素养的反映。商务人士在与他人交往中,就应该使用商务交际语言,应该做到言之有礼、谈吐文雅,给人留下良好的印象。否则,若是满嘴脏话,甚至恶语伤人,就会令人反感讨厌。

相关案例

"老田鸡"退二线

某局新任局长宴请退居二线的老局长,席间端上一盘油炸田鸡,老局长用筷子点点说:"喂,老弟,青蛙是益虫,不能吃。"新局长不假思索,脱口而出:"不要紧,都是老田鸡,已退居二线,不当事了。"老局长闻此言顿时脸色大变,连问:"你说什么?你刚才说什么?"新局长本想开个玩笑,不料说过了头,触犯了老局长的自尊,顿时觉得尴尬万分。席上的友好气氛尽被破坏,幸亏秘书反应快,连忙接着说:"老局长,他说您已退居二线,吃田鸡不当什么事。"气氛才有点儿缓和。

一、口头语言礼仪

(一)语言要文明

1. 忌说话语

交谈中,一定要使用文明语言,杜绝有失身份的话"溜"出口。在交谈中,忌说以下话语。

(1) 粗话。口中吐出"老头儿""老太太"等称呼,有失身份。

(2) 脏话。讲起话来骂骂咧咧,非但不文明,而且贬低自我,十分无聊。

(3) 黑话。一说话就显得匪气十足,令人反感、厌恶。

(4) 荤话。把绯闻、色情、"荤段子"挂在嘴边,会显得趣味低级。

(5) 怪话。说话怪声怪气、黑白颠倒,让人难生好感。

(6) 气话。说话时意气用事、发牢骚或指桑骂槐,很容易伤害人、得罪人。

2. 礼貌谦词

下面几种常见的礼貌谦词供大家参考和学习。

初次见面说"久仰",看望别人说"拜访"。

请人勿送用"留步",对方来信叫"惠书"。

请人帮忙说"劳驾",求给方便说"借光"。

请人指导说"请教",请人指点说"赐教"。

赞人见解说"高见",归还原物叫"奉还"。

欢迎购买叫"光顾",老人年龄叫"高寿"。

客人来到说"光临",中途要走说"失陪"。

接待客人叫"茶后",求人原谅说"包含"。

麻烦别人说"打扰",托人办事用"拜托"。

与人分别用"告辞",请人解答用"请问"。

接受礼品说"笑纳",好久不见说"久违"。

(二)语速、音质与声调

(1) 语音柔和动听。语言的生动效果常常是依赖语音的变化而实现的。语音变化主要是声调、语调、语速和音量。如果这些要素的变化控制得好,会使语言增添光彩,产生迷人的魅力。

一般情况下,对音量的控制要视谈话的地点、场合以及听众人数的多少而定。在不同的场合应当使用不同的语速。因为在讲话或谈话时的速度可以表达一定情感,速度适中可以给人留下稳健的印象。

(2) 语调恰当,富有节奏。根据思想感情表达的需要,必须恰当地把握自己的语调,同时语言清楚明白。说话时要综合把握,形成波澜起伏、抑扬顿挫的和谐美,以收到最佳的交际效果。如果语言没有抑扬顿挫,往往使人觉得就像在喝一杯淡而无味的白开水,很快就觉得没意思。为此,讲话时语调应有起有伏,时急时缓,抑扬顿挫,让人感到生动活泼,避免过于呆板的音调。

(3) 发音纯正,语句流畅。讲话时应避免口吃、咬舌或吐字不清的毛病。无论将音量控制在什么程度,都必须强调说话要清晰有力,发音要纯正饱满。

(三) 交谈的礼仪

1. 认真倾听

在交谈时,要目视对方,全神贯注。

(1) 表情认真。心不在焉的表情,会让对方感到很不舒服。

(2) 动作配合。接受对方的观点时,应以微笑、点头等动作表示同意。

(3) 语言合作。在听别人说话的过程中,不妨用"嗯"或"是"加以呼应,表示自己在认真倾听。

2. 用词要委婉

在交谈中,应当力求言语含蓄、婉转、动听。如在谈话时要去洗手间,不便直接说"我去厕所",应说"对不起,我出去一下",或其他比较容易接受的说法。在交谈中,可采用以下方式做到用词委婉。

(1) 旁敲侧击。不直接切入主题,而是通过"提醒"语言让对方"主动"提出或说出自己想要的。

(2) 比喻暗示。通过形象的比喻让对方展开合理准确的想象,从而领会所要传达的意图。

(3) 间接提示。通过密切相关的联系,"间接"地表达信息。

(4) 先肯定,再否定。发生分歧的时候,不要把人家的观点一竿子打死,而是要先肯定对方观点的合理部分,然后引出更合理的观点。

(5) 多用设问句,不用祈使句。祈使句让人感觉是在发布命令,而设问句让人感觉是在商量问题,所以后者更容易让人接受。

(6) 表达留有余地。不要把问题绝对化,从而使自己失去回旋的余地。

3. 礼让对方

在交谈中,应以对方为中心,处处礼让对方,尊重对方,尤其要注意以下几点。

(1) 不要独白。交谈讲究的是双向沟通,因此要多给对方发言的机会。不要一人侃侃而谈,而不给他人开口的机会。

(2) 不要冷场。不论交谈的主题与自己是否有关、自己是否有兴趣,都应热情投入,积极合作。万一交谈中出现冷场,应设法打破僵局。常用的解决方法是转移旧话题,引出新话题。

(3) 不要插嘴。他人讲话时,不要插嘴打断。即使要发表个人意见或进行补充,也要等对方把话讲完,或征得对方同意后再说。

(4) 不要抬杠。交谈中,与人争辩、固执己见、强词夺理的行为是不足取的。

(5) 不要否定。交谈应当求大同、存小异。如果对方的谈话没有违反伦理道德,辱及国格、人格等原则问题,就没有必要当面加以否定。

(6) 把握交谈时间。与其他商务活动一样,交谈也受制于时间。因此,交谈要见好就收,适可而止。普通场合的谈话,最好在 30min 以内结束,最长不能超过 1h。交谈中每人的每次发言以 3～5min 为宜。

语言特有的魅力往往可以吸引住别人,争取到更多的支持和协作,但驾驭语言不是一件容易的事情。想让自己的话受到欢迎,除要掌握言谈的技巧,还要有渊博的知识。具有深厚的文化底蕴,才能让说出的话言之有物;具有高度的可信性,才能打动对方。所以,平时对语言知识及语言技巧的学习和积累是非常重要的,它是语言魅力的源泉。

(四) 聆听的礼仪

有研究表明,善于说话者,能赢得听众;善于倾听者,能赢得朋友。但是,要成为一名出色的听众,并不是只要长了耳朵这么简单。

(1) 认真倾听,保持目光接触,集中精神不走神,不轻易打断对方的谈话,这是对说话者的尊重。

(2) 利用眼神和肢体语言适当地给予反馈,如点头或摇头。

(3) 积极主动去听,分析、消化所听到的内容,弄懂发言人真正的意思并适当提问,而不只是听听就算了。

(4) 客观倾听,心态摆正,不存偏见。

(5) 切忌忘我。

(五) 提问与回答的礼仪

古语云:"善待问者如撞钟。"一个提问会引起谈话另一方的什么反应,与提问技巧有直接关系。因此提问时应认清对象,问得适宜,抓住关键,讲究技巧。

商务活动中回答应该尽量简洁明了,以显精明干练的职业风范。切忌拖泥带水,闲话家常,甚至跑题千里。如接受他人建议,可说"好的,马上跟进"。

同行之间多使用专业术语,可以更加清楚明了地说明问题。若是回答外行人的提问,则应详细回答,避免有沟通障碍。

(六) 寒暄与问候的礼仪

1. 寒暄

初次与人见面,最标准的说法是"您好""很高兴认识您""见到您很荣幸";比较文雅点可以说"久仰""幸会";想要更随便一点,可以说"早就听过您的大名""某某经常谈起您",或是"早就拜读过您的大作"。

跟熟人寒暄,用语则不妨显得亲切一些、具体一些。可以说"好久不见""又见面了",也可以讲"下班了啊"。

寒暄语不一定具有实质性的内容,而且可长可短,需要因人、因时、因地而异,但必须简洁,体现出对对方的尊重。

2. 问候

问候,多见于熟人之间打招呼。西方人爱谈论天气,中国人则常问"吃了没?""去哪儿啊?""忙什么呢?"

商务活动中,一句"您好",既节省时间,又将寒暄与问候合二为一。为了避免误解,统一而规范,商务人士应以"您好"等为问候语,不要涉及他人隐私和禁忌。

(七)拒绝与反驳的礼仪

从语言礼仪上说,拒绝有直接拒绝、婉言拒绝、沉默拒绝、回避拒绝四种方法。

(1)直接拒绝。将拒绝之意当场明讲。采取此法时,重要的是应避免态度生硬、说话难听。直接拒绝别人,需要把拒绝的原因讲明白。还可向对方表达自己的谢意,表示自己对其好意"心领",借以表明自己通情达理。有时还可为之向对方致歉。

(2)婉言拒绝。用委婉的方式表达拒绝之本意。与直接拒绝相比,这种方式更容易被接受,因为说话者在更大程度上顾全了被拒绝者的尊严。

(3)沉默拒绝。在面对难以回答的问题时,暂时中止"发言",一言不发。当他人的问题很棘手甚至具有挑衅、侮辱的意味时,不妨以静制动,一言不发,静观其变。这种不说"不"字的拒绝,所表达出的无可奉告之意,常常会产生极强的心理上的威慑力,令对方不得不在这一问题上"遁去"。

(4)回避拒绝。避实就虚,对对方不说"是",也不说"否",只是搁置此事,转而议论其他事情。遇上他人过分的要求或难以回答的问题时,都可以这样处理。

二、体态语言礼仪

行为举止是一种不说话的"语言",包括人的站姿、坐姿、走姿、表情以及身体展示的各种动作。一个眼神、一个表情、一个手势和体态都可以传递出重要的信息,尤其是在当今往来频繁而又注重外在形象的商业交往中,大方、得体、优雅的行为举止,可以说是成功的通行证。其中站姿、坐姿、走姿等仪态问题已于前面章节详细说明,这里主要和大家分享手势语、表情语与空间语等体态语言礼仪。

(一)体态语言的特征

体态语言是人们在交往过程中有意识使用的可以传情达意的表情、动作和姿态,是有声语言的伴随物。体态语言的突出特点是它的辅助性和习惯性。

(1)辅助性。这一特点是不言而喻的。除了聋哑人,没有一个人能够全部用体态语言来表情达意的。体态语言只是支持、辅助有声语言,加强有声语言的力度,增强有声语言的效果。

(2)习惯性。正是因为人际交往中的习惯性,给我们日常使用的手势语言都赋予了特定的含义。这种习惯,即约定俗成,是体态语交流的基础。

个人的体态(即行为举止)反映出他的修养水平、受教育程度和可信任程度。在人际关系中,它是塑造良好个人形象的起点。而且,它又可以为商业人士之间的合作和友谊创造和谐、高雅的交往氛围。更为重要的是,它在体现个人形象的同时,也向外界显现了公司整体的文化精神。

尽管行为举止这种语言有着口头语言所无法替代的作用,但是,它毕竟是无声的,口语要比体语更优越、更重要,不可偏颇。两者必须完美结合,才能"声情并茂"。

优美的体态不是天生就有的,每个商业人士应当积极主动地进行形体训练,掌握正确的举止姿态,矫正不良习惯,达到自然美与修饰美的最佳结合。

(二)体态语言的作用

人的体态可以传达思想和感情,而且它所传达的信息是十分可观的。心理学家曾提出一个有趣的公式:一条信息的表达=7%的语言+38%的声音+55%的人体动作。可见,人们获得的信息大部分来自视觉印象。例如,我们"表示同意"时会点点头,说"不要"时会摇摇手,说"欢迎光临"时满面笑容,喊着"你滚出去"时则怒目圆睁,高兴时手舞足蹈,愤怒时以沉默表示抗议,而聋哑人却全靠体态语言表情达意,传递信息。因而美国心理学家爱德华·霍尔十分肯定地说:"无声语言所显示的意义要比有声语言多得多。"对人际沟通来说,体态语言因其独特的有形性、可视性和直接性,具有不可低估的特殊意义。

1. 辅助口头语言和书面语言共同构成完整的人类语言表达系统

人们交流中的语言表达,除书面语外,主要就是有声语言的表达。但有声语言在表情达意上并不是没有局限的,口语表达者出于某种目的或原因,常常把所要表达意思的一部分甚至大部分隐藏起来,而造成"词不达意""言不由衷"的结果。体态语言有效地弥补了口语表达的不足。如果说有声语言主要是诉诸人的听觉器官,那么体态语言主要诉诸人的视觉器官。只有视、听作用双管齐下,才能给听众以完整、确切的印象。

体态语言的辅助作用还体现在说话者有意无意地通过体态语言加强表达效果强化主体信息表达的感染力,它直接作用于听众,让听众更直接、更有效、更全面地接受信息。如我们说"请""请进"时,会不自觉地身子向前倾,一只手向侧伸出,做出"请"的姿势;说"再见"时,一只手在面前挥动。

2. 准确、形象、全面地表达主体的思想感情

感情是无法用口头语言来表达的,如一个人非常悲伤时,他可以用流泪、长跪甚至大声痛哭来表示,但如用口头语言"我很悲伤!"来表达就不合适了。所以,在一些特定的公众场合,无声语言完全可以不依附有声语言而独立表情达意,表现出主体的思想感情,"此时无声胜有声"。

3. 更完整地体现出主体的内在气质、风度和人格

体态语言不仅能与有声语言互为补充,而且一个人的体态形象能体现主体的内在气质、风度和人格。在日常生活中,人们的举手投足、一颦一笑,无不传递着大量的信息,显露出主体的文化修养和爱憎好恶。因此,在人际沟通中,人们不仅通过别人的体态动作去衡量他人的价值取向,同时也通过自己的动作和姿态来表现个人的气质风度。

从动作语言学原理进行分析,不同修养、不同文化程度的人,其内在气质会呈现差异性,这种差异性又会体现出行为习惯上的差异。我们可以通过对行为习惯的观察,判定该主体具备什么样的性格、气质和风度。因此,有声语言能显示主体的文化程度、个性特征,展示主体的个性魅力。但若要充分展示自身的气质、风度,仅靠从容、流利、幽默、机智的谈吐显然是不够的,还需要无声语言的密切配合。

简而言之,人际沟通离不开体态语言。要有效地进行交流和公关活动,就必须借助体态语言,只有有声语言和体态语言紧密配合,才能达到交流和公关的目的。

（三）体态语言运用原则

1. 体态语言应符合所在国的文化传统要求

任何一种体态语言都是与当地文化传统紧密相连的，它代表着特定文化背景下的特定含义，万不可作为"通用语言"张冠李戴，导致误会。如挑眉毛，在汤加王国，双方交谈时，此体态语言表示同意双方的谈论或对某种请求表示默许；而在秘鲁是表示"请您付款"；在美国则是男人见了漂亮女子时的反应。

2. 体态语言与有声语言同步进行，不能脱节

体态语言的重要功能是辅助有声语言的表达，故在使用体态语言时，应与有声语言同步进行，有机地配合有声语言的表达，而不是脱节，甚至表达的是与有声语言截然不同的意思。如果两者分离，就会弄巧成拙，如表现欢快的内容，却是悲悲切切的表情；表现感伤的内容，却又面带微笑，显然很不协调。在人际交往中，如果体态语言和有声语言不一致，往往会给人一种不真实、虚伪或有意掩饰的感觉。

所以，在人际沟通中，尤其应注意体态语言与有声语言的配合要一致，只有有声语言表达清晰、准确、有感情，同时配以得体的表情、动作、姿态，才能给人留下美好的整体形象。

3. 恰到好处，适可而止

体态语言尽管在口语交际中有着很大的作用，但它毕竟是作为有声语言的辅助手段而存在的，一般情况下不能脱离有声语言而存在。所以，我们运用体态语言要适度，恰到好处，不可喧宾夺主。体态语言只能作为一种辅助手段，在运用过程中不能过多。一举手、投足都要恰到好处，适可而止。

4. 切合语境，符合身份

首先，体态语言要与当时语言环境相适应。这和口头语言原则一样，到什么山唱什么歌，在不同语境中，对主体的行为表情、举止都有不同的要求，否则就会被认为不文明、不礼貌。所以在一些正式场合，要注意运用符合语境的体态语言，不可轻率粗俗。

其次，体态语言的运用应符合表达者的身份。身为一名德高望重者，就不能用过于年轻化的体态语言。体态语言往往还体现着一个人的知识修养和文化水平，正常情况下，知识水平越高，体态越优雅。一个大字不识、只知耕地犁田的农民，言谈举止粗俗尚情有可原，但作为一个有修养、有文化的知识分子、公关人员，则不应举止粗俗。特别是公关人员，代表的是组织形象，言谈举止不符合身份，必然会有损自己和组织的形象。

（四）体态语言运用的基本要求

1. 尊重他人

行为举止要考虑到他人，要有礼貌。有的人衣冠楚楚，却举止粗俗，不以礼待人，不尊重他人，都是缺乏教养的表现。

以日常生活中常见的递交物品为例，需把握安全、便利、尊重三原则。若端茶递水，要双手递上，不要溅湿他人，捧茶杯的手不要触及杯口上沿，避免客人喝水时嘴唇碰到你手指接触过的地方；若递交书本、文件，名片都应该正面对着对方，以让对方一目了然，不能只顾自己方便而让他人接过书本文件后再倒转一下才看清文字。尽可能地给对方以方便，就是对他人的尊重。

2. 大方、得体、自然

站有站相、坐有坐相、行有行相。要率直而不鲁莽,活泼而不轻挑,工作时紧张而不失措,休息时轻松而不懒散,与宾客接触时有礼而不自卑。

由此可见,一个人的气质、风度及礼仪教养不是靠高档的服饰装扮出来的,而是在一举一动中自然体现出来的。

3. 行为举止要有距离概念

男女之间如果经常靠得太近,未免有"过从甚密"之嫌;情侣之间,如果离得太远,就有闹别扭之感。

具体运用时,要根据不同对象的特点(如文化、性别、年龄、地位、性格不同而有各自不同的特点)灵活运用。就性格而言,外向开朗的人容易突破限制,而内向、孤僻的则严守界限。此外,它也受到时间及场所的影响。如遥遥相对,防御圈就会扩大;而在拥挤的公共场所,其距离不得不缩小。

课后习题

一、简答题

1. 如果在商务场合使用了错误的称呼,该怎么办?
2. 下列情况下,见面双方应该由谁首先伸出手来,并说明原因。
  (1) 宴会的主办者和嘉宾。
  (2) 退休的老王和其接任者小张。
  (3) 同事李小姐和苏先生。
  (4) 公司的董事长与主管。
3. 社团成员在一起聚会,你作为本次聚会的发起人和组织者,如何介绍与会的同学?
4. 在商务活动中,如何向资深人士索要名片?
5. 秘书与经理一同去迪拜出差,入住帆船酒店,酒店有轿车接送,他们应该怎么坐呢?
6. 小陈陪同兄弟单位的一行人参观公司,如何引导他们进出电梯?

二、案例分析

案例一:小郑刚参加工作不久,公司举办了一次大型的产品发布会,邀请国内很多知名企业人士参加。小郑被安排在接待工作岗位上。接待当天,小郑早早来到机场,当等到来参加发布会的人时,他便开口说:"您好!是来参加发布会的吗?您的单位及姓名,以便我们安排好就餐与住宿问题。"小郑有条不紊地做好了记录。后来在会场,小郑帮客人引路,小郑一直小心翼翼,虽然自己一向走路很快,但是他放慢步伐,很注意与客人的距离不能太远,一路带着客人,电梯上下,小郑也是走在前面,做好带路工作。原本心想很简单的事情,却几次被上级批评。

讨论:

1. 小郑的行为有什么不妥之处?
2. 小郑应该怎么做?应该注意哪些事项?

案例二：王露是太平洋盈科电脑城的一个小职员，去年刚刚毕业。说起职场称呼，她满脸兴奋。"我应聘时就是因为一句称呼转危为安的。"去年应聘时，由于她在考官面前太过紧张，有些发挥失常，就在她从考官眼中看出拒绝的意思而心灰意冷时，一位中年男士走进办公室和考官耳语了几句。在他离开时，她听到人事主管小声说了句"经理慢走"。那位男士离开时从王露身边经过，给了她一个善意鼓励的眼神，王露说自己当时也不知道哪儿来的灵光一闪，忙起身，毕恭毕敬地对他说："经理您好，您慢走！"她看到了经理眼中些许诧异，然后他笑着对自己点了点头。等她再坐下时，她从人事主管的眼中看到了笑意……她那天的表现，是打算刷掉她的，但就是因为她对经理那句礼貌的称呼让人事部门觉得她对行政客服工作还是能够胜任的，所以对她的印象有所改观，给了她这份工作。

讨论：王露为什么能最终面试成功？这个案例对你有什么启发？

三、实践训练

1. 某公司营销经理 A 与公司项目经理 B 在去公司的路上偶遇，进行了一次简单的交谈。

要求：

(1) 将学生分组，2 人一组。

(2) 在实训过程中完成碰面及基本交谈。

(3) 按小组为单位完成实训过程。

(4) 教师总结，并点评学生实训表现。

(5) 对表 3-1 进行打分。

表 3-1　商务交谈礼仪实训评价

专业		班级		角色		姓名	
考评标准	内容				分值	得分	
	仪容仪表				10		
	仪态				10		
	称呼				10		
	交谈话题选择				25		
	交谈过程表现				25		
	整体交谈效果				20		
	合计				100		

2. 教师制作身份卡片若干张，卡片上附有详细的姓名、职业、岗位、职称、性别、年龄等信息，例如，王亮，女，31 岁，已婚，上海明讯电子科技有限公司副经理，任职 5 年，曾经做过销售，将身份卡片分发给学生，而后进行称呼、握手、介绍、递接名片技能训练。

(1) 学生分组，4～5 人为一小组。

(2) 学生根据自己的身份卡片制作名片。

(3) 小组在课堂上练习递接名片、互相称呼以及握手介绍等内容。

(4) 教师点评各小组的训练情况。

(5) 小组可以不断地重新组合，进行不同的交际礼仪训练。

项目四

商务会议礼仪

学习目标

【知识目标】
1. 掌握公司会议的工作流程。
2. 了解会议准备的内容。
3. 掌握会议座次安排的原则。
4. 掌握会议组织过程中的礼仪规范。

【能力目标】
具有组织会务活动的组织能力、策划能力、协调能力、沟通能力。

【素养目标】
能够结合实际工作,熟练运用相关礼仪规范,融会贯通,全面提高学生的商务礼仪综合专业能力。

公司会议、新闻
发布会礼仪

展览会、赞助会、
茶话会礼仪

 情境导入

  一家上市公司有意寻求地区合作伙伴,准备与同样有合作意向的长宁公司商谈合作。为了考察长宁公司的真正实力,上市公司特意派出几名代表参观长宁公司。长宁公司对代表们的到来表示热烈欢迎。总经理亲自陪同代表们参观公司总部及各下属企业。这家公司的实力确实十分雄厚,但总经理及其他接待人员的一些做法却让代表们连连摇头。乘车时,总经理总是先上车,然后才请代表们上车;乘有专人服务的电梯时,总经理总是抢进去,再让代表们进去;对于参观计划,公司也安排得一团糟,浪费了代表们不少宝贵的时间……

  在代表们回去的当天,长宁公司就收到了这家上市公司发来的传真。传真上写道:"不能与贵公司合作,我们深表遗憾。"

  在竞争激烈的社会中,很多企业越来越重视职业礼仪。接待工作也随着公司服务意识的增强而更讲究规范。特别是在接待客户时的礼仪,要求主人文明、礼貌、热情地对待客人。如果接待工作在礼仪方面做到严谨、热情、周到和细致,会大大加深客户对公司的了解,从而增强与公司合作的信心,促进双方业务的发展。上面的案例就是因为长宁公司的接待礼仪做得很不到位而直接影响客户对公司的印象。

任务一 公司会议礼仪

一、会议概述

1. 会议的概念

会议是指把人们组织起来讨论和研究问题的一种形式。美国《韦氏新大学词典》中把会议解释为"一种会晤的行为或过程",指的是把众多的人员聚集起来讨论问题的社会活动方式。根据《现代汉语词典》的解释,"会议"一词有两种含义:一是指有组织、有领导地商议事情的集会,如全体会议、厂务会议、工作会议等;二是指一种经常商讨并处理重要事务的常设机构或组织,如中国人民政治协商会议、部长会议等。商务会议特指第一种含义的会议。

召集并组织会议,为会议提供服务及参加会议,都必须遵守一些基本规则,即会议礼仪,主要有会前筹备、会间组织与服务、会后后续服务等。

2. 会议的基本要素

不能简单随意地将任何一种聚合或会合都看作真正意义上的会议。只有具备了会议的基本要素,集体的活动或聚会才能称为会议。只有明确了构成会议的基本要素,才能从整体上把握整个会议的全面工作,推动会议的顺利开展。构成会议的十大基本要素如下。

(1) 会议名称。

(2) 会议时间。包括通知开会的时间、会议开始时间、结束时间、每项议程时间。

(3) 会议地点。会议的具体地点。

(4) 会议主持者。主办单位、主持会议的领导人。

(5) 会议参与者。会议的出席者、列席者或者因讨论具体事项而要参会的特定人员。

(6) 会议议题。会议的主要议题和其他要讨论的问题。

(7) 会议的形式。会议进行的具体方式方法,如讨论、座谈或者协商。

(8) 会议的文书。包括书面会议通知在内的一切会议书面材料。

(9) 会议的结果。会议形成的结论、具体议题的解决办法、确定的承办部门及具体实施步骤等。

(10) 会议的费用。用于会议的必要支出。

3. 会议的特点

(1) 有议题。会议的议题,即会议的主题,开会就是要围绕议题各抒己见、集思广益、解决问题。

(2) 有组织。会议是单位的某个部门或管理者为了解决某些问题或进行某项活动而组织召开的,因此,在会议召开之前,就要做出组织安排;在会议召开之时,则必须组织协调、解决问题。

(3) 有领导。所有正式的会议都必须有专人负责、专人主持。大型会议还必须成立会议领导组。

(4) 有步骤。会议有明确的议程。成功的会议,必须事先精心安排,并采取必要的措施,确保会议能井然有序地进行。

二、会议的分类

1. 按照会议的规模划分

按照会议的规模,可将会议分为大型会议、中型会议和小型会议。大型会议是指千人到数千人参加的会议。中型会议是指百人左右到数百人参加的会议。小型会议是指数十人到近百人参加的会议。

2. 按照会议的内容划分

按照会议的内容,可将会议分为综合性会议和专题性会议。

(1) 综合性会议。综合性会议是一次会议要讨论和研究多方面的问题。这一类会议往往因为内容信息量大、涉及面广,故要求准备工作做得扎实、细致,会议召开的时间也较长。

(2) 专题性会议。专题性会议只集中解决一方面的问题,讨论研究一方面的工作或事情。会议议题具有单一性或专一性。如××经验交流会、××节日庆祝活动会、高校招生工作会议等。当然,这类会议在一个集中的议题下,根据所涉及具体问题、事情的不同,可以分成若干方面进行讨论和研究。

3. 按照会议召开的时间划分

按照会议召开的时间,可将会议分为定期会议和不定期会议。

(1) 定期会议。定期会议是按照一定的时间间隔或一定的循环周期固定召开的会议,又称例会。如办公例会、各种定期召开的经验交流会、学术讨论会等。

(2) 不定期会议。不定期会议是根据组织开展工作的需要,随时召开的会议。如防汛紧急会、抗灾紧急会、××工作布置会、研讨会等。

4. 按照会议的级别划分

按照会议的级别,可将会议分为中央(总部)会议和地方(分公司)会议。这是依据从中央到地方的不同等级或企业从总部到分公司划分的,如中央级会议及省、市、自治区级会议或跨国公司总部会议、总公司会议、分公司会议、部门会议等。

5. 按照会议的性质划分

按照会议的性质,可将会议分为决策性会议与非决策性会议。决策性会议包括立法性会议、党务性会议、行政性会议等。非决策性会议包括业务性会议、动员宣传布置会议、纪念性会议、娱乐性会议、新闻性会议等。

6. 按照会议与会人员集中或分散情况划分

按照会议与会人员集中或分散情况,可将会议分为集中性会议与非集中性会议。非集中性会议是指借助现代通信技术举行的本地或异地会议,包括电话会议、电视会议、网络会议等,统称电子会议。

  知识拓展　　　　　　　　　会见与会谈

在涉外商务活动中,为了融洽双边或多边的关系,促进彼此之间的了解与合作,或为达成某种合作意向或协议,商务人员经常需要在公司或主客双方约定的地点,与自己的业务伙伴及其他来往的客商进行会见和会谈,这是一种比较正式的商务活动,应认真准备,妥善安排,周密组织,不失礼仪。

会见是指人们在某些正式场合的见面。按照国际惯例,凡身份高的人士会见身份低的人士,或是主人会见客人,一般称为接见或召见;凡身份低的人士约见身份高的人士,或是客人约见主人,一般称为拜会或拜见。国内不做上述区分,一律统称为会见。接见和拜会后的回访,称为回拜。

会见就其内容来说,有礼节性的和事务性的,或兼而有之。

礼节性的会见时间较短,话题较为广泛,一般不涉及具体实质性问题,重在沟通信息,联络感情。

事务性会见指一般业务商谈,时间较长,也较严肃。

会谈是双方或多方就实质性的问题交换意见、进行讨论、阐述各自的立场,或为求得某些具体问题的解决而进行的严肃而正式的商谈,如各国贸易代表、各国企业及公司之间关于商务、经济合作等方面的会谈。会谈一般内容较为正式,专业性较强。会谈也可按照不同的类型进行分类。

按照会谈首席代表的身份、地位,可分为最高层次会谈、专业人员会谈。

按照会谈内容性质,可分为实质性会谈、技术性会谈。

按照会谈程序,又可分为预备性会谈、正式会谈和善后性会谈。

三、公司的会议

公司经常要举行各种会议,会议对公司来说非常重要,大致可以分为对内和对外两种。对内的会议有股东大会、董事会、立项会、项目例会、培训会、交流会、评审会、总结会、年会等;对外的会议有洽谈会、新闻发布会、展览会、赞助会等。

 知识拓展　　　　　　**某公司董事会流程**

(一) 会前第一项:会议筹备

1. 征集议案(略)
2. 确定会议议程

(1) 标题。

(2) 会议时间。

(3) 会议地点。

(4) 主持人。

(5) 审议内容。

3. 准备会议文件

(1) 总经理工作报告(本年度工作汇报/下年度经营计划)。

(2) 本年度财务决算。

(3) 下年度财务预算。

(4) 准备的议题或报告。

(二) 会前第二项:会议通知

1. 短信告知(略)
2. 文件通知(略)

3. 会前提示(略)

(三) 会前第三项:会前检视

1. 修正会议议题(略)
2. 资料装袋发放(略)
3. 清点参会人数(签到表)(略)
4. 落实委托授权签字(略)
5. 关注会议签字事项(略)

(四) 会中:审议及决议

1. 主持人(略)
2. 审议事项及表决(略)
3. 会议记录及签字(略)
4. 书面意见收集及签字(略)
5. 决议及签字

(1) 企业名称。
(2) 开会时间。
(3) 开会地点。
(4) 参加人员。
(5) 决议事项或内容。

现经董事会一致同意,决定……即时生效。上述决议经下列董事签名作实。

(6) 签名顺序:董事长—副董事长—董事。

6. 纪要及签字(略)
7. 发放征集议案表格(略)

(五) 会后:开启新的循环

1. 补正资料(略)
2. 发文(略)
3. 报备及披露(略)
4. 归档(略)

(一) 股东大会和董事会议

股东大会是股份制企业定期召开的例行会议,一般每年召开一次,由股东参加,决定股份公司的最高执行方针。召开股东大会,会议的组织者应在会前3~4个星期将会议通知寄送与会者。

董事会是股份制企业选举产生的法人代表机构,董事会向股东大会负责,对企业的经营管理负领导责任。董事会议一般由董事长召集和主持,但是有1/3以上的董事提议时也可以召开董事会议,根据议题可请有关部门及相关人员列席;召开董事会议,应在会议召开的前10天就将通知发给参会的所有董事。董事会议是现代企业管理和公司管理非常关键的商业会议。

董事会议一般分为首次会议、例行会议、临时会议和特别会议四种。

(1) 首次会议。每年年度股东大会开完之后的第一次会议,按照国际惯例,每年股东大会要重新选举一次董事,即使没有撤换,也要履行这一程序,这样每年年度的首次会议就具有"新一届"董事会亮相的象征意义。中国公司普遍实行三年一届的董事会选举制度,会议按第几届第一次的顺序,淡化了每年年度首次会议的意义。

（2）例行会议。董事会按照事先约定好的时间按时举行的会议。这样不但能提高董事出席董事会的出席率,也能确保董事会对公司的事务进行持续关注和监控。国外优秀的公司一般每年召开10次左右的董事会,中国公司法规定每年至少召开2次董事会会议。

（3）临时会议。在例行会议之间,出现紧急或重大事件,需要董事会做出决策时召开的董事会会议。

（4）特别会议。特别会议又称"非正式会议""务虚会""战略沟通与研讨会"等,与前面三种董事会会议不同,它的目的不是要做出具体的决策,也不是对公司运营保持连续的监控,而是要提高董事会的战略能力,加强董事会和管理层的联系等。

（二）经理例会与特别会议

经理例会是由本企业的经理们参加的,研究经营管理中的重大事项的办公会议。通常每月一次或每周一次,与会者和会议地点都相对固定。

经理特别会议是在企业的外部环境或内部运行机制面临重要问题,急需领导集体研究,立即拿出解决方案时召开的会议。这类会议的主要任务是研究和解决新问题,做出相应的对策。

（三）部门员工例会

部门员工例会是某一部门定期召开的,由本部门全体员工参加的会议,如生产部门例会、销售部门例会等。部门员工例会通常起着通报情况、交流信息、解决问题、融洽关系的作用。

例会是一种制度化的会议,开会时间、地点、人员均固定,以讨论工作、沟通信息等为会议内容。例会的一般程序与礼仪如下。

（1）与会者应准时参加。例会不发通知和告示,与会者如遇意外不能参加,一定要事先请假,以免他人无端等候,如果因事取消或推迟会议,则要通知有关人员。

（2）会议室布置宜紧凑。会议桌通常是用圆桌或长桌,与会者可团团围坐,显得集中。

（3）会议时间要简短,议题要明确。短小精悍,是例会的基本风格,与会者发言时应一个接着一个,不要冷场,讨论工作时,议题要集中,主持人应及时控制会议的节奏和内容,使会议不跑题,切忌把例会开成"马拉松"式的长会。

（四）培训会

培训会议是专业型会议,通常是由企业内部或者教育部门举办。除带有研讨性质外,更多的是技能交流及知识传授,所以培训会议对场地的要求相对较高,除一般的封闭式会场外,应该还有各类拓展训练设施或者场地,可能的话,还应该有高品质的休闲放松场地。培训会议的关键点包括场地、培训设施及培训师。培训一般由公司的人力资源部负责。人力资源部的培训师首先要收集各个部门领导和员工的需求,然后与各部门领导商榷制订培训计划。培训计划通过后,开始聘请培训教师,既可以从公司内部聘请,也可以从外部聘请,视需求、费用及效果而定。

（五）项目会议

项目会议包括项目立项、项目管理会议、项目例会、评审会、总结会等。

1. 项目立项

项目特别是大中型项目，要列入政府的社会和经济发展计划中。项目经过项目实施组织决策者和政府有关部门的批准，并列入项目实施组织或者政府计划的过程叫项目立项。立项分为鼓励类、许可类、限制类，分别对应的报批程序为备案制、核准制、审批制。报批程序结束即为项目立项完成。

申请项目的立项时，应将立项文件递交给项目的有关审批部门。立项报告包括项目实施前所涉及的各种由文字、图纸、图片、表格、电子数据组成的材料。不同项目、不同的审批部门、不同的审批程序所要求的立项文件是各有不同的。

按照项目的大小可以区分对待，一般的项目可由项目经理负责，如果项目较大，可以由产品总监或部门总监负责，更大的项目甚至需要邀请总经理或董事长出席，以示对项目的重视。

2. 项目管理会议

项目管理会议包括计划、组织、指导和控制。一个管理良好的会议是分享信息、明确方向和消除模糊的有效方式。它为协调团队成员的努力和对项目事项获得即时反馈，提供了一种集体解决项目问题机遇的方式。会议主持人通过计划、主持和引领会议，营造适当的团队气氛。主持人必须明确对会议的期望，依据项目要达到的目标，指导、阐明、控制、总结和评估会议结果。如果主持人在会议上讲得过多，会议可能会低效。

开会是一种正式沟通的渠道，项目经理通过会议解决问题，安排工作，制订计划和决策，是推动项目最终达成目标的重要手段。因此，项目会议管理就变得十分重要。通过项目会议，项目经理可以将有关政策和指标传达给项目团队成员，使与会者了解项目共同目标以及自己的工作与他人的关系，并明确自己的目标，同时项目经理可以及时地获得反馈信息；项目会议可以充分表现与会者在项目组织中的身份、地位和影响，使会议中的信息交流能在人们的心理上产生影响，可以使与会者产生一种共同的见解、价值观和行动指南，密切相互之间的关系，可以帮助澄清误会，处理各种冲突并利用他人的知识和技巧来解决问题；通过项目会议，被人们所忽视的问题有可能被发现，进而认真地加以研究和解决；会议交流的正式性也可以使每一位与会者产生责任感和约束力，会议还可以帮助营造民主气氛，给与会者提供共同参与和共同讨论的机会，最终做出良好的决策。

3. 项目例会

项目例会是项目进行中任务安排、调整、跟踪和总结的会议，一般每周开一次。项目例会由项目经理负责，重点检查任务完成情况、项目进度的及时跟踪、项目开展中遇到的问题，以及后续解决方案等。项目例会的参加者根据项目的大小来定，小项目可以全体参加，大项目则核心团队成员到场即可，而核心团队成员在项目例会前已经将自己的小组项目会议开完。

4. 评审会

评审会是对公司的项目或要达到的目标进行审核。对内评审会，以项目的阶段性进展评审为主加以说明。项目计划对各个阶段评审时间都有明确的说明，而这些评审都是项目进展的里程碑。项目经理要将评审需要完成的任务情况汇总并形成文档,将文档分发给评审组成员,评审组成员全部通过才能开评审会。

外部评审会可以是客户对项目进行审核,或者对公司能力进行综合考察,或者特殊审核机构对公司是否达到某一要求,对公司的某种能力进行审核,并颁发证书,如 ISO 9000 等。

客户对项目的审核由公司担当相应项目的项目经理负责,当项目完成或达到客户的项目进度或特殊的时间节点时,客户要求对项目阶段性成果进行检查。客户经理应对项目相关资料进行整理并形成文档,如果生产线需要检查,还需要将生产线的生产流程和过程控制、物流、物料、仓储、生产及检验设备等相关材料也要一并准备好。

发审核邀请,并确认审核时间,安排审核议程,如果需要出差,还应安排差旅行程。迎接审核人员,尽量做到让他们有宾至如归之感,如能专车接送最好,至少要在单位门口迎接。会议开始后,按照议程安排逐项核对,注意掌握时间,在会议中提供茶水或咖啡,并适当休息。由于评审会时间都比较长,中餐必周到并保证午休时间。会议结束,需安排晚宴并欢送审核人员,如果在外地出差,需要直接送到宾馆或机场,适时地送上公司的小礼品作为纪念。

5. 总结会

一般是在项目结束的时候,对以前的工作进行总结所开的会议。在总结会上,项目成员可以将自己项目中的经验进行分享,这些宝贵的经验和教训都是今后工作的积累,也是公司的宝贵财富。

(六)客户咨询会

客户咨询会是指邀请企业的客户代表、合作单位代表参加,听取客户对企业经营管理方面的意见和建议,对客户提出的问题集中给予解答的会议。这类会议的与会者来自各方,有本地区的、也有外埠的,有本国的、也有外国的。客户咨询会规模比较大,工作难度大,要求也高。

(七)产品展销订货会

产品展销订货会是指企业展示产品并签订销售合同的会议,参会的对象主要是代销或购销客户,也有一般消费者。

(八)业务洽谈会

业务洽谈会的内容很广泛,如技术合作、资金合作、购销等,是企业经营中的一项重要的活动。企业的领导人常常亲临此类会议。

(九)公司年会

公司年会是指各部门报告一年以来的工作业绩并确定下一年工作计划的会议。年会对公司来说意义非常重要,往往在年终举行,不仅对以往工作进行总结表彰,还会开展一系列的庆祝活动,更是对公司未来发展方向的展望。公司年会一般由总裁办或人力资源部负责。该会一般分为签到、入座、开幕、致辞、晚宴、颁奖、表演、抽奖、闭幕、退场几部分。

年会负责人要提前至少一个月开始筹划,将年会的内容和安排以及预算等报领导审批。同时准备年终总结报告和领导致辞,安排各个部门提供表演节目名单并制作节目单,挑选1~3名主持人,预订会议场地并事先实地考察。年会的表演节目需要事前彩排,各部门分别进行各自的排练。

一般会议前一周需要将会议的时间、地点、座位安排图、要求及注意事项分发给全体员工。会议当天,人力资源部在会议室外,组织入场的员工签到并发放小纪念品,员工领取号码用于会议中抽奖。员工必须守时,并按照要求提前进入会场。年会正式开始时,由主持人宣布××公司202×年年会开幕,观众热烈鼓掌,简短地道贺后,请公司总裁致辞。公司总裁对一年的工作成就做简短概括,并对本年度做出杰出贡献的部门、集体和个人进行表彰,颁发奖品,对明年做美好的展望,并衷心祝愿本届年会圆满成功。之后,主持人开始节目报幕,同时晚宴正式开始。在节目当中,穿插抽奖活动活跃气氛。最终年会在美好的气氛中结束,主持人宣布本届年会结束时,与会员工应该有秩序地退场,并带走身边的废弃物品。年会虽然结束了,但是会议礼仪依然继续着,会议举办方需要给邀请的宾客和重要人员送行,至此相关礼仪才算完成。

四、公司会议工作流程

公司会议是人们从事各类有组织商务活动的一种重要方式。会议目标的实现、会议成果的取得是由诸多因素决定的,其中十分重要的一个因素就是会议的工作流程及会议礼仪规范的履行情况。

公司会议特别是大中型会议都有一套完整的工作流程,它保证了会议管理的科学性和规范性。

(一)确定会议主题与名称

1. 确定会议主题

会议主题是指会议要研究的问题、要达到的目的。会议议题是对会议主题的细化。

2. 确定会议名称

会议名称要拟得妥当,名实相符。会议名称不宜太长,但也不能任意简化。会议名称一般由"单位+内容+类型"构成,应根据会议的议题或主题来确定。如"S公司新产品推广会",其中"S公司"即组织名称,也可称单位,"新产品推广"即会议内容,"推广会"即会议类型。有的会议名称由"单位名称+年度+内容"构成,如"Z集团2022年度总结表彰大会"。注意会议名称必须用正确、规范的文字表达。

(二)确定会议规模与规格、会议时间与会期

1. 确定会议规模与规格

确定会议规模与规格的主要依据是会议的内容和主题,同时本着精简高效的原则。会议的规模主要体现在参会人数上,会议的规格主要体现在参会代表特别是主宾的职位高低上。

2. 确定会议时间与会期

确定会议的最佳时间,要考虑主要领导是否能出席;要根据会议的内容确定会期的长短。会议时间的确定通常有以下惯例。

(1)一年一度的职工代表会议,宜于年初召开。既利于总结上年的工作和生产成果,又

利于讨论、部署新一年的工作、生产计划,通过各种预算等。

(2) 每周一次的工作例会,通常放在周五的下午。一周即将结束,下一周就要开始,有承上启下的作用。

(3) 每日的工作例会,可以定在上班后半小时或下班前半小时。

3. 会议时间安排

据心理学家测定,成年人能集中精力的平均时间为 45～60min,超过 45min,人就容易精神分散,超过 90min,普遍感到疲倦。因此,每次会议的时间最好不要超过 1h。如果需要更长时间,应该安排中间休息。

会议时间的安排要考虑人们的生理规律。一般上午 9:00—11:00,下午 14:30—16:30,人们的办事效率较高。

(三) 成立会议组织机构,确定与会人员名单

1. 会议组织机构

一般大型会议,如展览会、产品发布会、企业职工代表大会、年终总结会等,都是由大会秘书处负责整个会议的组织协调工作。秘书处下设秘书组、总务组、保卫组等。

(1) 秘书组。负责会议的日程和人员安排以及文件、简报、档案等文字性工作。

(2) 总务组。负责会场、接待、食宿、交通、卫生、文娱和其他后勤工作。会议总务组负责会务工作时,往往有必要对一些会议所涉及的具体细节问题,做好充分的准备工作。

(3) 保卫组。负责大会的安全保卫工作。

根据会议的规模大小、性质的不同,还可以增设其他必要的小组,如宣传组、文件组、接待组等。

2. 确定与会人员名单

根据会议的性质、议题、任务来确定出席会议和列席会议的有关人员。

(四) 制订会议预算方案

1. 会议经费包括的内容

(1) 文件资料费。主要包括文件资料和证件票卡的制作、印刷费、文件袋等支出费用。

(2) 邮电通信费用。发会议通知、电报、传真、电传或打电话进行联络的费用。若召开电视、电话等远程会议,则使用有关会议设备系统的费用也应计算在内。

(3) 会议设备和用品费。各种会议设备的购置和租用费,会议所需办公用品的支出费用,会场布置所需要的费用等。

(4) 会议场所租用费。会议室、大会会场的租金以及其他会议活动场所的租金。

(5) 会议宣传交际费。现场录像的费用,与媒体等有关方面协作的交际费用。

(6) 会议交通及食宿补贴费。会议交通费是指与会人员交通往返的费用,如果此费用由会议主办单位承担,则应列入预算;会议期间的各项活动如需使用车辆等交通工具,其费用也应列入预算。通常主办单位会对会议伙食补贴一部分,与会者自己承担一部分。

一般情况下,住宿费是由与会人员自理一部分、会议主办者补贴一部分,也有主办单位全部承担的情况。如果无住宿要求,则预算中可不列此项。

(7) 其他开支。包括各种不可预见的临时性开支。

2. 会议经费的审核

主审人员要让起草人员将部分费用的明细表一并呈上。例如,计算设备租用费时,应了解租用了哪些设备,设备租用的行情是怎样的,不同型号、功能的费用差距有多大等。主审人员对这些都需了然于胸。对经费的把关,不可太松,否则会造成浪费;也不可太紧,否则会影响会议质量。

(五) 会场的选择与设备准备

1. 会场的选择

会场的选择包括两个方面:一是选择会议召开的地区;二是选择会议召开的具体场所。为了使会议取得预期效果,选择会议的最佳会址时,需考虑以下因素。

(1) 应根据不同的会议类型来选择地点。如小型的、经常性的会议就安排在单位的会议室。会议室尽可能不要紧靠生产车间、营业部等人声嘈杂的地方,以免受到干扰。

(2) 应考虑交通是否便利,同时要考虑有无停车场所和安全设施等问题。

(3) 会场的大小应与会议规模相符。一般来说,每人平均应有 $2\sim3m^2$ 的活动空间。同时应考虑会议时间的长短,对于时间长的会议,选择的场地不妨大些。

(4) 如果是租借场地,场地租借的费用要合理。

2. 会场的设备准备

根据会议的需要检查有无需要租用的特殊设备,如演示板、电子白板、放映设备、桌椅家具、通风设备、照明设备、空调设备、音像设备、录音机、投影仪、计算机、麦克风等;一些会议常用的易耗品,如纸张本册、笔具、文件夹、姓名卡、座位签、黑白板、万能笔、粉笔、板擦、签到簿、名册、圆珠笔以及饮料、水杯等需要及时补充。

(六) 安排会议议程与日程

1. 会议议程

会议议程是对会议所要通过的文件、所要解决的问题的概略安排,并冠以序号将其清晰地表示出来。它是为完成议题而做出的顺序计划,是对会议所要讨论、解决的问题的大致安排,会议主持人要根据会议议程主持会议。拟定会议议程是秘书人员的职责,通常由秘书拟写议程草稿,交由上级批准后,在会前复印分发给所有与会者。会议议程是会议内容的概略安排,会议内容通过会议议程具体地体现出来。

2. 会议日程

会议日程是会议在一定时间内的具体安排。一般采用简短文字或表格形式将会议时间分别固定在每天上午、下午、晚上三个时间单元。使人一目了然,如有说明,可附于表后。会议日程需在会前发给与会者。会议日程是根据会议议程逐日做出的具体安排,它以天为单位,包括会议全程的各项活动,是与会者安排个人时间的依据。会议日程表的制定要明确具体,准确无误。

3. 安排会议议程和日程要注意的问题

(1) 把握会议目的,了解会议召开的原因。先安排关键人物的时间,要保证重要人物能够出席会议。根据多数人的意见安排日程,保证尽可能多的人员都有时间参加会议。

(2) 例会原则上要定时召开,且时间不宜过长。时间应控制在 1.5h 左右,避免出现会议疲劳现象。

(3) 如遇多个议题需要在同一会议上讨论,应按其重要程度排序,把最重要的议题排在最前面。尽量保证在最佳时间开会,安排会议议程和日程时,要注意将全体会议安排在上午,分组讨论可安排在下午,晚上则适宜安排一些文娱活动。

(七) 下发会议通知

按常规,举行正式会议均应提前向与会者下发会议通知。会议通知是指由会议的主办单位发给所有与会单位或全体与会者的书面文件,同时还包括向有关单位或嘉宾发的邀请函件。会议通知的方式有书面、口头、电话、邮件等。

会议通知的拟发由秘书处负责,会议书面通知或邀请函包括以下内容。

(1) 会议的主题(或名称)。
(2) 召开会议的目的。
(3) 与会人员(会议出席人)。
(4) 会议的日程及期限。
(5) 召开会议的地点。
(6) 报到时间、地点以及路线。
(7) 与会要求(如服装要求、应准备的事项等)。
(8) 需携带的材料和个人支付的费用。
(9) 主办单位。
(10) 联系人姓名和电话等。

下发会议通知,应设法保证其及时送达,不得耽搁延误。与会人员接到通知后,应向大会报名,告知将参加会议,以便大会发证、排座、安排食宿等。

五、会议座次安排

举行正式会议时,通常应事先安排好与会者的座次,尤其是身份重要者的具体座次。越是重要的会议,它的座次排定往往就越受到社会各界的关注。实际操办会议时,由于会议的具体规模多有不同,因此,具体的座次排定也存在一定的差异。

(一) 小型会议的尊位及座次排序

小型会议的会场可以布置成圆桌形或方桌形,领导和会议成员可以互相看得见,大家可以无拘无束地自由交谈,这种形式适合于召开 15~20 人的小型会议。如工作周例会、月例会、技术会议、董事会等。它的主要特征是全体与会者均应排座,不设立专用的主席台。小型会议的排座,目前主要有以下两种具体形式。

1. 面门设座

面门设座一般以面对会议室正门之位为会议主席之座,即尊位。通常会议主席坐在离会议门口最远的桌子末端;主席两边是参加公司会议的客人和拜访者,或是高级管理人员、助理,以便帮助主席分发有关材料、接受指示或完成主席在会议中需要做的事情。

面门设座如图 4-1 所示,图中实心圆代表尊位,即主席或会议主持人之座。

2. 依景设座

所谓依景设座,是指会议主席的具体位置不必面对会议室正门,而是背依会议室内的主要景致,如字画、屏风等。依景设座如图 4-2 所示,图中实心圆代表尊位,即主席或会议主持人之座。

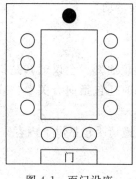

图 4-1 面门设座

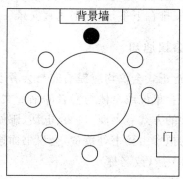

图 4-2 依景设座

(二) 大型会议的尊位及座次排序

大型会议一般是指与会者众多、规模较大的会议,如企业职工代表大会、报告会、经验交流会、新闻发布会、庆祝会等。它的最大特点是会场上应分设主席台和群众席,前者必须认真排座,后者的座次可排可不排。

1. 主席台排座

大型会场的主席台,一般应对会场主入口。在主席台上的就座之人,通常应当与在群众席上的就座之人呈面对面之势。在其每一名成员面前的桌上,均应放置双向的桌签。

主席台排座包括主席团排座、主持人座席、发言者席位。

(1) 主席团排座。此处的主席团是指在主席台上正式就座的全体人员。按照国际惯例排定主席团位次的基本规则有三项:一是前排高于后排;二是中央高于两侧;三是右侧高于左侧。判断左右的基准是顺着主席台上人员就座的视线,而不是观众的视线,如图 4-3 所示。

8	6	4	2	1尊位	3	5	7	9

图 4-3 主席团排座

具体来讲,主席团的排座又有单数与双数的区分,单数排座如图 4-4 所示,双数排座如图 4-5 所示。

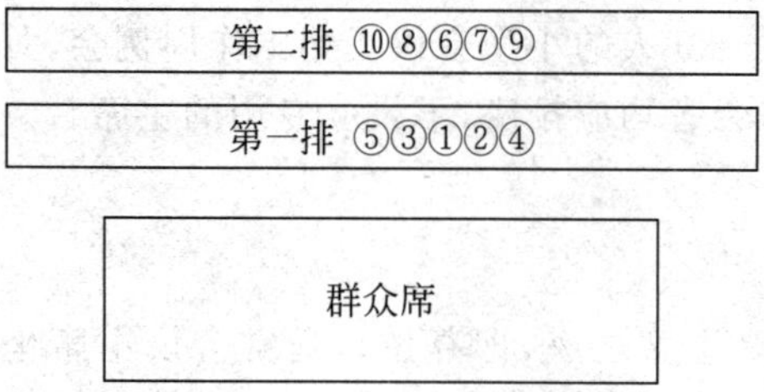

第二排 ⑩⑧⑥⑦⑨	第二排 ⑦⑤⑥⑧
第一排 ⑤③①②④	第一排 ③①②④
群众席	群众席

图 4-4 主席台每排人员为单数 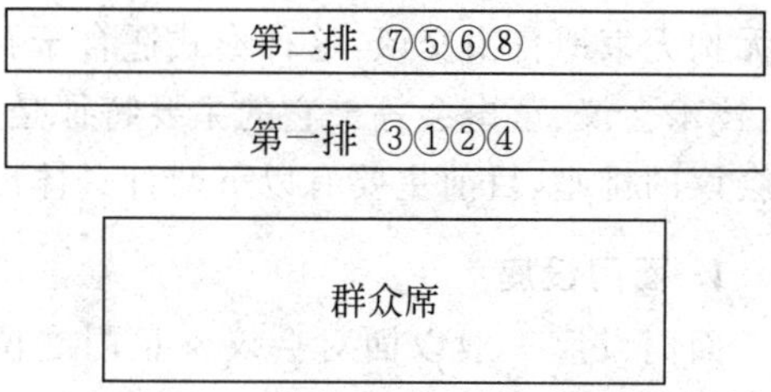   图 4-5 主席台每排人员为双数

我国的会议主席台座次排列与国际惯例有所区别。领导为单数时,主要领导居中,2号领导在1号领导左手位置,3号领导在1号领导右手位置。

领导为偶数时,1、2号领导同时居中,2号领导依然在1号领导左手位置,3号领导依然在1号领导右手位置。

(2) 主持人座席。会议主持人,又称大会主席。其具体位置有三种方式可供选择:一是居于前排正中央;二是居于前排的两侧;三是按其具体身份排座,但不宜令其就座于后排。

(3) 发言者席位。发言者席位,又称发言席。在正式会议上,发言者发言时不宜就座于原处。发言席的常规位置有两种:一是主席台的正前方,如图4-6所示;二是主席台的右前方,如图4-7所示。

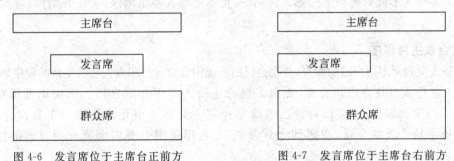

图4-6 发言席位于主席台正前方　　　图4-7 发言席位于主席台右前方

2. 群众席排座

在大型会议,主席台之下的一切座席均称为群众席。群众席的具体排座方式有以下两种。

(1) 自由式择座。不进行统一安排,而由大家各自择位而坐。

(2) 按单位就座。与会者在群众席上按单位、部门或者地位、行业等就座。它的具体依据,既可以是与会单位、部门的汉字笔画的多少、汉语拼音字母的顺序,也可以是其平时约定俗成的序列。按单位就座时,若分为前排、后排,一般以前排为高,后排为低;若分为不同楼层,则楼层越高,排序越低。

在同一楼层排座时,又有两种普遍通行的方式:一是以面对主席台为基准,自前往后进行横排,如图4-8所示;二是以面对主席台为基准,自左而右进行竖排,如图4-9所示。

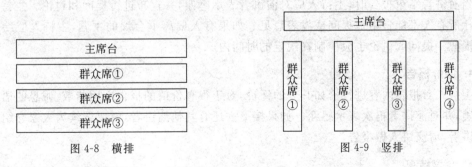

图4-8 横排　　　　　　　　　　图4-9 竖排

六、与会人员礼仪

(一) 主持人礼仪

会议的主持人是整个会议的中心。一般由具有一定职位的人员来担任,主持人应很好地控制会议的气氛和进程,并促使与会者齐心协力,达到会议预期的目的。

1. 主持人的基本礼仪规范

(1) 主持人应衣着整洁,大方庄重,精神饱满,切忌不修边幅。

(2) 入席后,如果是站立主持,应双腿并拢,腰背挺直。持稿时,右手持稿的底中部,左手五指并拢自然下垂。双手持稿时,稿应与胸齐高。坐姿主持时,应身体挺直,双臂前伸,两手轻按于桌沿。主持过程中,切忌出现搔头、揉眼等不雅动作。

(3) 主持人言谈应口齿清晰,思维敏捷,简明扼要。

(4) 主持人应根据会议性质调节会议气氛,或庄重,或幽默,或沉稳,或活泼。

(5) 主持人不能对会场上的熟人打招呼,更不能与其寒暄闲谈,会议开始前,可点头、微笑致意。

2. 会议主持程序

主持人应时刻牢记自己的职责,并在会议的进程中自觉履行职责。会议主持的程序如下。

(1) 主持人自我介绍。通常,在很多场合主持人不用介绍自己。但如果觉得在场有很多人不一定认识自己,可以对自己做简单介绍。例如:"请允许我做一下自我介绍,我是……能主持今天的会议,我感到十分荣幸"。这里关键是要向大家介绍自己的姓名和身份。

(2) 主持人致欢迎词。

(3) 宣布会议的目的和注意事项。

(4) 请演讲者开始演讲。如果演讲者有很高的知名度,那么主持人不必费时对演讲者做特别的介绍,只需对演讲者做热情邀请即可。例如,"今天我们的演讲者是××先生(或称教授、总裁等),××先生是业内的知名人士,相信大家早已久闻大名,现在让我们以热烈的掌声请××先生为我们演讲。"如果演讲者的知名度不是很高,就有必要向大家做较为详细的介绍,包括演讲人的背景以及邀请他演讲的缘由等。但即使这样,介绍一般也不应超过 3min。

3. 提问和讨论

当演讲者结束报告时,主持人应对演讲者表示感谢,并宣布进行提问和讨论。主持人应尽量让所有人都能自由地提问或发表意见。如果有人偏离了会议的主题,主持人应给予礼貌地提醒。提问或讨论也应控制在规定的时间内。

4. 评价报告

主持人对报告内容进行恰如其分的评价,对于很有价值的报告应用恭敬、诚恳的语气进行赞美,并对演讲者再次表示感谢。如果接下去还有其他演讲者,就要继续为大家介绍下一位演讲者,请演讲人做报告。

5. 会议结束

主持人应在规定的时间内宣布会议结束,并对会议作简要的总结。如果就某些问题,大家达成一致的意见,在结束前应予以重申。会议结束时,主持人应对前来出席会议并提供帮助的人表示感谢。另外,还要对协助组织会议的工作人员表示感谢。

（二）会议服务人员礼仪

1. 例行服务

会议举行期间，一般应安排专人在会场内外负责迎送、引导、陪同与会人员等工作。对与会的贵宾往往还需进行重点照顾。对与会者的正当要求，应有求必应。

2. 会议签到

一般大型会议或重要会议，通常要求与会者在入场时签名报到，以掌握到会人数，严肃会议纪律。负责此项工作的服务人员，应及时将签到人数向会议的负责人报告。

 知识拓展　　　　　常用的会议签到方式

（1）簿式签到。簿式签到是指与会人员在会议工作人员预先备好的签到簿上按要求签名，表示到会。

签到簿上的内容一般有姓名、职务、所代表的单位等。簿式签到的优点是利于保存，便于查找；缺点是这种方式只适用于小型会议。一些大型会议，参加会议的人数很多，采用簿式签到就不太方便。

（2）证卡签到。证卡签到是指会议工作人员将印好的签证卡事先发给每位与会人员，签证卡上一般印有会议的名称、日期、座次号、编号等，与会人员在签证卡上写好自己的姓名，进入会场时，将签证卡交给会议工作人员，表示到会。证卡签到的优点是比较方便，避免临开会时群体签到所造成的拥挤；缺点是不便保存查找。证卡签到多用于大中型会议。

（3）计算机签到。计算机签到快速、准确、简便，参加会议的人员进入会场时，只要把特制的签到卡放入签到机内，签到机就将与会人员的姓名、号码传到中心，与会者的签到手续在几秒内即可完成，然后将签到卡退还本人，参加会议人员的到会结果由计算机准确、迅速地统计并显示出来。计算机签到是先进的签到手段，一些大型会议都是采用计算机签到。

3. 餐饮安排

举行较长时间的会议时，一般应为与会者安排工作餐。与此同时，还应为与会者提供卫生的饮料。会上所提供的饮料，最好便于与会者自助饮用，不提倡为其频频斟茶续水。那样做既不卫生、安全，又有可能妨碍对方。如果有必要，还应为外来的与会者在住宿、交通等方面提供力所能及、符合规定的方便服务。

4. 现场记录

凡重要的会议，均应进行现场记录，其具体方式有笔记、打印、录入、录音、录像等。可单用某一种，也可交叉使用。

用手写笔记进行会议记录时，对会议名称、出席人数、时间、地点、发言内容、讨论事项、临时决议、表决选举等基本内容的记录要力求做到完整、准确、清晰。

5. 处理材料，形成文件

会议结束后，一般应对与会议有关的一切图文、声像等材料进行细致的收集、整理工作。收集、整理会议材料时，应遵守规定与惯例，应该汇总的材料，一定要认真汇总；应该存档的材料，要一律归档；应该回收的材料，一定要如数收回；应该销毁的材料，则一定要

仔细销毁。

对于会议决议、会议纪要等，一般要求尽快形成正式文件，会议一结束就下发或公布。

6. 协助返程

大型会议结束后，主办单位一般应为外来的与会者提供一切返程的便利服务。若有必要，应主动为对方提供交通工具，或是替对方订购、确认返程的机票、船票、车票。当团队与会者或与会的特殊人士离开本地时，还应安排专人为其送行，并帮助其托运行李。

（三）会议演讲者礼仪

演讲者或发言人是会场的中心人物，演讲者礼仪即指演讲者在演讲前后和演讲时对于听众的礼节。演讲者礼仪主要有以下几个方面。

1. 进入会场时的礼仪

（1）有人陪同时，听众可能已经坐好，几位演讲者同时进入会场，不可在门口推托谦让，而应以原有的顺序进入会场；听众如果起立、鼓掌欢迎，演讲者应边走边举手表示谢意，不可东张西望，更不要止步与熟人打招呼、握手。

（2）没人陪同时，听众可能没有完全入场，演讲者要寻找靠近讲台的位置坐好，不要在门口观望或等听众坐好后进场。

2. 坐下前后的礼仪

有人陪同时，要等陪同人指示座位，并应等待与其他演讲者同时落座，如果先坐下会有失礼节。

如果先进入会场，会议主持人发现并主动安排座位时，应马上服从，按指定座位坐好，并表示谢意。坐好后不要左顾右盼找熟人，更不要主动与别人打招呼。

3. 介绍时的礼仪

演讲前主持人常常要向听众介绍演讲者。主持人提到名字，演讲者应主动站起来，立直身体、面向听众，并微笑致意，估计听众可以认清自己后再转身坐下，如果主持人介绍了演讲者的成绩或事迹后，听众反响特别强烈，演讲者应再次起身，向听众致谢，并向主持人表示"不敢当""谢谢"之意。如果反响一般，就不必再次起身致意。

4. 走上讲台时的礼仪

当主持人邀请演讲者上台时，演讲者应站起身来，首先向主持人点头致意，然后走向讲台。走路时，目视前方，虚光看路。走上讲台后要慢步自然转弯，面向听众站好，正面扫视全场，与听众进行目光交流，然后以诚恳、恭敬的态度向听众致鞠躬礼或点头礼，稍稍稳定一下之后再开始演讲。

5. 站位和目光

站位不但要考虑演讲时活动的方便，更要考虑听众观察演讲者的方便。要使听众不论在什么地方都能看清演讲者的演示，方便情感的双向交流。目光要散到全场，落到每位听众的脸上，使听众仿佛觉得光顾到他，仿佛与每位听众都进行过目光交流。

6. 走下讲台时的礼仪

演讲完毕后，要向听众敬礼，向主持人致意，如果听到掌声，应再次向听众表示谢意，然后下台回原座位。

7. 演讲时间的控制

有经验的演讲者发现,每经过一定的时间,听众就会产生一种注意力危机,一般发生在演讲(发言)开始后的 15~20min,第二次发生在演讲(发言)开始后的 30~35min,为了克服这些"危机",演讲者(发言人)应善于根据规定的发言时间来安排演讲的内容。

大多数国际会议的发言时间是 10min,如果演讲时间安排在会议临近结束时,听众的注意力也会有所减弱。各种仪式上不得不安排的演讲,时间最好不要超过 5min。为欢迎国宾、公事团体举行的正式晚宴上,无论是主人还是客人的演讲,一般都安排在 15min 左右。

(四) 与会者的礼仪

对于大多数与会者而言,应注意的礼仪包括以下三个方面。

1. 合适的着装

大多数会议,特别是参加大型会议时,在着装上,男士一般穿西服套装,女士除了可以穿套裙,还可以穿裤装和长裙。

2. 遵守会议纪律

遵守会议纪律是每个与会者都应做到的,这既是对会议组织者的尊重,也是对其他与会者的尊重。会议纪律通常包括以下几个方面。

(1) 按时到会和离会,中途不要随意进出。

(2) 听报告时集中注意力,不交头接耳、不打瞌睡、不翻阅资料。

(3) 保持会场安静,不大声喧哗,不接打手机。

(4) 一般不应离席,必须离开时,应当向有关人员讲明原因,离席时要弯腰、侧身、尽量不影响他人,并表示歉意。

3. 尊重主持人、发言人及其他与会者

与会者作为客人,应服从会议组织者的安排。在会场,与会者应听从主持人的安排,并对主持人的提议做出积极的回应。发言结束时,与会者应报以热烈的掌声,以此向发言人表示赞美和感谢。

任务二 新闻发布会礼仪

新闻发布会,简称发布会,有时也称记者招待会。政府、企业、社会团体或个人都可公开举行,邀请各新闻媒介的记者参加。举行发布会主要是为了把重要的成就以及信息报告给所有新闻机构,尽可能地争取扩大信息的传播范围。所以,在发布会上发布的消息,对于产品和产品形象、组织和组织形象、新闻人物和重要人物形象都具有重要的影响。

新闻发布会的特点如下。

(1) 正规隆重。由于新闻发布会形式正规,档次较高,需要精心安排发布会的场所,邀请记者、新闻界(媒体)负责人、行业部门主管、各协作单位代表及政府官员参加。

(2) 沟通活跃。新闻发布会先发布新闻,然后对记者的提问作答,双向互动。

（3）传播迅速。新闻传播的受众面广泛，通过报刊、电视、广播、网站的集中发布，迅速扩散到公众中。

一、发布会的准备

筹备发布会，要做的准备工作很多，其中最重要的是要做好时机的选择、人员的安排、记者的邀请、会场的布置和材料准备等。

1. 时机的选择

在确定发布会的时机之前，应明确两点：①确定新闻的价值，即对某一消息要论证其是否具有专门召集记者前来予以报道的新闻价值，要选择恰当的新闻"由头"。②应确认新闻发表紧迫性的最佳时机。以企业为例，新产品的开发、经营方针的改变或新举措的提出、企业首脑或高级管理人员的更换、企业的合并，以及逢重大纪念日、发生重大伤亡事故等事件时，都可以举行发布会。

如果基于以上两点，确定要召开新闻发布会的话，要选择恰当的召开时机：要避开节日与假日，避开本地的重大活动，避开其他单位的发布会，还要避免与新闻界的宣传报道重点相左或撞车。恰当的时机选择是发布会取得成功的重要保障。

2. 人员的安排

发布会的人员安排关键是要选好主持人和发言人。发布会的主持人应由主办单位的公关部长、办公室主任或秘书长担任。其基本条件是仪表堂堂、年富力强、见多识广、反应灵活、语言流畅、幽默风趣，善于把握大局，引导提问和控制会场，具有丰富的主持会议的经验。

新闻发言人由本单位的主要负责人担任，除在社会上口碑较好、与新闻界关系较为融洽之外，对其基本要求是修养良好、学识渊博、思维敏捷、能言善辩、彬彬有礼。

发布会还要精选一批负责会议现场工作的礼仪接待人员，一般由相貌端正、工作认真负责、善于交际应酬的年轻女性担任。

值得注意的是，所有出席发布会的人员均需在会上佩戴事先统一制作的胸卡，胸卡上面要写清姓名、单位、部门与职务。

3. 记者的邀请

对出席发布会的记者要事先确定其范围，具体应视问题涉及范围或事件发生的地点而定，一般情况下，与会者应是与特定事件相关的新闻界人士和相关公众代表。为了提高单位的知名度，扩大影响而宣布某一消息时，邀请来的新闻单位通常多多益善；而在说明某一活动、揭示某一事件，特别是本单位处于劣势而召开新闻发布会时，邀请的新闻单位则不宜过于宽泛。邀请时要尽可能地先邀请影响大、报道公正、口碑良好的新闻单位。如事件和消息只涉及某一城市，一般就只请当地的新闻记者参加即可。

另外，确定邀请的记者后，请柬最好提前一星期发出，会前还应用电话提醒。

4. 会场的布置

发布会的地点除可考虑在本单位或事件所在地外，可考虑租用大宾馆、大饭店举行。如果希望造成全国影响，则可在首都或某一大城市举行。发布会现场应交通便利、条件舒适、大小合适。会议地点确定后，应实地考察，在会议召开前应认真进行会场布置，会议的桌子最好不用长方形的,要用圆形的,大家围成一个圆圈,显得气氛和谐,主宾平等,当然这只适用于小型会议。大型会议应设主席台席位、记者席位、来宾席位等。

5. 材料的准备

在举行发布会之前,主办单位要事先准备好以下材料。

(1) 发言提纲。发言提纲是发言人在发布会上进行正式发言时的发言提要,它要紧扣主题,体现全面、准确、生动、真实的原则。

(2) 问答提纲。为了使发言人在现场正式回答提问时表现自如,可在对被提问的主要问题进行预测的基础上,形成问答提纲及相应答案,供发言人参考。

(3) 报道提纲。事先必须精心准备一份以有关数据、图片、资料为主的报道提纲,并认真打印出来,在发布会上提供给新闻记者。在报道提纲上应列出本单位的名称、联系方式等,便于以后联系。

(4) 形象化视听材料。这些材料供与会者利用,可增强发布会的效果。它包括图表、照片、实物、模型、录音、录像、影片、幻灯片、光碟等。

二、发布会进行过程中的礼仪

1. 会议签到

在新闻发布会入口设签到处,让记者和来宾在事先准备好的签到簿上签下自己的姓名、单位、联系方式等内容。记者及来宾签到后按事先的安排到会场就座。

2. 严格遵守程序

要严格遵守会议程序,主持人要充分发挥主持者和组织者的作用,宣布会议的主要内容、提问范围以及会议进行的时间,一般不要超过2h。主持人、发言人讲话时间不宜过长,过长则影响记者提问,对记者所提的问题应逐一予以回答,不可与记者发生冲突。会议主持人要始终把握会议主题,维护好会场秩序,主持人和发言人会前不要单独会见记者或提供任何信息。

3. 注意相互配合

在发布会上,主持人和发言人要相互配合。为此首先要明确分工,各司其职,不允许越俎代庖。在发布会进行期间,主持人和发言人通常要保持一致的口径,不允许公开顶牛、相互拆台。当新闻记者提出的某些问题过于尖锐难于回答时,主持人要想方设法转移话题,不使发言者难堪。而当主持人邀请某位记者提问之后,发言人一般要给予对方适当的回答,不然,对那位新闻记者和主持人都是不礼貌的。

4. 态度真诚主动

发布会自始至终都要注意对待记者的态度,因为接待记者的质量如何直接关系到新闻媒介发布消息的质量。记者希望接待人员对其尊重热情,希望提供工作之便,如获得有发表价值的消息、拍到生动、有发表价值的照片等,记者的合理要求要尽量满足。对待记者千万不能趾高气扬、态度傲慢,一定要温文尔雅、彬彬有礼。

三、发布会的善后事宜

发布会举行完毕后,主办单位应在一定的时间内,对其进行一次认真的评估善后工作,主要包括以下内容。

1. 整理会议资料

整理会议资料有助于全面评估发布会会议效果,为今后举行类似会议提供借鉴。发布会后要尽快整理出会议记录材料,对发布会的组织、布置、主持和回答问题等方面的工作进行回顾和总结,从中汲取经验,找出不足。

2. 收集各方反应

首先,收集与会者对会议的总体反应,检查在接待、安排、服务等方面的工作是否有欠妥之处,以便今后改进。

其次,收集新闻界的反应,了解一下与会的新闻界人士有多少人为此次新闻发布会发表了稿件,并对其进行归类分析,找出舆论倾向。同时,对各种报道进行检查,若出现不利于本组织的报道,应做出良好的应对策略。若发现不正确或歪曲事实的报道,应立即采取行动,说明真相;如果是由于自己失误所造成的问题,应通过新闻机构表示谦虚接受批评并致歉意,挽回声誉。

　　　　　选择最佳时间发布新闻

新闻发布的时间通常也是决定新闻何时播出或刊出的时间。

因为多数平面媒体刊出新闻的时间是在获得信息的第二天,因此要把发布会的时间尽可能安排在周一、二、三的下午为宜,会议时间保证在1h左右,这样可以相对保证发布会的现场效果和会后见报效果。

发布会应该尽量不选择在上午较早或晚上举行。

有一些以晚宴酒会形式举行的重大事件发布,也会邀请记者出席。但应把新闻发布的内容安排在最初的阶段,至少保证记者的采访工作可以比较早的结束,确保媒体次日发稿。

在时间选择上还要避开重要的政治事件和社会事件,媒体对这些事件的大篇幅报道任务会冲淡企业新闻发布会的传播效果。

任务三　展览会礼仪

一、展览会的分类

举办好一次展览会,首先必须确定其具体类型,然后再进行相应准备。展览会显然意在向外界宣传、介绍参展单位的成就、实力、历史与理念,所以它又叫作陈列会;销售型展览会则主要是为了展示参展单位的产品、技术和专利,来招徕顾客、促进其生产与销售。通常,人们又将销售型展览会直截了当地称为展销会或交易会。

1. 按展览品的种类划分

按展览品的种类划分为单一型展览会与综合型展览会。单一型展览会,往往只展示某一大的门类的产品、技术或专利,只不过其具体的品牌、型号、功能有所不同而已,例如,化妆品、汽车等。综合型展览会,又称混合型展览会。它是一种包罗万象的,同时展示多种门类的产品、技术或专利的大型展览会。

2. 按展览会的规模划分

按展览会的规模划分为大型展览会、小型展览会与微型展览会。大型展览会通常由社会上的专门机构出面承办,其参展单位多、参展项目广,因而规模较大;小型展览会一般由某一单位自行举办,其规模相对较小;微型展览会一般被安排陈列于本单位的展览室或荣誉室之内,主要用于教育本单位的员工和供来宾参观。

3. 按参展者的区域划分

按参展者的区域划分为国际性展览会、洲际性展览会、全省性展览会和全市性展览会,往往被人们称为博览会。若是根据参展单位所属行业的不同,则展览会又可分为行业性展览会和跨行业展览会。

4. 按展览会的场地划分

按展览会的场地划分为室内展览会与露天展览会。前者大都被安排在专门的展览馆或是宾馆和本单位的展览厅、展览室之内。它们大都设计考究、布置精美、陈列有序、安全防盗、不易受损,并且可以不受时间与天气的制约,显得隆重而有档次。但是,其所需费用往往偏高。在展示价值高昂、制作精美、忌晒忌雨、易于失盗的展品时,室内展览会自然是其首选。露天展览会场地一般较大、花费较小,而且不必为设计、布置大动干戈,展示大型展品或需要以自然为其背景的展品时,此种选择最佳。通常用于展示花卉、农产品、工程机械、大型设备。不过,它受天气等自然条件影响较大,并且极易使展品丢失或受损。

5. 按展览会的时间划分

按展览会的时间可划分为长期展览会、定期展览会和临时展览会。长期展览会大都常年举行,其展览场所固定,展品变动不大。定期展览会的展期一般固定为每一段时间之后,在某一特定的时间之内举行。例如,每三年举行一次,或者每年春季举行一次等。其展览主题大都既定不变,但允许变动展览场所,或展品内容有所变动。临时展览会则随时根据需要与可能举办。它所选择的展览场所、展品内容及展览主题,往往不尽相同。但其展期大都不长。

二、展览会的组织与实施

一般的展览会,既可以由参展单位自行组织,也可以由社会上的专门机构出面组织。无论组织者由谁来担任,都必须认真做好具体的工作,力求使展览会取得完美的效果。

根据惯例,展览会的组织者需要重点进行的具体工作,主要包括明确展览会的主题、确定时间和地点、确定参展单位、宣传展览的内容以及展览会的布展制作、展示位置的分配、安全保卫和辅助服务的安排等。

1. 明确展览会的主题

任何一个展览会都应有一个鲜明的主题,如此才能明确展览会的对象、规模、形式等问题,并以此进行展览会的策划、准备和实施,使展览会的宗旨和意图更加突出。

2. 确定时间和地点

主要应从时间上考虑展出内容的季节性和周期性,与重大社会活动时间的冲突性等。从地点上考虑交通的便利性,考虑展览场所的大小、质量、设施等。此外,还应考虑展览场所周围环境与展览主题的相互协调性问题。

3. 确定参展单位

当展览会的主题、时间、地点确定后,就要对参展的单位发出正式邀请,或向社会发布招商广告。邀请函或广告中应明确展览会的宗旨、举办展览会的时间和地点、报名参展的具体时间和地点、咨询有关问题的联络方法、展位费用,以便对方决定参展与否。同时,注意不能以任何方式强迫对方参展。

4. 宣传的展览内容

为了引起社会各界对展览会的重视,并且尽量扩大其影响,主办单位有必要对其进行大力宣传。宣传的重点,应当是展览的内容,即展览会的展示陈列之物。因为只有它,才能真正吸引各界人士的注意和兴趣。

对展览内容所进行的宣传,主要可以采用下述几种方式:①举办新闻发布会;②邀请新闻界人士到场进行参观采访;③发表有人展览会的新闻稿;④公开刊发广告;⑤张贴有关展览会的宣传画;⑥在展览会现场散发宣传性材料和纪念品;⑦在举办地悬挂彩旗、彩带或横幅;⑧利用升空的彩色气球和飞艇进行宣传。以上八种方式,可以只择其一,也可多种方式并用。在具体进行选择时,一定要量力行事,并且要严守法纪,注意安全。

为搞好宣传工作,在举办大型展览会时,主办单位应专门成立对外进行宣传的组织机构。其正式名称,可以叫新闻组,也可以叫宣传办公室。

5. 展览会的布展制作

布展的效果应达到与展出的物品合理相宜、互相衬托、相得益彰,以烘托展览会的主题,给人浑然一体、井然有序的感觉。通常,布展包括文字、图表、模型与实物的拼接组装,灯光音响及饰件的安装等。

6. 展会位置的分配

对展览会的组织者来讲,展览现场的规划与布置,通常是其重要职责之一。在布置展览现场时,基本的要求是展示陈列的各种展品要围绕既定的主题,进行互为衬托的合理组合与搭配。要在整体上显得井然有序、浑然一体。

所有参展单位都希望自己能够在展览会上拥有理想的位置。展品在展览会上进行展示陈列的具体位置称为展位。理想的展位,除收费合理之外,应当面积适当,客流较多,处于展览会上的较为醒目之处,设施齐备,采光、水电的供给良好。

在一般情况下,展览会的组织者要想尽一切办法充分满足参展单位关于展位的合理要求。假如参展单位较多,并且对于理想的展位竞争激烈的话,则展览会的组织者可依照展览会的惯例,采用下列方法之一对展位进行合理的分配。

(1)对展位进行竞拍。由组织者根据展位的不同,而制定不同的收费标准,然后组织一场拍卖会,由参展者在会上自由进行角逐,由出价高者拥有自己中意的展位。

(2)对展位进行投标。即由参展单位依照组织者所公告的招标标准和具体条件,自行报价,并据此填具标单,而且组织者按照"就高不就低"的原则,将展位分配给报价高者。

(3)对展位进行抽签。即将展位编号,然后将号码写在纸笺之上,而由参展单位的代表在公证人员的监督下每人各取一个,以此来确定其各自的具体展位。

(4)按"先来后到"的原则分配。所谓按照"先来后到"的原则进行分配,即以参展单位正式报名的先后为序,谁先报名,谁便有权优先选择自己所看中的展位。

不管采用上述何种方法,组织者均需事先将其广而告之,以便参展单位早做准备,选到称心、如意的展位。

7. 安全保卫的事项

无论展览会举办地的社会治安环境如何,组织者对于有关的安全保卫事项均应认真对待,免得由于事前考虑不周而麻烦丛生,或是"大意失荆州"。在举办展览会前,必须依法履行常规的报批手续。此外,组织者还需主动将展览会的举办详情向当地公安部门进行通报,寻求支持与配合。

举办规模较大的展览会时,最好从合法的保安公司聘请一定数量的保安人员,将展览会的保安工作全权交予他们负责。

为了预防天灾人祸等不测事件的发生,应向声誉良好的保险公司进行数额合理的投保,以便利用社会的力量替自己分忧。

在展览会入口处或展览会的门券上,应将参观的具体注意事项正式成文列出,使观众心中有数,以减少纠葛。

展览会组织单位的工作人员,均应自觉树立良好的防损、防盗、防火、防水等安全意识,为展览会的平安进行竭尽一己之力。

按照常规,有关安全保卫的事项,必要时最好由有关各方正式签订合约或协议,并且经过公证。这样万一出了事情,大家也能分清责任。

8. 辅助的服务项目

主办单位作为展览会的组织者,有义务为参展单位提供一切必要的辅助性服务项目。否则,不但会影响自己的声誉,而且会授人以柄。

由展览会的组织者为参展单位提供的各项辅助性服务项目,最好有言在先,并且对有关费用的支付进行详尽的说明。

具体而言,为参展单位所提供的辅助性服务项目,主要包括以下几项。

(1) 展品的运输与安装。

(2) 车、船、机票的订购。

(3) 与海关、商检、防疫部门的协调。

(4) 跨国参展时有关证件、证明的办理。

(5) 电话、传真、计算机、复印机等现代通信联络设备。

(6) 举行洽谈会、发布会等商务会议或休息之时所使用的适当场所。

(7) 餐饮以及有关展览时使用的零配件的提供。

(8) 供参展单位选用的礼仪、讲解、推销人员等。

9. 经费的预算

举办展览会的经费预算是不可忽视的,主要有以下几个方面:场地使用费,工作人员酬金,传播媒介设备租用费,宣传品、纪念品制作费用,交际联络费,运输费,保险费,预备金等。

三、展览会的礼仪要求

展览会上,不管是主办单位的人员、参展单位的人员,还是参观者,都应遵守展览会的程序,时刻用礼仪规范来约束自己的言行,使展览会能顺利进行。

1. 主办方人员的礼仪

(1) 注意形象。穿着要庄重,举止要文雅。

(2) 搞好与各参展单位的关系,做好各项服务工作。

(3) 对既定的展期、展位、收费标准等不能随意做改动。

(4) 主持人应表现得庄重、诚恳,以增强公众对展览会和产品的信赖感。

2. 参展方人员的礼仪

(1) 应具备与产品有关的专业素质。

(2) 掌握展览知识和技能,礼貌地对待每一位参观者,达到公众满意的效果。

(3) 统一着装,胸前佩戴标明本人单位、姓名、职务的胸牌。

(4) 礼仪小姐最好身着色彩鲜艳的单色旗袍,肩挂印制参展单位或其展品名称的红色绶带。

(5) 用热情、诚恳、平等的态度接待每一位参观者。

(6) 各尽其责,不得东游西逛,无故离岗。

(7) 绝不允许在参观者到来时坐卧不起,怠慢对方。

(8) 对于个别不遵守展览会规则,乱摸乱动展品的参观者,要以礼相劝。必要时,可请保安人员协助处理。

(9) 在讲解产品时,要注意语言流畅、音量适中。介绍的内容要实事求是,并突出自己展品的特色。必要时,还可做一些现场示范。讲解完毕,应对听众表示谢意。

四、参观者的礼仪

展览会的参观者要遵守展会秩序,服从有关工作人员的管理。

(1) 不在会场嬉笑打闹。

(2) 不乱动、乱拿展品。

(3) 与组织者共同维护展览会的秩序和声誉。

知识拓展　　　　　　展览会沟通小技巧

展览会现场,笑容非常重要。海外观众一般路过展位都会向咨询台人员抱以善意的笑容并且问好,在每天不同的时间,譬如早上说"Morning",下午的时间就可以用通用的"Hello",在问好的时候,千万要有眼神交流,表示礼貌。

如果有观众表示比较感兴趣,应当主动上前询问并解释,最好是友善地邀请他们坐下来谈。通常观众愿意坐下来以后,谈得也比较多、比较深,企业也可以从交谈中了解观众的真实想法和背景。

交谈过程中,最好先耐心地听观众自己讲对产品的需求以及特别的要求,千万不要在一开始就大谈自己的公司,要针对观众的需要介绍相应的内容。另外,适当地向观众展示产品实物,以及讲解生产工艺等,都会对交谈的产品起到积极推动的作用。

在交谈结束以后,记得和观众握手告别,交换名片。按照客户分类将客户资料整理成文档,并及时备注每个客户的追踪情况,通过电话了解采购商情况,制定相应解决措施。对不紧急的客户,耐心等待,隔几天再发邮件跟进。

任务四　赞助会礼仪

赞助会是指以赞助为主题的会议。为更好地达到举办赞助会的目标,主办方应从以下几个方面贯彻赞助会礼仪。

一、布置赞助会的会场

场所一般可选择受赞助者所在单位的会议厅。举行赞助会的会议厅内,灯光应当亮度适宜,在主席台的正上方,可悬挂一条大红横幅,以金色或黑色楷书书写"某单位赞助某项目大会"或者"某项目赞助仪式"等字样。前一种写法是突出赞助单位;后一种写法,则主要是为了强调接受赞助的具体项目。通常来讲,赞助会的整体风格是庄严而神圣的,因此赞助会的会场不宜布置得过度奢华张扬。否则,会使赞助单位对受赞助单位产生不务正业、华而不实的感觉,从而影响赞助会的效果。

二、选择赞助会人员

参加赞助会的人士,既要有充分的代表性,又不必在数量上过多。除赞助单位、受赞助单位双方的主要负责人及员工代表之外,赞助会应当重点邀请政府代表、社区代表、群众代表以及新闻界人士参加。在邀请新闻界人士时,特别要注意邀请那些在全国或当地具有较大影响力的电视、报纸、广播等媒体人员与会。赞助会的整体风格是庄严而神圣的,因此所有参与赞助会的各界人士,皆需身着正装,修饰仪表,并且检点个人的举止行为。

三、安排赞助会议程

依照常规,一次赞助会的全部时间应不长于1h。因此赞助会的具体会议议程,必须既周密又紧凑。

1. 主持人宣布赞助会正式开始

赞助会的主持人,一般应由受赞助单位的负责人或公关人员担任。在宣布正式开会前,主持人应恭请全体与会者各就各位,保持肃静,并且邀请贵宾到主席台上就座。宣布赞助会正式开始。

2. 奏国歌

奏国歌前,全体与会者起立。在奏国歌后,还可奏本单位标志性歌曲。有时,也可改为唱国歌、唱本单位标志性歌曲。

3. 赞助单位正式实施赞助

赞助单位的代表首先出场,宣布其赞助的具体方式或具体数额。随后,受赞助单位的代表上场,双方热烈握手。接下来,由赞助单位的代表正式将标有一定金额的巨型支票样本或实物清单双手捧交给受赞助单位的代表,必要时,礼仪小姐应为双方提供帮助。若赞助的物资重量、体积不大,也可由双方在此刻当面交接。在此过程之中,全体与会者应热烈鼓掌。

4. 赞助单位代表发言

赞助单位代表发言的内容,重在阐述赞助的目的与动机。与此同时,还可以对本单位的简况略作介绍。

5. 受赞助单位代表发言

代表受赞助单位的发言者,一般应为受赞助单位的主要负责人或主要受赞助者。其发言的重心,应当集中在对赞助单位的感谢方面。

6. 来宾代表发言

根据惯例,可邀请政府有关部门的负责人作为来宾代表发言讲话。讲话的内容主要是肯定赞助单位的善举,并向全社会倡导团结友爱的美德。该项议程有时也可略去。至此,赞助会即可宣告结束。

7. 赞助会后

在赞助会正式结束后,赞助单位、受赞助单位双方的主要代表以及会议的主要来宾,通常应当合影留念。此后,宾主双方可晤谈片刻,然后来宾即应一一告辞。在一般情况下,在赞助会结束后,东道主大都不为来宾安排膳食。如确有必要,则至多略备便餐,而绝对不宜设宴待客。

四、效果评估

赞助活动的评估工作,一般应由赞助单位的公关部牵头负责,形成书面报告,提交本单位的决策机构及各主要负责人,以供参考。重点评估以下四方面的情况。

(1) 将实施效果与先期计划相比照。
(2) 评价社会各界对赞助活动的认同程度。
(3) 及时发现赞助活动的长处与不足。
(4) 了解赞助活动在实施过程中所出现的问题。

知识拓展　　　　　赞助要注意的问题

(1) 注重社会效益。赞助活动是一种讲求社会效益的活动。通过活动开展,树立形象,扩大影响,培养感情。在赞助项目的选择上,要优先考虑慈善事业、社会福利事业、教育事业的赞助。

(2) 选择适当时机。赞助活动有一个利用时机和选择时机的问题,一般可以考虑一些重大活动、重要节庆日。例如,利用教师节奖励教师;利用重阳节赞助敬老活动;利用环保日赞助环保活动等。

(3) 运用恰当方式。赞助的方式有很多,采用哪种方式最恰当、效果最好,需要慎重选择。根据对赞助数额的承受能力,可以选择冠名权等影响较大的方式。其他如署名权、广告权、登载鸣谢等方式,也能收到较好的效果。

(4) 遵守赞助礼仪。赞助活动中要遵守一定的规范,按照规范做法举行赞助捐赠仪式。

商讨赞助事宜时,要充分协商。对明显不能满足要求的征募者,应当坦诚相待,解释清楚政策或条件的限制。

任务五 茶话会礼仪

茶话会,顾名思义,是饮茶谈话之会。在我国,茶话会已经成为各阶层人士进行互相谈心、表示情谊、交流感情的传统形式。它是由茶会和茶宴演变而来的,集聚会品茶于一体,内容轻松,是社交色彩最为浓重,而商务色彩最为淡薄的一种类型。人们一般都喜欢参加茶话会。茶话会礼仪在商务礼仪之中特指有关商务单位召开茶话会时所应遵守的礼仪规范。

一、会议准备

会前准备主要涉及会议的主题、来宾的确定、时空的选择、举行的时机、举行的时间、时间的长度、会场的布置、座次的安排、茶点的准备。

1. 会议的主题

茶话会的主题,特指茶话会的中心议题。在一般情况下,商务所召开的茶话会,其主题大致可分为以下三类。

(1) 以联谊为主题。以联谊为主题的茶话会是平日所见最多的茶话会。它的主题,是为了联络主办单位同应邀与会的社会各界人士的友谊。在这类茶话会上,宾主通过叙旧与答谢,往往可以增进相互之间的进一步了解,密切彼此之间的关系,除此之外,它还为与会的社会各界人士提供了一个扩大社交圈的良好契机。

(2) 以娱乐为主题。以娱乐为主题的茶话会,主要是指在茶话会上安排了一些文娱节目或文娱活动,并且以此作为茶话会的主要内容。这一主题的茶话会,主要是为了增加热烈和喜庆的气氛,调动与会者人人参与的积极性。

(3) 以专题为主题。所谓以专题为主题的茶话会,是指在某一特定的时刻,或为了某些专门的问题而召开的茶话会。它的主要目的,是主办单位就某一专门问题听取某些专业人士的见解,或者是同某些与本单位存在特定关系的人士进行对话。

2. 来宾的确定

茶话会的与会者,除主办单位的会务人员之外,即为来宾。邀请哪方面的人士参加茶话会,往往与其主题存在着直接的因果关系。因此,主办单位在筹办茶话会时,必须围绕其主题来邀请来宾,尤其是确定好主要的与会者。

在一般情况下,茶话会的主要与会者,大体上可被区分为四种情况:本单位的人士、本单位的顾问、社会上的贤达、各方面的人士。

茶话会的与会者名单一经确定,就应立即以请柬的形式向与会者提出正式邀请。按惯例,茶话会的请柬应在半个月之前被送达或寄达被邀请者之手。

3. 时空的选择

一次茶话会要取得成功,其时间、空间的具体选择,都是主办单位必须认真对待的事情。

4. 举行的时机

在举行茶话会的时间问题上,举行的时机问题是头等重要的。唯有时机选择得当,茶话会才会产生应有的效益。通常认为,辞旧迎新之时、周年庆典之际、重大决策前后、遭遇危险挫折之时,都是商务单位酌情召开茶话会的良机。

5. 举行的时间

根据国际惯例,举行茶话会的最佳时间是下午 4:00 左右。有些时候,也可将其安排在上午 10:00 左右。需要说明的是,在具体进行操作时,可不必墨守成规,而主要应以与会者尤其是主要与会者的方便与否以及当地人的生活习惯为准。

6. 时间的长度

对于一次茶话会到底举行多久的问题,可由主持人在会上随机应变,灵活掌握。也就是说,茶话会往往是可长可短的,关键是要看现场有多少人发言,发言是否踊跃。不过在一般情况下,一次成功的茶话会,大都讲究适可而止。若是将其限定在 1~2h,它的效果往往会更好一些。

7. 会场的布置

在选择举行茶话会的具体场地时,还需同时兼顾与会人数、支出费用、周边环境、交通安全、服务质量、档次名声等诸多问题。按照惯例,适宜举行茶话会的大致场地主要包括:一是主办单位的会议厅;二是宾馆的多功能厅;三是主办单位负责人的私家客厅;四是主办单位负责人的私家庭院或露天花园;五是包场高档的营业性茶楼或茶室。餐厅、歌厅、酒吧等处均不宜用来举办茶话会。可以根据茶话会的内容和季节的不同在席间或室内布置一些鲜花,如在夏季以叶子嫩绿、花朵洁白的茉莉为宜,使人有清幽雅洁之感;如在冬季,则以破绽吐香的腊梅和生机盎然的水仙为宜,使人感受到春天的气息。如果是婚礼茶话会,则以红艳的鲜花为好,以示新婚夫妇的幸福和美满。当然,由于条件所限,对花种的选择会有局限性,但不论选用什么花种,对颜色的选择应与茶话会的内容相协调。

8. 座次的安排

同其他正式的工作会、报告会、纪念会、庆祝会、表彰会、代表会相比,茶话会的座次安排具有自身的鲜明特点。从总体上来讲,在安排茶话会与会者的具体座次时,必须使之与茶话会的主题相适应。具体而言,根据约定俗成的惯例,目前在安排茶话会与会者的具体座次时,主要采取以下四种方法。

(1) 环绕式。所谓环绕式排位,是指不设立主席台,而将座椅、沙发、茶几摆放在会场的四周,不明确座次的具体尊卑,而听任与会者在入场之后自由就座。这一安排座次的方式,与茶话会的主题最相符,因而在当前流行面最广。

(2) 散座式。所谓散座式排位,多见于举行于室外的茶话会。它的座椅、沙发、茶几的摆放,貌似散乱无序,四处自由地组合,甚至可由与会者根据个人要求而自行调节,随意安置。其目的是要创造出一种宽松、舒适、惬意的社交环境。

(3) 圆桌式。所谓圆桌式排位,是指在会场上摆放圆桌,请与会者在其周围自由就座的一种安排座次的方式。在茶话会上,圆桌式排位通常又分为下列两种具体的方式:一是仅在会场中央安放一张大型的椭圆形会议桌,请全体与会者在其周围就座;二是在会场上安放数张圆桌,请与会者自由组合,各自在其周围就座。当与会者人数较少时可采用前者;当与会者人数较多时,则应采用后者。

(4) 主席式。在茶话会上,主席式排位并不意味着要在会场上摆放主席台,而是指在会场上,主持人、主人与主宾应被有意识地安排在一起就座,并且按照常规,居于上座之处。例如,中央、前排、会标之下或是面对正门之处。

就总体而论,为了使与会者畅所欲言,并且便于大家进行交际,茶话会上的座次安排尊卑并不宜过于明显。不排座次,允许自由活动,不摆与会者的名签,乃是常规做法。

9. 茶点的准备

茶话会有别于正式的宴会,不上主食,不安排品酒,而是只向与会者提供一些茶点。无论是主办单位还是与会者,大家都应当明白,茶话会是重"说"不重"吃"的,所以没有必要在吃的方面去过多地下功夫。设想一下,若是在茶话会上上了美酒佳肴,大家一味地沉浸于口腹之乐,哪里还有闲情逸致去发表高见呢?

在茶话会上,为与会者所提供的茶点,应当被定位为配角。虽说如此,在具体进行准备时,需注意以下几点讲究。

对于用以待客的茶叶与茶具,务必要精心进行准备。选择茶叶时,在力所能及的情况之下,应尽力挑选上等品,切勿滥竽充数。与此同时,要注意照顾与会者的不同口味。对中国人来说,绿茶老少皆宜。而对欧美人而言,红茶则更受欢迎。

在选择茶具时,最好选用陶瓷器皿,并且讲究茶杯、茶碗、茶壶成套,千万不要采用玻璃杯、塑料杯、搪瓷杯、不锈钢杯或纸杯,也不要用热水瓶来代替茶壶。所有的茶具一定要清洗干净,并且完整无损,没有污垢。

除主要供应茶水外,在茶话会上还可以为与会者略备一些点心、水果或是地方风味小吃。需要注意的是,在茶话会上向与会者所供应的点心、水果或地方风味小吃,品种要对路,数量要充足,并且要便于取食。为此,最好同时将擦手巾一并上桌。

二、会议议程安排

在正常的情况下,商务所举办的茶话会的主要会议议程,大体有以下四项。

(1) 主持人宣布茶话会正式开始。在宣布会议正式开始之前,主持人应当提请与会者各就各位,并且保持安静。而在会议正式宣布开始之后,主持人还可对主要的与会者略加介绍。

(2) 主办单位的主要负责人讲话。主要负责人讲话应以阐明此次茶话会的主题为中心内容。除此之外,还可以代表主办单位,对全体与会者的到来表示欢迎与感谢,并且恳请大家今后一如既往地给予本单位更多的理解、更大的支持。

(3) 与会者发言。根据惯例,与会者的发言在任何情况下都是茶话会的重心所在。为了确保与会者在发言中直言不讳,畅所欲言,通常主办单位事先均不对发言者进行指定与排序,也不限制发言的具体时间,而是提倡与会者自由地进行即兴式的发言。有时与会者在同一次茶话会上,还可以数次发言,以不断补充、完善自己的见解、主张。

(4) 主持人略作总结。随后,即可宣布茶话会结束、散会。

三、会中的注意事项

根据会务礼仪的规范,茶话会的现场发言要想真正取得成功,重点在于主持人的引导得法和与会者的发言得体。假如在一次茶话会上没有人踊跃发言,或者与会者的发言严重脱题,都会导致茶话会的最终失败。

1. 主持人

在茶话会上,主持人所起的作用往往不止于掌握、主持会议,更重要的是要求他能够在现场上审时度势、因势利导地引导与会者的发言,并且有力地控制会议的全局。在众人争相发言时,应由主持人决定孰先孰后。当无人发言时,应由主持人引出新的话题,或者由其恳请某位人士发言。当与会者之间发生争执时,应由主持人出面调解。在每位与会者发言之前,可由主持人对其略作介绍。在其发言的前后,应由主持人带头鼓掌致意。万一有人发言严重跑题或言辞不当,还应由主持人出头转换话题。

2. 发言人及其他与会人员

有人讲话时,要认真倾听,不要随意打断他人,也不要显露出烦躁、心不在焉的情绪,更不要妄加评论他人的话语。如需发言时,可举手示意,也需注意谦让,不要与人进行争抢。发言用词、语气、态度要文明,神态要自然,仪态要端庄大方,过分拘谨和造作均会使人感到不快。当发言中需要肯定成绩时,一定要实事求是,戒阿谀奉承;提出批评时,态度要友善,切勿夸大事实,调侃挖苦;与其他发言者意见不合时,要注意"兼听则明",并且一定要保持风度。切勿当场对其表示出不满,或在私下里对对方进行人身攻击。同时,注意发言时应停止咀嚼食物,更要防止嘴角旁留有食物残留物。

3. 自由交谈

自由交谈时不要独坐一角,纹丝不动,而应与左右交谈,尽快找到共同的话题,打破僵局,融洽气氛。在交谈中,幽默风趣的语言在茶话会上是受欢迎的,但要避免乱开玩笑,伤害他人自尊;行为举止也不能无一点约束,随便走动,推推拉拉,这样的话茶话会就被搅乱了。

总之,参加茶话会的每一个人都有义务维护茶话会的气氛,不使茶话会冷场,也不可使秩序太乱。

四、会后送客

按惯例在茶话会结束之后,主办单位应礼送与会者。通常不再为与会者备餐。

 知识拓展   **奉 茶 礼 仪**

(1) 俗话说:茶浅酒满。茶不要太满,以八分满为宜。

(2) 水温不宜太烫,以免客人不小心被烫伤。有些茶的冲泡也以 80℃、90℃为宜。

(3) 有两位以上的访客时,用茶盘端出的茶色要均匀。要左手捧着茶盘底部,右手扶着茶盘的边缘。

(4) 如有茶点心,应放在客人的右前方,茶杯应摆在点心右边。

(5) 上茶时应以右手端茶,从客人的右方奉上,并面带微笑,眼睛注视对方。

(6) 以咖啡或红茶待客时,杯耳和茶匙的握柄要朝着客人的右边,此外要替每位客人准备一包砂糖和奶精,将其放在杯子旁或小碟上,方便客人自行取用。

(7) 喝茶的环境应该静谧、幽雅、洁净、舒适。

(8) 选茶也要因人而异,如北方人喜欢饮香味茶,江浙人喜欢饮清芬的绿茶,闽粤人则喜欢醇郁的乌龙茶、普洱茶等发酵茶、半发酵茶。

(9) 茶具可以用精美独特的,也可以用简单质朴的。

(10) 喝茶的客人也要以礼还礼,双手接过,点头致谢。

(11) 品茶时,讲究小口品饮,一苦二甘三回味,其妙趣在于意会而不可言传。

(12) 可适当称赞主人茶好。

(13) 壶中茶叶可反复浸泡3~4次,客人杯中茶饮尽,主人方可为其续茶,客人散去后,方可收茶。

课后习题

一、简答题

1. 参展商参加展览会应遵循哪些礼仪规范?
2. 公司会议工作流程有哪些?
3. 列举适合举行茶话会的场地。
4. 简答新闻发布会仪式的礼仪。
5. 简答展览会的礼仪规范。

二、案例分析

S股份有限公司董事会召开洽谈会,讨论从国外引进化工生产设备的问题,秘书小李负责为与会董事准备会议所需文件资料。

因有多家国外公司竞标,所以材料很多。小李由于时间仓促就为每位董事准备了一个文件夹,将所有材料放入文件夹,有三位董事在会前回复说将有事不能参加会议,于是小李就未准备他们的资料。不想,正式开会时,其中的两位又赶了过来,结果会上有的董事因没有资料可看而无法发表意见,有的董事面对一大摞资料不知从何处着手,从而影响了会议的进度。

讨论:

1. 在文件准备过程中有什么问题?
2. 本案例给我们什么启示?

三、实践训练

情景模拟:新闻发布会。

背景介绍:关注"3·15"晚会曝光情况。分配学生担任新闻发布会的主持人、发言人、会场服务人员、媒体记者的角色,演练召开新闻发布会的场景。

任务安排:将学生分为三组,以组为单位展开。

(1) 安排第一组学生在媒体上收集有关报道,为出演主持人、发言人、媒体记者的学生编写台词。

(2) 安排第二组学生担任新闻发布会主持人、发言人、媒体记者,掌握有关问题。

(3) 安排第三组学生担任会场服务人员,负责发布会会场的有关准备工作。教师现场指导。

操作内容:组织一次展览会开幕仪式。

1. 操作标准

将学生按每组 4~6 人分组,每组模拟展览会开幕仪式现场演示。要求编制一份开幕式程序,按照程序进行;可由学生自己拟定重要领导和来宾名单并分别扮演相关角色。用摄像机、数码相机或手机记录博览会开幕式过程,开幕式结束后回放过程,学生进行相互评价,教师最后总结点评操作中的共性、个性问题。

2. 操作示范

组织博览会开幕式是开业仪式常见的形式之一,通常要注意以下几点。

(1) 举办活动应及早筹划与确定。邀请国外、境外人士前来参加活动,至少于半年前发出邀请,并寄送相关说明资料。

(2) 由多个机构共同举办的活动,要事先明确各自职责分工,避免多头指挥、多头对外,让嘉宾无所适从。

(3) 确定开幕时间,应充分考虑当地交通、气候及工作习惯等因素,开幕式尽量按原定时间举行,避免时间过长。

(4) 开幕式主持人应以适当方式说明自己的身份(请礼仪小姐担任主持人除外)。

(5) 开幕式宣布的出席活动的领导人名不宜过多。在介绍"出席××活动的领导、贵宾"中不应包括主办单位的领导,应是外宾、外单位领导。一般情况下,各主办单位领导应排在宾客后面(主办单位领导是国家领导的则应先报);如有外国驻华大使参加的,其位置则应提前(因其是外国元首的代表)。

(6) 开幕式剪彩活动能免则免,确需安排剪彩的,剪彩人不宜多。为节约起见,应以彩带代替绸带。

(7) 在开场称呼中,可按国际惯例称"女士们、先生们",或"贵宾们、女士们、先生们",后面不必再加"朋友们、同志们"。

(8) 讲话中"欢迎""感谢"之类的句子要尽量归纳,以节省鼓掌时间。使用现场翻译时,应尽量控制场面,使讲话人与译员相配合,不要在中文讲完时中方人士立即鼓掌,应在翻译完后中外双方共同鼓掌,以示对外宾的尊重。

(9) 考虑翻译上的困难,讲话中避免使用国内工作中常用的缩略语或惯用语(如"三改一加强"等)。

(10) 对外讲话中(含文件、资料),宜用"中国""中国政府"等。

(11) 介绍地方或企业情况时,要突出重点,语言简练,一忌长篇大论,由古至今,人文地理,面面俱到;二忌数字堆砌(如有必要,可提供文字资料)。

(12) 展览开幕式不同于报告会,主办者或领导不宜长篇发言。要尽量简明具体,不必多说客套话。

(13) 重要活动中,要适时提醒出席者关掉手机等,或将其调至静音状态。

(14) 严格按展览规定的时间参展和撤展,不迟到,不早退。

(15) 展出时,接待观众要热情、主动、耐心,不要在馆内扎堆聊天或在摊位间相互乱窜,出现摊位无人照管现象。展馆和展位应保持清洁,注意防火、防盗。

项目五

职场办公礼仪

📌 学习目标

【知识目标】

1. 了解职场中的个人形象和言谈举止要求,掌握职场的工作规范。
2. 熟悉办公环境礼仪,掌握办公会议、座次安排的有关礼仪要求。
3. 掌握电话、手机、传真、电子邮件等通信办公手段的使用礼仪。

【能力目标】

熟悉职场交际中同事相处、上下级相处的礼仪。

【素养目标】

1. 接打电话时能遵循电话沟通的礼仪,使用礼貌用语,能妥善地处理特殊电话,文明使用手机。
2. 能遵守网络沟通的礼仪,正确运用网络沟通的策略进行网络沟通。

树立职业形象、
办公环境礼仪

通信、商务
文书礼仪

 情境导入

今年24岁的小杨进入一家新的单位。工作比以前好很多,工资待遇全面提高。由于工作性质,小杨经常和老板一起外出公干。每次和老板一起出外工作时,小杨特别卖力,竭尽所能地展现自己的公关才干,总是没等老板搞清楚情况就结束了谈判。小杨非常满意自己的表现,新的工作让小杨有了掌握且使用各种办公设备的机会。他经常趁同事不在时,自己复印些自用资料,或是给远在异乡的家人打电话。有时将公用的设备如数码相机带回宿舍,和其他室友一起摆弄,借以炫耀自己获得的工作特权。一次小杨的朋友来公司找小杨,小杨就在办公室里和朋友高谈阔论起来。老板经过时,小杨都没有停止聊天去和老板打招呼,也没有向朋友引荐自己的老板,因为他认为自己和老板很熟稔,不需要客套。半年后,小杨因为一个很小的工作失误被公司开除了。

该案例中,小杨在得到新的工作后,非常"珍惜"好的机会,努力工作,他总是在老板指示之前独立完成工作任务,还"以公司为家",公私不分,把公司的物品拿做私用,或是不重视办公场所的地点特性,在办公室里接待朋友,甚至忽视老板的存在,这些行为使得小杨失去了这份对他来说很有前途的工作。其实,根本原因就是小杨不懂得商务礼仪规范,没有遵循办公室行为准则,虽有工作能力,却缺乏职场综合素质。在和领导配合和相处过程中没有摆对自己的位置,在日常工作中没有注意将公私明确区分,最终导致失败。这说明,掌握商务工作礼仪在商务工作、活动中非常重要,是培养职业素质,提高工作能力的必经之路。

任务一　树立职业形象

一、办公场所里的个人形象

办公场所里的个人形象和言谈举止,既要得体恰当,又要讲究分寸,与办公场所的气氛、环境以及所从事的工作性质相协调。

1. 仪表要端庄、得体、大方

办公室既是工作场所也是公共场合,工作人员要注意个人的清洁卫生,保持仪表整洁、大方。如果单位有统一服装,那么无论男女,上班时间应尽量穿着工作服。如果没有统一着装,在办公室上班宜选较为保守的服装,男士以西装为主,女士着装要端庄、大方,不要过于夺目和暴露,也不要浓妆艳抹,可化职业淡妆。上班期间把自己打扮得分外妖娆、魅力四射的女性是会产生很多负面效应的。男士夏天时要注意不能穿拖鞋、短裤、背心甚至赤膊出现在办公室。休闲装、运动装、旅游鞋适合于郊游、室外活动,不适合办公室工作。

2. 举止要庄重、文雅、自爱

注意保持良好的站姿和坐姿,不要斜身倚靠办公桌,更不能坐在办公桌上面。不要在办公室里吃东西,尤其不要吃瓜子等出响声的食品。不要大声嚷嚷、指手画脚,谈话时注意身体距离1m左右为宜,过近(尤其异性)会令对方不自在,也不要过分亲昵地拍肩搂臂。

3. 说话要文明、谨慎、有分寸

(1) 不议论是非。在办公场合不议论领导、同事,也不议论公司里的是非短长。不要总是闲聊,不谈论格调不高的话题,尤其是小道消息。对于需要保密或暂不公开的消息,更不能猜测传播。办公室里聊天,说起来只图痛快,不看对象,事后往往懊悔不迭。把同事当知己的害处很多,职场是竞技场,每个人都可能成为你的对手,即便是合作很好的搭档,也可能突然变脸,以你曾经说过的话来攻击你。

(2) 不聊私人生活。在办公场合不谈及私人问题,更不能把同事当知己,无话不谈。心理学家调查发现,只有1%的人能严守秘密。所以,当你生活上出现危机,如失恋、婚变之类,最好不要在办公室随便找人倾诉;当你工作上出现危机,对老板、同事有意见看法时,不要在办公室抱怨、发牢骚。把自己的私域圈起来当成办公室话题的禁区,轻易不让人涉足,其实是非常明智的自我保护。

(3) 不谈论薪水问题。同工不同酬是老板常用的手段,但如果用不好,就容易引发员工之间的矛盾,而且最终会把矛头直指老板,这当然是他所不想看见的,所以,发薪时老板有意单线联系,不公开数额,并叮嘱不要让他人知道。如果你碰上喜欢打听薪水的同事,最好早做打算,当他把话题往工资上引时,你要尽早打断他,说公司有纪律不谈薪水;如果不幸他语速很快,没等你拦住就把话都说了,也不要紧,用外交辞令冷处理:"对不起,我不想谈这个问题。"有来无回一次,就不会有下次了。

(4) 不讲野心勃勃的话。你公开自己的进取心,就等于公开向公司里的同事挑战,或被认为年少轻狂,或被同事及上级看成威胁。你的价值体现在做多少事上,在该表现时表现,不该表现时就要低姿态一点,能人能在做大事上,而不在说大话上。

(5) 不要当众炫耀。不要谈论涉及家庭财产之类的话题,无论露富还是哭穷,在办公室里都显得做作,与其讨人嫌,不如知趣一点,不该说的话不说。就算你刚刚加薪,或是新买了别墅,或私用假期去欧洲玩了一趟,也没必要拿到办公室来炫耀,有些快乐,分享的圈子越小越好。被人妒忌的滋味并不好,因为容易招人算计。

(6) 不要好辩逞强。与人相处要友善,有话好好说,说话态度和气,让人觉得亲切。即使有了一定级别,也不要命令别人、指手画脚,更不能恶语伤人。虽然有时会意见不统一,但对于原则性不强的问题,可以不去计较;牵涉到工作原则的问题,可以摆事实、讲道理,以理服人。如果一味好辩逞强,只会让人敬而远之,时间长了,你就成了不受欢迎的人。

(7) 不要情绪激动。在办公室里要保持情绪平稳,不把各种不良情绪带到办公室来,尤其是不带着情绪处理公事,否则极有可能在接电话、接待客户时缺乏耐心、理智,与别人发生冲突,影响到公务效果和职业形象。

二、职场工作规范

1. 熟悉企业文化,执行企业制度

每家企业都有自己的企业文化,每家公司都有自己成文或不成文的制度和规则,要想顺利开展工作,首先就要了解熟悉这些文化和制度,知道做什么,哪些可以做,哪些不可以做,要做到什么标准,这样工作起来才有目标、有规范。在此基础上,还要增强对企业文化的认同感和责任感,自觉地在工作中遵守、执行。

2. 严格遵守上、下班时间

要严格按照工作守则和与公司签订的劳动合同,遵守工作时间和制度。

(1) 上班不迟到,至少提前5min到岗。上班迟到的习惯会使你显得缺乏敬业精神。即使上级对你的迟到没有多说什么,那也不表示他对此毫不在乎。作为一个尽职的下属,你至少应该比你的上级提前15min到达办公室。

(2) 工作时要坚守岗位,不随意空岗、串岗。

(3) 按时下班。到了下班时间,如果已经做完工作,可以向周围同事打个招呼,然后离开;如果同事还在忙,问他是否需要帮忙。下班前,应将办公桌整理干净,椅子放回原处。

(4) 上班时间临时离开,要和同事、领导打招呼,告知去向,以确保有事时可以随时找到你。

(5) 迟到要说明、缺勤要请假。迟到应直率地道歉并说明原因;事前知道要缺勤,应在前一天当面请假,并安排好工作;突然因事、因病缺勤,也要通过电话亲自向上级说明原因,并将急事安排好或委托给别人。除非病重才可让别人代为请假。假满上班后,要跟上级汇报,进行销假。

3. 工作热情主动,提高效率

每个上级都希望下属能干事、干成事,而工作业绩是一个人能力的最好证明。不管是职场新人,还是有工作经历的人,都要始终注意以下几点:工作态度要积极主动,接受工作要乐观、热情,不抱怨,不推诿;工作能力要不断培养提高,虚心请教、善于学习;工作作风要踏实认真、仔细严谨,不做表面文章,不粗疏马虎,不出差错;工作要高效、务实,按照时间要求,保质保量完成任务,不找借口,不拖拉。

4. 团队合作,透明竞争

现在许多行业看重团队合作,需要凝聚力,大家都讨厌玩弄阴谋、搬弄是非的人,愿意与有才气、有素质、志趣相投的人合作共事。所以,到一个单位工作之前,要调整好自己的观念,不要抱着同事是"对手""敌人"的狭隘观念。应与同事和平相处,树立"团队精神"和"合作精神",既各司其职,又团结协作;不要插手他人分管的工作,但要配合别人的工作,乐于帮助别人,工作中公平竞争,坦荡做事,遇有强手,只需提升自己,施展才华,在良性竞争中共同发展。

5. 请示上级,不得越级

每个单位都有自己的工作程序,处理公事应按照级别和程序请示。如果遇到需要请示的事时,首先要找直接主管的上级,切勿越级请示。即使对你的上级有意见,也要先获得他的同意,才可以向更高级领导请示。

6. 公私分明,遵守公德

在办公场合要公私分明,私人之事私人场所处理,不要把私事带到办公室来。不在办公室打私人电话;不在办公期间化妆、打扮;不在办公时间玩游戏、上网聊天;报销外勤、出差费用时要严守规定,不能弄虚作假、虚报金额;不要无限制地使用办公用品。办公室中的传真机、公函信封、信纸、纸杯和其他办公用品只是用于办公和接待,不可用于家庭和个人。使用时还要注意节约,如复印纸要正、反面使用,电灯、水龙头随手开关,杜绝长明灯、长流水。

礼仪故事　　　　　什么是最有价值的人

曾经有一个小国的人到中国来,进贡了三个一模一样的金人,金碧辉煌的,皇帝可高兴了。可是这小国的人同时出了一道题目:这三个金人哪个最有价值?皇帝想了许多的办法,请来珠宝匠检查,称重量,看做工,都是一模一样的。最后,一位退位的老大臣说他有办法。老大臣胸有成竹地拿着三根稻草,插入第一个金人的耳朵里,这稻草从另一边耳朵出来了;第二个金人的稻草从嘴巴里直接掉出来;而第三个金人,稻草进去后掉进了肚子,什么响动也没有。老臣说:第三个金人最有价值!使者默默无语,答案正确。

任务二　办公环境礼仪

一、办公场所的整洁

我们往往有这样的感觉,如果走进某个办公室,办公室里杂乱无章,办公桌椅随意摆放,桌面上文件成堆,报纸胡乱地摆在沙发上等,这样的办公室让人望而生畏,对办公室里的工作人员的素质和专业程度也会深表怀疑,所以办公场所的整洁十分重要。

1. 保持办公桌整洁

办公桌是办公用的地方,也是进入办公室办理公务的人员注意力最为集中的地方,办公桌摆放好了,办公环境就确立了一半。办公桌要向阳摆放,让光线从左方射过来,以合乎用眼卫生;案头不能摆放太多的东西,只摆放当天或当时需要处理的公文,其他书籍、报纸不能放在桌上,应归入书架或报架;除特殊情况,办公桌上不放水杯或茶具。招待客人的水杯、茶具应放到专门饮水的桌子上;不要将小件物品,如信笺、信封、胶水、笔、软盘等摊放在桌面上。笔应放进笔筒而不是散落在桌上。

2. 合理摆放书架、沙发

书架应靠墙摆放,这样比较安全。如果办公室里有沙发,最好远离办公桌,以免谈话时干扰别人办公。茶几上可以适当摆放装饰物,如盆花等。临时的谈话可在这一区域进行,较长时间的谈话或谈判应在专门的会议室。

3. 保持办公环境窗明几净

办公室办公人员比较多,不需特别进行修饰,但要做到窗明几净。窗玻璃应该经常擦拭,书架的玻璃门要保持洁净、透明,窗户要经常打开换气。办公室的地面要保持清洁,地毯要定期吸尘。办公室的门不应该关闭过紧,以免来访者误以为没人在,也不能用布帘遮挡。

4. 讲究电话清洁

电话是办公室的必备用品,但同时也是办公室的饰物。办公电话一般摆放在专用电话桌上;无电话专用摆放桌的,也可以摆放在办公桌的角上。电话机要经常清理,用专用消毒液进行擦洗,不能粘满尘土和污垢。一间办公室是否清洁,电话机的清洁度是一个重要标志。

5. 定期整理杂物

办公室中不宜堆放积压物品,堆积物会影响观瞻,给来访人员留下脏乱差的印象,要经常清理办公室里的废弃物。办公室的墙切忌乱刻乱画,不在办公室的墙上记录电话号码或张贴记事的纸张,不摆放私人相片及悬挂明星海报。墙面可悬挂地图或与公司有关的图片。

6. 适当进行绿化

宽敞的办公室可以放置盆花或绿色植物,但要经过仔细选择,一般不用盛开的鲜花装点办公室,过艳的色彩会影响来访者的注意力;可选用以绿色为主的植物,绿色植物可给人以舒适感,调节情绪。对绿色植物要经常浇灌和整理,不能让其枯萎而出现黄叶。可以在绿叶上喷水,使其保持葱绿色。花盆的泥土不能有异味,肥料要经过精选,避免引来苍蝇或滋生寄生虫,这样反而会给办公室带来污染。

7. 注意吸烟事项

不要在室内禁烟区吸烟;不要在不吸烟的同事面前吸烟;吸烟时切不可把烟雾喷向他人;不要乱弹烟灰、乱扔烟头或烟盒,烟头应完全熄灭,以防火灾。

8. 注意用餐卫生

在办公室吃饭,时间不要太长。吃起来乱溅以及声音很响的、有强烈味道的食品最好不吃。食物掉在地上最好马上捡起扔掉。餐后将桌面和地面打扫干净是必须做的事情。使用一次性餐具,吃完立刻扔掉,不要长时间摆在桌子或茶几上;如果突然有事情了,要礼貌地请同事代劳。容易被忽略的是饮料罐,只要是开了口的,长时间摆在桌上总是有损办公室雅观。总之,办公场所一定要整洁,才能体现效率与专业性。

二、开关门的礼仪

一般情况下,无论是进出办公大楼或办公室的房门,都应用手轻推、轻拉、轻关,态度谦和,讲究顺序。进出房门时,开关门的声音一定要轻,乒乒乓乓地开关门是十分失礼的。进入他人的房间一定要先敲门,敲门时一般用食指有节奏地敲两三下即可。如果与同级、同辈者一同进入,要互相谦让一下。走在前边的人打开门后要为后面的人拉着门。假如是不用拉的门,最后进来者应主动关门。如果与尊长、客人一同进入,应当视门的具体情况随机应变,下面介绍通常的几种开关门的方法(图5-1)。

(1) 朝里开的门。如果门是朝里开的,引领者应先入内拉住门,侧身再请尊长或客人进入。

(2) 朝外开的门。如果门是朝外开的,引领者应打开门,请尊长、客人先进。

(3) 旋转式大门。如果陪同上级或客人走的是旋转式大门,应自己先迅速过去,在另一边等候。

图5-1 开关门的礼仪

无论进出哪一类门,在接待引领时,一定要"口""手"并用且到位,即运用手势要规范,同时要说诸如"您请""请走这边""请各位小心"等提示语。

三、电梯礼仪

1. 注意安全

(1) 当电梯开、关门时,不要抢时间扒门或是强行挤进、挤出。

(2) 电梯人数超载时,不要心存侥幸、非进不可。

(3) 电梯在升降途中因故暂停,按紧急呼叫铃后等待救援,不要冒险攀援。

2. 注重次序

(1) 与不认识的人同乘电梯,谁较接近电梯门口谁先上下电梯,依次出入,以免挡路。搭乘较为拥挤的电梯时,电梯门一旦开启,即使不是你要到的楼层,如果你站在最外面,也要主动先出去,方便后面的人有空间走出来。

(2) 与熟人或客人同乘电梯,应视电梯类别而定。进入有人管理的电梯,应让尊长、女士、客人先进先出,以示尊重;进入无人管理的电梯,本人应先进去、后出来,便于服务、控制电梯开关。

3. 注意文明

(1) 不要在电梯内吸烟。

(2) 不要在电梯内大声喧哗、打闹。
(3) 不要故意凝视他人。
(4) 不小心踩到别人,要立即道歉。

 知识拓展　　　　　　　　**排序的规则**

1. 遵守惯例

(1) 排列会议顺序,按照英语字母顺序排列。
(2) 体育比赛,按照字母顺序排列。

事实上,历届奥运会都是以举办国家的字母表顺序确定开幕式入场顺序的。1988年汉城(现称首尔)奥运会,就是依照韩语字母表顺序安排各代表团的入场顺序,作为奥运会的发源地,希腊的代表团第一个入场,随后是加纳和加蓬。

2008年4月,在国际奥委会联合会全会上,北京奥组委提出"将按照汉字笔画顺序制定入场顺序",按照这一原则,如果代表团第一个字的笔画相同,就按第2个字的笔画来确定排序,以此类推。第一个是希腊(因其为奥运会发源地),第二个是几内亚,第三个是几内亚比绍。

(3) 中国民主选举按照姓氏汉字笔画排列。

2. 内外有别

(1) 礼仪规矩更多用于招呼客人和正式场合。
(2) 家庭成员、熟人之间则不必太过严格。

3. 中外有别

公务礼仪、政府礼仪讲的是中国传统习俗,有中国特色的做法。中国传统习俗是左高右低,中文是讲前后、左右,说明左比右高、前比后高。

国际惯例排座次的做法跟中国传统排法正好相反,国际惯例是右高左低,英文里左右的标准化说法是 right and left(右和左),以右为上是国际惯例,而以左为上是我国传统。

4. 掌握技巧——当事人之间左和右

面门为上(良好视野为上);居中为上(中央高于两侧);以右为上(遵循国际惯例);前排为上(适用所有场合);以远为上(远离房门为上)。

任务三　通信礼仪

一、商务通信礼仪概述

通信是人们利用一定的通信设备,来进行传送消息或音讯。被传递的消息或音讯,既可以是语言、文字、符号,也可以是表格、图像。当今世界科技发展迅猛,通信是人们必不可少的一种交流方式,特别是商务人士使用得更加频繁。在日常生活里,商务人士接触最多的通信手段,主要有信函、电话、电报、电传、传真、电子邮件等。通信礼仪即指在利用上述各种通信手段传送消息或音讯时,所应遵守的礼仪规范。通信礼仪包括纸质通信礼仪和电子通信礼仪。纸质通信有一般书信、感谢信、慰问信、贺信信函类,以及礼仪电报和卡片类等。在信函的书写格式、常用文书形式等方面都有传统的礼仪规范;电子通信礼仪有电话礼仪、传真、电报等电子通信工具礼仪以及网络通信礼仪等。

1. 商务通信礼仪所包含的内容

通信礼仪包括纸质通信礼仪、电子通信礼仪两大类型。无论是信函往来、电话接听,还是网络交流的通信方式,都是以交流信息、表达情感、沟通联络为目的,为商务交往活动服务的交际手段。这些手段运用得是否合理、是否得体、是否遵循了交际的既定规范,都将影响商务活动的效果。作为商务人士,在通信中要注重通信礼仪,给予交往对象充分的礼遇,这样才能给对方留下良好的印象,所开展的商务活动工作才能顺利地进行。

2. 通信礼仪基本要求

(1) 相互尊重。商务礼仪的核心作用是体现人与人之间的相互尊重。商务通信也应遵循这一基本原则,不论以信函还是电子信息传递消息、沟通交流,都应在文字上、信息内容上、传递方式上体现出尊重。例如,信函礼仪中有不可以使用不正规的纸张书写、不可以用红笔书写等具体的要求,否则被视为对收信人的不敬。

(2) 传承传统形式,发扬新成礼范。通信交际自古就有,中西方的传统文化关于通信的既定礼俗部分应加以继承和发展。在书信往来中,中西方都各有自己不同的固定格式和书写习惯。在涉外商务交往中,应特别注意使用收信人所习惯的书写形式,而在使用新型通信设施时,应多采用最广为接受的形式。例如,如今在传统的节日里,很多人喜欢用手机短信的形式传递对友人的祝福。

二、电话礼仪

随着科学技术的发展和人们生活水平的提高,电话的普及率越来越高,人们离不开电话,每天要接、打大量的电话。打电话看起来很容易,对着话筒跟对方交谈,觉得比当面交谈还要简单。其实打电话大有讲究,可以说是一门学问、一门艺术。

电话被现代人公认为便利的通信工具,在日常工作中,使用电话的语言很关键,它直接影响着一个部门的声誉;在日常生活中,我们通过电话也能粗略判断对方的人品、性格。因而,掌握正确的、礼貌的打电话方法是非常必要的。否则,不仅会影响个人工作,还会有损公司形象。

(一) 拨打电话

1. 选择对方方便的时间

(1) 公务电话应尽量打到对方单位,最好避开临近下班的时间,因为这时打电话,对方往往急于下班,很可能得不到满意的答复。

(2) 打国际长途要了解时差。

(3) 谈公事不要占用他人的私人时间,尤其是节假日时间。

(4) 社交电话最好不要在工作时间打,以免影响他人工作。

(5) 不要在他人休息时间打电话,若确有必要往对方家里打电话时,应注意避开吃饭或睡觉时间;早晨 8:00 以前、晚上 10:00 以后不宜打电话到他人家里。

2. 注意控制时间

每个人上班都要处理大量公务,单位里的电话是用来处理公务的,所以主叫方应当自觉地、有意识地将每次通话的时间限定在3min之内,尽量不要超过。为了节约他人和自己的时间,应做到以下几点。

(1) 事先准备。通话之前,最好把对方的姓名、电话号码、通话要点等通话内容列出一张清单,这样可以避免发生现说现想、缺少条理、丢三落四的情况。

(2) 简明扼要。电话内容应言简意赅,切忌长时间占用电话聊天。办公室的电话用于办公,最好不要在上班时间打私人电话;商务通话,最忌讳说话吞吞吐吐,含糊不清,东拉西扯。寒暄后,就应直奔主题,不要讲空话、废话、无话找话、短话长说。

(3) 适可而止。要讲的话已说完,就应果断地终止通话。有人觉得,别人都还没有意思要挂电话,自己先挂好像不礼貌,所以,有的公司规定,要在对方挂了电话之后,自己才能挂;按照电话礼仪,一般应该由通话双方中地位高者终止通话。如果双方地位平等,那么,作为主叫方,应该先挂。

3. 注意礼貌

电话接通后,除首先问候对方外,别忘记自报单位、职务、姓名。必要时,应询问对方是否方便,在对方方便的情况下,再开始交谈。开口就打听自己需要了解的事情、咄咄逼人的态度是令人反感的。请人转接电话,要向对方致谢,由于某种原因,电话中断了,要由打电话的人重新拨打通话。完毕时应道声"再见",然后轻轻放下电话。

4. 将笑容融入声音

当打电话给某单位,若一接通,就能听到对方亲切、优美的招呼声,心里一定会很愉快,使双方对话能顺利展开,对该单位也有了较好的印象。打电话时虽然相互看不见,但说话声音的大小,对待对方的态度,包括语调和心情这些看不见的风度表现,都通过电话传给了对方。商务人员应该用声调表达出诚恳和热情,声音悦耳,音量适中,这是最简单、最起码的礼貌,如果要使自己电话里的声音好听,可以试一试带着微笑说:"你好,这里是××公司。"不仅能给对方留下好的印象,对方对你所在的单位也会有好印象。因此要记住,接电话时,应有"我代表单位形象"的意识。

(二) 接听电话

1. 接听及时

电话铃声响起后,应尽快接听,最好响两次后拿起话筒,不要让铃声响过五遍。当今工作人员业务繁忙,电话铃声响一声大约3s,若长时间无人接电话,或让对方久等,都是很不礼貌的,对方在等待时心里会十分急躁,对你的单位也会留下不好的印象。

电话铃响了许久才接电话,要在通话之初向对方表示歉意;不要在铃声才响过一次就接电话,这样会令对方觉得突然。

2. 了解来电话的目的

上班时间打来的电话几乎都与工作有关,公司的每个电话都十分重要,不可敷衍,即使对方要找的人不在,切忌只说"不在"就把电话挂了。接电话时也要尽可能问清事由,避免误事。我们首先应了解对方来电话的目的,如自己无法处理,也应认真记录下来,委婉地探求对方来电目的,就可不误事,而且赢得对方的好感。

3. 礼貌应答

拿起话筒后,首先向对方问好,然后自报家门:"您好,这里是公司××部。"电话用语应文明、礼貌,态度应热情、谦和、诚恳,语调应平和,音量要适中。切忌拿起电话劈头就问:"喂!找谁?"也一定不能用很生硬的口气说:"他不在""打错了""没这人""不知道"等语言。

接电话时,对对方的谈话可做必要的重复,重要的内容应简明扼要地记录下来,如时间、地点、联系事宜、需解决的问题等。

电话交谈完毕时,应尽量让对方结束对话,若需自己来结束,应解释、致歉。通话完毕后,要向对方道"再见",等对方放下话筒后,再轻轻地放下电话,以示尊重。

接到误拨的电话,应礼貌相对。不能恶狠狠地说"打错了!"然后用力把电话挂上。

4. 分清主次

接听电话过程中绝对不能吸烟、喝茶、吃零食,即使是懒散的姿势,对方也能够"听"得出来。如果你打电话的时候,弯着腰躺在椅子上,对方听你的声音就是懒散的、无精打采的;若坐姿端正,所发出的声音也会亲切悦耳,充满活力。因此打电话时,即使看不见对方,也要当对方就在眼前,尽可能注意自己的姿势。

会议期间如有人打来电话,可向其说明原因,并表示歉意,会后联系。

接听电话时,又有电话打来,千万不能不接,可对正在通话的一方说明原因,然后接听另一个电话,请对方稍候再拨,然后继续方才的电话。

(三) 代接电话

1. 以礼相待,尊重隐私

当来电话的人说明找谁之后,不外乎三种情况:一是刚好是本人接电话;二是本人在,但不是他接电话;三是他不在办公室里。第一种情形,接话人说:"我就是,请问您是哪位?"第二种情形,接话人说:"他在旁边,请稍候。"第三种情形,接话人则说:"对不起,他刚好出去,您需要留话吗?"不能过分追问对方情况。例如,你找他有什么事,你是他什么人,这些都是非常失礼的表现,你应说:"请稍等!"如果没有看见对方要找的人,要立即告之:"对不起,他不在,需要(方便)我转告什么吗?"待询问对方姓名后,再说"本人不在",这样很容易引起对方的误解。

2. 把握分寸,妥善处理

若熟人找领导且领导在的话,就立即转告,让领导接电话,在把电话转给领导时,先要清楚表达"××公司××先生打来的电话",同时,要把从对方得到的消息,简洁、迅速地传达给领导,以免对方再重复一次,同时让你的领导有一个思想准备,若是领导不愿意接的电话,对于需要搪塞的场合,则应灵活应对。恰当地把握讲话的分寸,按领导意图妥善处理;有时需要机智巧妙,避免给领导接通他所不想接的电话,秘书有责任使领导回避浪费时间的、不必要的电话,有责任辨别领导乐于和哪些人通电话,并应通晓如何巧妙地对待他人。例如,可以这样说:"对不起,先生,领导刚离开办公室"或"我不知何时能找到他。"

若领导正忙或已出差无法接电话时,可让对方留话,表示会主动联系。

3. 记忆准确，做好记录

若对方要找的人不在时，应温和地转告对方，并可主动提出是否需要帮助，是否可找别人讲话以及对方的电话号码等，以便再与其联络，而绝不要简单地回答"他不在"，这样会显得鲁莽无礼。要是对方有留言，必须确实记住以下留言内容。

（1）何时何人来的电话？

（2）有何要事？

（3）需要回电话吗？

（4）回电话的对象是谁，如何称呼？

（5）是否再打过来？

（6）对方电话号码等。

记完后要复述一遍，并告知其请放心，一定转告。

4. 及时传达，不可误事

当见到对方所要找的人时，应立刻将电话内容告知对方；或把留言条放到留言对象的桌上，以便他回来时能立刻看到。

千万不要小看这些商务电话的细节，如果能够很好地运用这些电话礼仪，就能让客户觉得你训练有素，值得信赖。如果公司的每一个员工都有正确得体的电话礼仪，其效果无异于塑造了一个电话里的公司形象。

三、通信礼仪

（一）传真、邮件、网络通信礼仪

1. 掌握发送传真规范

传真，又称传真电报，是利用光电效应，通过安装在普通电话上的传真设备，将文件、资料、图表等进行即时传递的通信方式，传真能够方便地发送文字或图片的原貌，并即时打印出来，这是其他通信设备无法比拟的优势。发送传真时最容易出现的问题是，疏忽一些必要的注释，给收到传真的一方造成困惑。例如，收到传真欲回复时，却发现对方没有留下相应的电话号码，无法及时沟通；在发送传真时，应检查是否注明了本公司的名称、发送人姓名、发送时间以及自己的联络电话。同时应为对方写明收传真人的姓名、所在公司、部门等信息。所有的注释均应写在传真内容的上方，如果传真机设定在自动接受的状态，发送方应尽快通过其他方式与收件人取得联系，确认对方是否收到传真。收到传真的一方也应给予及时回复，避免因任何的疏漏造成传真丢失等不良后果。在重要的商务沟通中，任何信息的丢失都可能造成时间的延误甚至影响合作业务，这样的细节不可轻视。

2. 掌握网络礼仪规范

随着科技的发展和计算机的普及应用，网络已经成为人们工作和生活的一部分，人们登录互联网、浏览网页、通过互联网获取资料或使用电子邮件联系沟通已经越来越普遍。为了使网络沟通更顺畅、人们交流更和谐，学习并运用相关的礼仪规范就显得非常必要了。发送电子邮件时需要注意以下几点。

（1）主题要明确。主题是接收者了解邮件的第一信息，因此要提纲挈领，使用有意义的主题,这样可以让收件人迅速了解邮件内容,并判断其重要性;标题文字要简短,不宜冗长,一封信尽可能只针对一个主题,便于对方阅读和收藏;回复对方邮件的标题可以根据内容需要进行更改;可适当使用大写字母或特殊字符(如"*或!"等)来突出标题,引起收件人注意,但应适度,特别是不要随便使用"紧急"之类的字眼。

(2) 语言要流畅。行文要通顺流畅,多用简单词语和短句,准确清晰地表达,尽量不用生僻字、异体字,不用长句和晦涩语言,引用数据、资料时,则最好标明出处,以便收件人核对。

(3) 内容要简洁。电子邮件内容应当简明扼要,短小精练,便于阅读。选择便于阅读的字号和字体,加快阅读文稿的速度,为对方节约时间,但仍需要注意必要的信文格式和相应的礼貌。

(4) 不滥发电子邮件。目前,有不少网民时常因为自己的电子信箱中堆满了无数无聊的电子邮件,甚至是陌生人的电子邮件而烦心不堪,对其进行处理,不仅会浪费时间和精力,还有可能耽搁正事。

(5) 合理使用附件。
① 如果邮件带有附件,应在正文里面提示收件人查看附件。
② 附件文件应按有意义的名字命名,不可以用看不懂的文件名。
③ 正文中应对附件内容做简要说明,特别是带有多个附件时。
④ 附件数目不宜超过4个,数目较多时应打包压缩成一个文件。
⑤ 如果附件是特殊格式文件,应在正文中说明打开方式,以免影响使用。
⑥ 如果附件过大(不宜超过2MB),应分割成几个小文件分别发送。
⑦ 尊重对方的习惯,不主动发英文邮件,如果对方与你的邮件往来是采用中文,请不要自作聪明地发送英文邮件给他;如果对方发英文邮件给你,也应用英文回复。
⑧ 恰当签名。签名档可包括姓名、职务、公司、电话、传真、地址等信息,但信息不宜行数过多,一般不超过4行。
⑨ 及时回复E-mail。收到重要电子邮件后,即刻回复对方,这是对他人的尊重,理想的回复时间是2h内,特别是对一些紧急重要的邮件。
⑩ 要就同一问题多次回复讨论,不要"盖高楼"。如果收发双方就同一问题的交流回复超过3次,说明交流不畅,没有说清楚,此时应采用电话等方式进行交流沟通后再做判断。电子邮件有时并不是最好的交流方式,对于较为复杂的问题,多个收件人频繁回复,发表看法,把邮件越"RE"越高,这将导致邮件过于冗长笨拙而不可阅读,此时应及时对之前讨论的结果进行小结,删减瘦身,突出有用信息。
⑪ 要区分单独回复和回复全体。如果只需要单独一个人知道的事,单独回复即可,如果对发件人提出的要求做出结论响应,应该回复全体,让大家都知道;不要让对方帮助完成这件事情。

(二) 纸质通信礼仪

1. 书信礼仪

书信是一种向特定对象传递信息、交流思想感情的应用文书。根据史书记载,我国古代先秦时期就有书信产生。在纸张发明之前,书信常被写在白绢或布匹上,称作"尺素"。另外,书信还被写在竹、木片上,竹片称作简,木片称作札或牍,简、札的长度和素绢一样,都取一尺,故而书信也叫尺牍。到清末年间,随着西方的邮政制度传到我国,书信最终走进了千家万户。书信可分为一般书信和专用书信两类。一般书信是指亲人、朋友、同事之间为了表达相互鼓励、问候、关照等思想感情而写的信函。专用书信包括介绍信、证明信、感谢信、表扬信、贺信、慰问信、咨询信、推荐信、公开信等。书信的历史源远流长,书信礼仪也卷帙浩繁。

1) 一般书信礼仪

书信以其独具个性、易于珍藏等特有的魅力,仍然是商务交往中不可或缺的通信手段之一。一般书信包括信封和信瓤两部分,书写时有相对固定的格式和章法。

(1) 信封书写。书写邮政编码时要注意,信封正面左上方空格内应填写收信人所在地邮政编码,而右下方的空格则是发信人所在地的邮政编码。书写收信人的详细地址时,寄往城市家庭的,要具体写上收信人所在的省(市、自治区)、市(县)、城区、路、街(弄)和门牌号码,如果是高层建筑,还应写上室号。寄往农村家庭的,则要写出省、县、乡、村甚至街。寄往收信人工作单位的,不仅要写上收信人的详细地址,还应写明单位全称和具体部门。书写地址时,可在一行内写完,也可分两行写出。在大地名和小地名、地名和号码之间,都应空开一个字的位置。

如果是托人转交的信件,一般不封口,也可由受委托人封口,以示礼貌。可以省略书写地址,信封上只写"烦交""面交""呈交"等文字;落款注明"委托"。

(2) 信中内容的基本格式。书信的主要部分包括称谓、问候、正文、祝颂、具名、日期等,每个部分的书写都应符合礼仪规范。

① 称谓,写信人对收信人的称呼。称呼要顶格,单独成行加冒号。称呼要合乎身份,注意礼貌,可按习惯称其为"同志"或"先生",也可按职务称其为"某教授"或"某经理",对高龄者也可称其为"某老",对有亲属关系的长辈,不可直呼其名;对没有亲属关系的长辈,也应尽量避免指名道姓,以示尊重。

② 问候,在称呼的下一行空两格处,可单成一行,也可后接正文。

③ 正文,寄信人要向收信人询问、回答、叙述的内容,都在这里表述,这是书信的核心部分。

④ 结尾,一般要写些表示祝愿或敬意的话。可以在正文写完后,紧接写"此致",转一行顶格或空两格再写"敬礼"。不写"此致",只是另起一行,空两格写"敬礼""平安""祝×××"等敬辞。敬辞有"敬颂钧安""即问近好""春安""日祺"等。

⑤ 署名,写在结尾右下方后半行的地方。可加上自己的身份,如小妹、愚兄等,不必写姓。名字后边或名字下一行署上发信日期。

⑥ 附言或补遗,信写完以后,发现还有内容要补充,可以加在后面。为醒目起见,常见"另""又"或"还有"开头。或先写附加内容,最后注明"又及"或"××(写信人的名字)又及"作为结束。附告详细地址;托带问候的话,如"××附笔问安";附件说明,信中附有照片、票据等,均在日期下边空两行、距右边线两格开始书写。

(3) 其他,信的折叠方式以收信人方便打开为宜。书写的信笺纸要整洁、美观,易于反复阅读和收藏。

(4) 写信忌讳。

① 信纸不规范,不整洁。不可以用随手拿到的纸张、纸片,也不可以用撕扯得犬牙交

错、邋里邋遢的纸张,这是对收信人的藐视。更不可用公函纸写私人信件,这既是礼仪要求,也是人格修养的表现,而且是国际惯例。

② 用笔不懂规矩。不可以用铅笔,否则显得太随便。更不可以用红笔写信或消息。民间有认为"丹书不祥"的习俗。

③ 字迹不可以潦草。信的文字是写给别人看的,如果收信人读不懂、看不清,也就失去了信文本身的意义。

④ 信文最好不是打印的文字,如属于统一函件类,台头称谓和最后的落款或署名一定要手写。这是尊重"见字如面"的传统。

⑤ 收信后不可以不回复,收信人在收到来信后要及时回信,或以其他方式回复发信人。不及时回信,被认为是行动上欠礼貌,德行上欠修养。

2) 专用书信礼仪

专用书信是用于某种特定的场合、针对某种特定的事务所写的书信。专用书信有许多不同的种类,如介绍信、证明信、感谢信、表扬信、贺信、慰问信、咨询信、推荐信、公开信等这些不同种类的书信,各有各的用途,应用于不同的场合,写给不同的对象,因此在写法上就有不同的格式和要求。

　　　　　　　　　专用书信的类别

(1) 介绍信。介绍信是介绍本单位人员到外单位参观学习、联系工作、了解情况或出席某种会议等所写的一种书信。介绍信具有介绍和证明的作用。使用介绍信,可以使对方了解来人的身份和目的,以便得到对方的信任和支持,介绍信一般有书信式和填表式两种,书信式介绍信一般用印有单位名称的信笺书写,格式与一般书信基本相同。填表式介绍信是一种印有固定格式的专用信纸,需根据要办的具体事项,按格逐一填写。填表式介绍信有存根,便于查存。介绍信,要写明对方的称呼,交代清楚持介绍信人的姓名、身份、人数、联系事项,以及对对方有什么要求等。落款的地方要写明本单位的名称和开具介绍信的日期,有的还要注明有效期限。介绍信要加盖公章才能生效。

(2) 表扬信。表扬信的作用是对个人或集体的先进事迹、先进思想等进行表扬,使被表扬的个人或集体受到鼓励,使更多的人受到教育。表扬信可以写给对方的单位,也可以写给报社、电台。写表扬信的人可以是当事人,也可以是见证人。写表扬信,一定要把事情发生的时间、地点、经过情形说清楚,事实要准确无误,评价要恰如其分。如果无法知晓被表扬人的单位和姓名,就把他的特征写清楚,以便查找。

(3) 感谢信。感谢信用于对某人或某单位,对自己或自己一方的关心、帮助、支援表示感谢。感谢信可以用于单位与单位之间、个人与个人之间、个人与单位之间。写感谢信要写明在什么时候,因为什么事,得到了对方哪些具体的帮助和支援,并向对方表示谢意。感谢信的收信人,一般都了解事情的经过,因为正是收信人提供了帮助和支援,这一点是和表扬信不同的地方。表扬信的收信人一般不知道发生了什么事情,所以,写表扬信时,要把事情的经过情形叙述清楚,而写感谢信,则要重点写自己遇到什么困难,得到了哪些帮助,对方的帮助产生了哪些效果。在向对方致以谢意的时候,感情要真挚、诚恳,并表示要学习对方高贵品质的态度。赞扬对方时,用词要确切、恰当,不要夸大、吹捧。感谢信可以直接寄给对方,也可以用大红纸抄好,送到对方单位,或者送报社、电台进行宣传。

（4）慰问信。慰问信是以组织、团体或个人的名义向辛勤工作的某些人或者遭受某种不幸的人表示问候、安慰、鼓励、关怀的一种书信。

慰问信可以写给不同的人，要根据人们不同的工作特点，有针对性地对对方的辛勤工作进行问候和安慰。对对方的工作成绩要充分肯定，热情赞扬他们的奉献精神，鼓励他们再接再厉。对遭受灾难或哀痛的人，除了对他们的不幸表示关切和安慰，还要鼓励他们振作起来，要有战胜困难和伤痛的勇气。写慰问信，用词要亲切、热诚，感情要真挚。

（5）吊唁信。人在遭受不幸的时候，非常需要得到亲人、朋友的安慰和鼓励。对那些深受打击与伤痛的人来说，一封感情真挚、用词恳切的吊唁信，会给他们带来温暖和慰藉，为他们增添勇气和信念。写吊唁信，态度要真诚，措辞要严谨，不要滥用华丽的辞藻，也不要写得过长，在这种时候不宜说得过多，写吊唁信时不宜询问死者伤病及去世的细节，以免触及对方伤痛、悲哀的话题。

（6）贺信。贺信是对对方在某一方面所取得的成就或突出贡献，表示庆贺、赞扬、表彰的信。对某一项科研任务的成功，某一重要工程的竣工，某一重大会议的召开以及对某个人物的寿辰、某个节日等，也可以写信表示祝贺。贺信一般有四种类型。

① 上级单位写给下级单位或所属职工的贺信。这种贺信，有的是祝贺节日，有的是祝贺所取得的成绩，同时向对方提出希望和要求。

② 单位之间的贺信。这种贺信一是向对方表示祝贺；二是表示向对方学习，或对对方的鼓励。

③ 下级单位向领导机关发出的贺信。通常是对上级单位召开的某种重要会议表示祝贺，同时汇报自己的成绩，向上级单位表示自己进一步做好工作的决心。

④ 以个人或单位、组织的名义，给某人祝寿，或者向在某一方面作出突出贡献的人表示祝贺。写贺信要说明向谁祝贺，因为什么祝贺，祝贺什么，还要根据不同的祝贺对象，写出不同的人或事的意义、影响、作用等。在对祝贺对象表示赞扬、鼓励的同时，往往要提出新的要求和希望；写贺信，感情要充沛、饱满，字里行间要洋溢着喜庆、热烈的气氛，要给人以热情和鼓舞。写贺信要实事求是，对成绩和贡献的评价要恰如其分，赞美和颂扬不能过分，否则适得其反，有溢美之嫌，与贺信的性质、写法相同的，还有贺词、贺电。贺信是寄给对方或者派人送去的；贺词是直接到会宣读的；贺电是因为对方距离远，为加快传递的速度，用电报形式拍发的。

（7）咨询信。咨询信用于向有关部门询问某种事项或请求托办某种事务。咨询信的内容比较广泛，工作或日常生活中遇到的一些需要了解的工程进度或办事手续，都可向有关部门咨询。咨询信一般是个人向有关部门的咨询，单位也可以发出咨询，写咨询信，先要搞清楚要询问的事项属于何种部门管辖，这样写信才有针对性。或者写给报纸、杂志的有关栏目，也可以得到答复。写咨询信是为了就某些问题向有关部门征询、请教，以期得到圆满的回答，因此，提问题要清楚、明确，不要含糊、笼统，使对方无从回答，文字要简洁，有礼貌。

（8）推荐信。推荐信一般用于向对方荐举人才，使对方能够采纳。推荐信可以由个人写给个人、个人写给单位或单位写给单位，推荐信一般是由第三者写给对方，也有向某单位、部门自荐的。写推荐信，要把自己的或被推荐人的基本情况，以及之所以要自荐或推荐的理由写清楚。要全面地、实事求是地介绍自己或被推荐人的情况，对优点和长处不要夸大、渲染，对缺点和不足也不要隐瞒，要以客观、公正的态度向对方提供真实的情况。如果是以个人名义写推荐信，要在信中简要地介绍自己的身份，说明自己与被推荐人的关系。单位向单位写推荐信，要由主管人签名，并加盖公章。

（9）邀请信。邀请信是一个组织正式邀请有关部门或人士参加会议、典礼、宴会、参观等活动的信件。邀请信和复信都使用第三人称，双方名称和名字都要写明、邀请信一般是打印的，以示正规庄重。

（10）聘书。聘书是请人完成某项任务或担任某种职务时的书信文体书。现在常用的聘书是已印制好的格式，只需填写中心内容的证本。正中"聘书"字样为标题，正文是聘书的核心内容，交代受聘者担任的职务，其次写明了聘任期限，如"聘期自20××年××月××日至20××年××月××日"；最后写上聘任待遇，如"聘任期工资享受集团高级工程师全额工资待遇"。落款署上发文单位名称并加盖公章、落款日期。聘书文字应短小精练，语言简洁明了、准确流畅，同时体现出发文者郑重严肃、谦虚诚恳的态度。

（三）卡片礼仪

卡片是另一种纸质通信联络的形式卡片。作为联络方式最早可追溯到秦朝时期的"谒"，东汉末年改称为"刺"，并由竹木片改成了便于携带的纸张；唐宋时科举考生为了将来被提携，四处拜前科及第、位高权重者为师。在拜访老师之前，先递上写明自己情况的"门状"。明朝时官员、商贾、文人雅士相互拜访时呈递的、简单自我介绍的卡片称为"名帖"。现代人吸纳了西方人对卡片使用的习俗，将卡片的使用功能扩展，不仅是用来介绍自己，还可以用来表达感情、传递信息。在一方制作精美的卡片上，写上几句祝福的、问候的、祝贺的、道歉的、示爱的、感谢的话语等，简单明了，情真意切。在文字编排上没有太多的讲究和规定，直抒心意就是卡片书写的特点。

卡片分为祝贺卡、节日卡、致谢道歉卡以及明信片等。卡片上的书写内容一般应简短，表述清晰，有针对性。祝贺的语言要热烈欢快，如生日贺卡上应有"生日快乐！健康长寿！"的吉祥话。节日卡片上写有应时应景的祝贺语言。卡片上的内容因具有半公开性，因而需注意不可写不慎的内容。卡片宜亲自手写，措辞要诚恳、精准，还需写明收卡人并落款署名。卡片样式以制作精良、图案美观为佳。明信片可以直接邮寄，其他卡片需要填写好信封，贴邮票寄出。有时效性的卡片应在相应时间里送达对方，否则就失去了它的意义。有时，在寄送物品时附上一张写有文字的卡片，可起到说明、注释等作用。人际交往中，学会适时奉上一张精美的卡片，有时会有意想不到的收获。

任务四 商务文书礼仪

商务文书的写作是现代企业办公室人员和秘书人员必备的能力，商务文书写作的成功与否直接影响业内人士对本企业的评价，商务文书在商务人士的业务往来中占据着举足轻重的地位。

一、商务信函的一般礼仪要求

信函是书信的正式称呼。在人际交往中，信函是一种应用极为广泛的书面交流形式。对广大基层商务人员而言，信函在实际工作中扮演着举足轻重的角色。因此，每一位商务人士必须熟练掌握信函的书写和使用规范。

（一）遵守"五C"法则

商务人员在书写信函时应注意言辞礼貌、表达清晰、内容完整、格式正确、行文简洁五大要点。因为在英文里，礼貌（courteous）、清晰（clear）、完整（complete）、正确（correct）、简洁（concise）五个单词皆以字母C打头，故此这五大要点又称商务信函写作的"五C"法则。

（二）注意五个要点

写作商务信函时，一定要对信函的内容与格式斟酌再三。以下五个具体问题，尤须认真对待。

1. 抬头

一般的商务信函均由抬头、正文、结尾三部分构成。作为一封商务信函的开端，抬头决非可有可无，而是应当认真推敲。

抬头的基本内容包括称谓语与提称语，两者均应根据具体对象具体对待，力求恰如其分。

（1）称谓语准确。在写作信函抬头时，应以称谓语称呼收信之人。在称呼收信者时，下列四点必须注意。

① 姓名与头衔必须正确无误。在任何商务信函中，写错收信者的姓名与头衔都是绝不允许的。称呼收信者，有时可以只称其姓，略去其名，但不宜直呼其名，或者无姓无名。

② 允许以直接致信的有关单位或部门作为抬头中的称谓语。在许多时候，以有关单位或部门直接作为收信者在礼仪上是许可的。

③ 可以使用中性名词称呼收信者。当不清楚收信者的性别时。以董事长、经理、主任、首席代表等无须辨别性的中性称呼去称呼对方是比较稳妥的。

④ 切忌滥用称呼。初次致信他人时，千万不要滥用称呼。诸如先生、小姐一类的称呼，在不清楚收信者性别时不宜采用。不能图省事，以先生或小姐去称呼收信者。不要乱用"阁下""老板""有关人士"这一类专用性称呼。

（2）提称语到位。在称谓语之前，有时需要使用提称语。所谓提称语，意即提高称谓语的词语。在商务信函里使用提称语，关键是要到位。在一般情况下，商务信函里最标准的提称语是尊敬的。平常的商务信函，不使用提称语亦可。在社交场合所使用的"尊鉴""台鉴""钩鉴"等古典式提称语以及在涉外场合所使用的"亲爱的""我的"等西洋式提称语，在普通的商务信函中一般均不宜使用。

2. 正文

在商务信函里，正文是核心内容。写作正文时，一定要注意主题明确、合乎逻辑、层次清晰、语句通畅、文字正确、言简意赅。以下几处要点，在写作商务信函的正文时尤须注意。

（1）注意人称使用。在商务信函里，写作者所使用的人称颇为讲究。若为了表示亲切、自然，宜采用第一人称。若意在表示公事公办、严肃正规，则可以采用第三人称。

（2）主要内容前置。一封标准商务信函的内容，应当像一座倒置的金字塔，越是重要的内容越应当置于前面。因此，在正文的开端，即应直言自己认为最应当告诉收信者的信息以及收信者最希望了解的信息。

（3）篇幅删繁就简。在任何情况下，一封拖沓冗长的商务信函都会使人感到无比乏味，所以在写作商务信函时，一定要注意控制其篇幅，力求简明扼要。一般而言，篇幅短、段落短、句子短、词汇短"四短"，是写作商务信函时所必须恪守的铁律。

（4）一信只议一事。为了确保商务信函发挥功效，并且尽量缩短其篇幅，最好一信只议一事。这样一来，不但可以突出主题，而且可以限制其篇幅。

（5）语言平易近人。尽管商务信函使用的是书面语言，写作者也应尽量使之生动、活泼、亲切、自然，既不应过于粗俗，也不应曲高和寡。

（6）信息正确无误。商务信函所传递的信息，应确保正确无误。为此应做到：避免写错字、用错标点符号；防止滥用成语、典故、外语；过于生僻的词语或易于产生歧义的举例，也不宜采用。

（7）书面干净整洁。一般来说，正式的商务信函最好打印，而不是手写，这样可确保书面的干净整洁。即使需要手写时，也应避免随意涂抹、填补。另外，不要在行、格之外写字，不要掉字，不要以汉语拼音代替生字。

（8）防止泄露机密。普通的商务信函，不应在字里行间直接或间接地涉及商业秘密。若打算将其邮寄或快递时，尤须注意此点。

3. 结尾

在商务信函里，作为最后一部分的结尾，写作上的基本要求是全面而具体的。大体上来说，商务信函的结尾由以下六个具体部分构成。

（1）祝颂语。它是写信者对收信者所进行的例行祝福，其内容大都约定俗成，可酌情使用，但不宜空缺。

（2）附问语。它是指写信者附带问候收信者周围人士，或请收信者代替自己向其周围人士问候。附问语可用可不用。

（3）补述语。它是正文写完后，尚需补充的内容，故又称附言。一般的商务信函，最好不用补述语。如需使用补述语时应注意三点：单字不成行；单行不成页；字数不宜多。

（4）署名。在商务信函里，署名宜为写信者全名。必要时，可同时署上行政职务与职称、学衔。若为打印信函，最好由署名者本人在信上亲笔签名。

（5）日期。在署名之后，应注明写信的具体日期。为郑重其事，所署日期越具体越好。至少要写明某年某月某日，必要时还应注明某年某月某日某时。

（6）附件。在一些商务信函的结尾，往往附有其他有关文件。附件通常应置于商务信函之后，但其具体件数、页数、名称均应在信中一一注明，以便收信者核对查阅。

4. 封文

交封邮寄、快递的商务信函均应书写封文。在写作封文时，不仅应当认真，而且必须遵守基本规范，以下五点尤应重视。

（1）地址详尽。写作封文时，为了保证收信者及时收到信函，或者信函退回时不致丢失，一定要仔细写明收信者与寄信者双方的具体地址。不仅要写上省、市、区、街道、门牌号码，而且还应写上单位、部门。

（2）姓名正确。在封文上，收信者与寄信者的姓名均应书写正确。以单位、部门作为收寄者时，也应注明其正确的全称。

（3）慎用雅语。正式信函的封文上，往往要使用一些雅语。它们皆有一定之规，不可滥用。具体包括：①邮递员对收信者的称呼。它们写在收信者姓名之后，如"小姐""先生""老师"等。它并非写信者对收信者的称呼，故此不宜使用"大人""贤侄"之类。②启封词。它是敬请收信者拆启信封的礼貌语，如"启""钧启""收启"等，通常写在收信者姓名与邮递员对其称呼之后。③缄封词。它表示寄信者封闭信函时的恭敬之意，如缄、谨缄等。缄封词均应写在寄信者姓名之后。凡不封口的信函，没有必要多此一举。

（4）邮编勿缺。正式交付邮寄的商务信函，一定要正确注明收信地址与寄信地址的邮政编码。缺少邮编或邮编不正确的商务信函，有可能晚到甚至丢失。

（5）格式标准。封文写作，通常都有一定的格式可依。横式信封有横式信封的写法，竖式信封有竖式信封的写法。国内信函有国内信函的封文格式；国际信函有国际信函的封文格式。写作商务信函的封文时，必须认真照此办理。

5. 工具

写作商务信函，尤其是手写信函时，必须借助一些必要的工具。使用这些工具时，应符合基本的礼仪规范。下面着重介绍一些手写信函对所用工具的基本要求。

（1）信笺。信笺又叫信纸。商务信函所使用的信笺，应当规格统一，纸质上乘，美观大方，统一印制。通常不宜使用外单位信笺写作商务信函，也不要使用本单位信笺写作私信。

（2）信封。商务信函所使用的信封，可以是市场上出售的标准信封，也可以是本单位统一印制的专用信封。不宜自制信封寄发商务信函，或是利用其他单位用过的信封寄发本单位的商务信函。商务信函信封的大小，宜与其容量相称。它的纸质、色彩，最好与信笺相匹配。

知识拓展：常用的商务信函写作礼仪

（3）笔具。手写商务信函时，通常应使用钢笔或毛笔。如果以铅笔、圆珠笔来写，往往会令人感觉不够正式。

（4）墨水。用毛笔写信，宜用黑色墨汁；用钢笔写信，则宜用黑色或蓝黑色墨水。纯蓝色的墨水因其字迹难以持久保存，故不应使用。使用其他彩色墨水，则有哗众取宠之嫌，也不可取。

二、应用信函的写作礼仪

在商务交往中，信函应根据实际需要和具体情况来使用。因其具体用途不同，职员常用的信函分为邀请信、推荐信、证明信、贺信、咨询信、联络函、感谢函、通知函、确认函、拒绝函，以及捷报、倡议书等，在写作上往往又有一些各自不同的要求。具体应用不同类型的商务信函时，既要遵守其共同要求，又要兼顾各自独具的特征。

三、一般商务文书礼仪

（一）聘书礼仪

聘书是聘请有关人员参加某种活动或担任某项工作的凭证。聘书通常由标题、称谓、正文、结语和落款五部分构成。

标题在内页首行的中间位置书写，字体较正文稍大一些，写上"聘书""聘请书"或"聘约"

这样的字样。

称谓位于标题下一行顶格写起,写受聘人的姓名,必要时附上职务、职称及学衔等。

正文一般包括聘请缘由、被聘人承担的具体职务、职责、权限、待遇、聘期起止时间,以及对被聘任人的要求或希望等,可以分条列项书写。

结语应用"此聘""特聘""特授予此证"等敬语,另起一行空两格书写。

落款要在正文下面靠右侧,写聘请单位名称或单位负责人姓名,并加盖公章及个人名章,然后另起一行写发出日期。

写聘书时应注意语气要谦恭、得体,用词要简练、准确。

(二) 商务题词礼仪

题词是商务为留作纪念而题写的简短、精练,具有一定的审美教育意义的集公关、书法、艺术等多种功能为一体的文字。它在新的社会关系中表达对人、事、物的积极肯定的态度,在精神文明建设中具有一定的积极作用。

现代题词,有题词者主动题写的,也有许多题词是被人"请"了以后才写的。这样,请者和被请者之间就要把握一种适当的关系,合乎礼仪地把事情办好。

一般请人题词,首先要把对象选择好。先要看自己这件事情的性质、特点,然后选定题词人,如果选择不当,可能被回绝,或者是请来了也要被人所讥笑。例如,搞一个书法绘画展览,请一位对此既无兴趣、字又写得极差的领导题词,就未必妥当。

选择好了对象,要把请求题词的理由、相关材料以及多份题词草稿一并奉上。这个时间一定要和题词的时间拉开一段距离,否则别人会因太仓促而推卸或写不出好的效果来。应该注意的是,无论如何都不应该勉强、纠缠。

上述有关题词的注意问题,多指下请上的场合,至于平辈、亲友之间,无论请求题写还是主动题写,相互之间的礼节可以随便一些,题词的内容也可以别具一格。

(三) 商务致辞礼仪

祝词是指行政机关、企事业单位、社会团体或个人在喜庆场合对某人或某项即将开始的工作、事业表示祝福的言辞或文章。祝词一般是在事情未果时表示的一种祝愿和希望。

贺词是指行政机关、企事业单位、社会团体或个人在喜庆场合对某人或某项已经取得成功的工作、事业表示祝贺的言辞或文章。贺词一般是在事情有了结果时表示的庆贺和道喜。

由以上可知,祝词和贺词的区别是显而易见的。祝词在事前祝,贺词在事后贺,但祝词、贺词在某些场合却可以互用。今天人们在实际使用时又常常将祝词、贺词混在一起,祝贺之间也难以分清,所以这里将其归为一部分进行介绍。

1. 祝词、贺词礼仪

(1) 祝词、贺词的分类。祝词、贺词可以有多种分类标准,根据祝贺对象可分为祝贺寿诞、祝贺事业、祝贺婚嫁、祝贺酒宴。根据表达形式可分为现场即席致辞祝贺、信函电传祝贺。

(2) 祝词、贺词的特点。首先,祝词、贺词具有喜庆性特点。祝词、贺词是在喜庆的场合对祝贺对象的一种真诚的祈颂祝福和良好心愿的表达,因此,喜庆性是祝词、贺词的基本特点。在措辞用语上务必体现出一种喜悦、美好之情。

其次,祝词、贺词具有体裁的多样性特点。祝词、贺词无须拘泥于某种文体,可以根据祝贺对象的具体情况采用合适贴切的文章体裁。既可以用一般的应用文体,也可以采用诗、词、对联等各种其他的文体样式。

(3) 祝词、贺词的基本格式和写法。祝词、贺词通常由标题、称呼、正文和落款四部分组成。

祝词、贺词的标题一般由两种方式构成。一种是由致辞者、致辞场合和文种共同构成,如"周恩来总理在欢迎美国总统尼克松的宴会上的祝酒词";另一种是由致辞对象和致辞内容共同构成,如"贺紫荆山国庆集体婚礼"。

祝词、贺词的称呼写在开头顶格处,写明祝词或贺词对象的姓名。一般要在姓名后面加上称呼甚至有关的职务头衔,以求敬重,如"尊敬的史密斯博士"。

祝词、贺词的正文一般由三项内容构成:①向对方致意。要说明自己代表何人或何种组织向对方及其何项事业祝福贺喜。②概括评价对方已经取得的成就。③展望未来美好前景,再次向对方表示衷心的祝贺。祝词、贺词的落款处应当署上致辞单位名称,或致辞人姓名,最后还要署上成文日期。

(4) 祝词、贺词写作应注意的事项。祝词、贺词要求热情洋溢、充满喜庆,满怀诚意地表达自己的良好祝愿。多用褒扬、赞美、激励之词,千万不可用华而不实的词句,以免给人阿谀奉承之嫌。

祝词、贺词文体多种多样,只要写出富有特色、表达诚挚的祝愿即可。

2. 欢迎词、欢送词礼仪

欢迎词是在迎接宾客的仪式、集会、宴会上主人对宾客的光临表示热烈欢迎的一种礼仪文书。欢送词是在欢送宾客的仪式、集会、宴会上主人对宾客即将离去表示热烈欢送的一种礼仪文书。

欢迎词、欢送词的写法基本一样。欢迎词和欢送词的格式一样,只是内容有迎和送的区别。在欢迎宴会上所致的祝词(祝酒词)实际上就是欢迎词,在欢送宴会上所致的祝词(祝酒词)实际上就是欢送词,只是祝酒词的结尾要比前两者的结尾多一个祝酒词令。欢迎词、欢送词一般由标题、称谓、正文、落款四部分组成。

(1) 标题。可以直接以"欢迎词""欢送词"作为标题,也可以由场合和文种构成标题。如"在开学典礼上的欢迎词"等。还可以以主人的名称、被欢迎或欢送的宾客和文种为题,如"周恩来总理在欢迎美国总统尼克松的宴会上的祝酒词"。

(2) 称谓。称谓以统称全体与会人员比较常见。对被欢迎、欢送、祝愿、祝贺的对象的称呼,称呼前可加修饰语"尊敬的""敬爱的"之类,称呼后可加头衔,也可加"先生""女士""夫人"等。

(3) 正文。正文要根据不同的具体情况表达不同的内容。

欢迎词的正文,一般先写表示欢迎的话;接着写宾客来访的目的、意义、作用;继而回顾双方交往的历史与友情,赞扬宾客在某些方面的贡献及双方友好合作的成果,表示继续加强合作的意愿、希望;结尾写祝颂语,对宾客的光临再次表示热情的欢迎和良好的祝愿。

欢送词的基本格式及写法与欢迎词大致相同。它的正文一般应包括这样的内容:对宾客的离去表示热烈欢送的话;有关欢送的具体内容,如宾客逗留的时间及离别的日程,叙述访问的行程和收获,对宾客的希望及要求,表示继续加强交往的意愿;结语常再次对宾客的即将离去表示热烈的欢送。

（4）落款。在致辞结束时，不需要念出署名、日期。如果要公开发表，就要在正文右下方署上致辞者姓名和日期。

课后习题

一、简答题

1. 如何树立办公室的职业形象？
2. 商务信函一般礼仪有哪些要求？
3. 如何理解通信礼仪？

二、案例分析

案例一： 这是张洪升任公司副总以来第一次单独宴请客户，而且对方是一位重要的新加坡客户卢先生，事关几百万元生意的成败，张洪不免有些紧张。

张洪事先作了周密安排，他先在一家新加坡菜馆定了包房，点好菜。他了解到卢先生是从美国出差后直接来华，已离开新加坡有一段时间，肯定特别想念家乡菜的味道。

张洪按约定时间提前来到包房等候，听到迎宾小姐"这边请"的声音后，张洪快速安抚了一下情绪，尽量镇定地坐在那里。门开了，一位60多岁的老人走了进来，张洪马上走过去，热情地伸出手："您好，卢先生。"张洪向卢先生作了自我介绍，尽量使自己谈吐清晰，彬彬有礼。开始上菜了，一碟一碟十分精致，大都是新加坡的家常菜。卢先生显得非常兴奋，两人边吃边聊，整个吃饭的时间笑语不断。用过餐后，盘里的菜大都已经吃完，就一个盘中还剩下四个小包子，张洪吩咐服务员打包。服务员似乎不解，张洪不加理会，自己动手认真地把包子装入打包盒中。这时，卢先生向张洪投来赞赏的目光："没想到张总这么节俭，对于现在的年轻人来说，真是难能可贵。"张洪谦虚地笑了："养成习惯了，家母说'粒粒皆辛苦'，公司也都提倡节俭，所以我也变得有些'小抠'了。"说罢，两人相视，哈哈大笑。三天后，卢先生的公司和张洪所在的公司顺利签约，卢先生特地点名要张洪参与这项合作。

讨论：卢先生的公司和张洪所在的公司顺利签约，成功的秘诀在哪里？

案例二： 研究生小王毕业6年却换了4家单位，他经常感叹"知音难觅""英雄无用武之地"。

小王刚到第一家单位工作时，公司总经理非常赏识他的才华，不久就把他调到身边当助手。随着与总经理接触的增多，小王开始随便起来，经常当着众人的面与总经理争论，让总经理下不来台。后来，小王提出好的计划时便常常遭到否决。

小王到第二家单位后参加一个同事的宴会，事后一直跟别人抱怨宴会的布置如何俗气、食物如何乏味、主人如何怠慢。知情人清楚，宴会并没有如此糟糕，只不过主人无意中疏忽了小王，没有将他安排到主要位置。

小王在第三家单位的时候，负责一个工程项目，设计图纸时，原来和他配合很默契的员工提出修改建议，小王反唇相讥："你懂什么？我开始搞图纸设计的时候，你还穿开裆裤呢。"事后小王虽然后悔，但却没勇气去解释道歉。

在第四家单位时，小王去仓库领料，保管员态度不好，发料时又将数字搞错，小王得理不饶人地和保管员发生了争吵。有个同事暗示他保管员袖子上别了一道黑纱，可是小王仍不罢休,直到领导表示扣保管员当月奖金才了事。

讨论:

1. 为什么小王每到一家单位,人际关系总是处理不好?
2. 小王应该从哪些方面加以改进?

三、实践训练

A 是某公司的业务员,要与客户 B 商量某一事宜,A 应该如何正确地拨打电话?B 又该如何正确地接听电话,他们在接打电话的过程中应注意哪些问题?

要求:

1. 教师示范接打电话的礼仪及应该注意的问题。
2. 根据场景把全班同学按 2 人一组分组。
3. 全组讨论接打电话的礼仪及应该注意的问题。
4. 模拟接打电话训练,组内成员角色互换。
5. 教师点评。

商务人员表情规范实训考评如表 5-1 所示。

表 5-1　商务人员表情规范实训考评

专业		班级		角色		姓名	
考评标准	内　　容			分值		得　　分	
	音量适中			10			
	语言表达流利			10			
	语速适中			10			
	拨打电话时间选择恰当			10			
	通话时间长短控制适当			10			
	拨打电话主题重点突出			10			
	接听电话及时			10			
	接听电话热情友好			10			
	接听电话认真做好记录			10			
	结束电话时机恰当			10			
	合　　计			100			

项目六

商务谈判礼仪

学习目标

【知识目标】
1. 了解商务谈判的基本概念。
2. 掌握商务谈判以及商务服务的基本原则。
3. 掌握商务谈判的基本礼仪要求。
4. 掌握各种不同商务仪式的礼仪规范。

【能力目标】
具备一定的组织能力、策划能力、协调能力和沟通能力。

【素养目标】
掌握商务谈判中的语言使用规范,灵活运用商务谈判语言艺术,掌握商务谈判的谈判策略和技巧,塑造良好的商务谈判者形象。

商务谈判礼仪

情境导入

黄某是某机电集团销售公司总经理,经过短短几年拼搏,业绩逐年上升,成为集团公司的标兵。谈起成功之道,他说:首先,是要善于观察事物、发现问题、寻找商机、寻找目标客户;其次,是在找到目标客户之后,要实地拜访,一次不行两次,两次不行三次,一直到成功为止;最后,是要学会与顾客沟通,聆听客户的需求和抱怨,仔细解释我们的服务、宣传我们的文化。一次,他得知一家大企业正计划购进一批机电设备,为了让这家企业使用自己的产品,他连续8个月近40次登门拜访,不厌其烦地向客户讲解产品的优点,介绍集团的服务,宣传企业的文化。最终,他不仅把与这家企业的首次合作"搞定",而且使该企业成为集团的黄金客户,每年都达成百万元左右的订单。黄某不仅注重销售,而且注重服务。他请来专业工程师担任技术服务主管,建立客户服务网络,配备多名专职客户服务员,随时为客户提供优质服务。目前,他带领公司的销售业绩以平均每年超过40%的速度上升,被评为推销精英。

任务一 商务谈判礼仪的基本原则

谈判的基本原则是商务谈判的指导思想,它决定了谈判者在谈判中将采用什么谈判策略和技巧,以及怎样运用这些策略和技巧。如果谈判者能够精确掌握并灵活运用谈判原则和技巧,就可以获得主动权,最终取得胜利。

一、合作的原则

商务谈判是企业进行经营活动和参与市场竞争的重要手段,因此,参与谈判的双方既是竞争者,也是合作者。谈判是一种合作,商务谈判的最高利益应当是合作互利。只有双方本着合作的诚意,消除达成协议的各种障碍,才能达成交易、认真履约,获得各自的利益,成就真正的商业合作。商务谈判中,一定要注意避免为了片面追求自己的利益而固执己见、损人利己,这样的合作只能是短期的,最终会损害谈判双方的根本利益、长远利益。

要坚持相互合作的原则,应从以下几方面着手。

(1) 从双方的实际利益出发,建立和改善双方的合作关系。经济交往都是互利互惠的,如果谈判双方都能充分认识到这一点,就能极大地增加谈判成功的可能性。谈判的成功会给双方带来实际的利益或改善双方的关系,进而具备进行长期合作的基础和可能。

(2) 坚持诚挚与坦率的态度。任何交易活动,无论哪一方缺乏诚意,都很难取得理想的合作效果。在相互合作、信任的基础上,双方坦诚相见,开诚布公,将自己的观点、要求明确摆到桌面上来,求同存异,相互理解,这样就会大大提高工作效率和相互的信任。因此,有合作诚意的谈判一般分为申明价值、创造价值和克服障碍三个步骤。

当然,坚持合作的原则,并不排除谈判策略与技巧的运用。合作是解决问题的态度,而策略和技巧则是解决问题的方法和手段,两者并不矛盾。

相关案例

谈判导致的两败俱伤

美国纽约工会领导人伯特伦·波厄斯以"经济谈判毫不让步"而闻名全国。他在一次与报业主进行的谈判中,不顾客观情况,坚持强硬立场,甚至两次号召报业工人罢工,迫使报业主满足了他提出的全部要求。报社被迫同意为印刷工人大幅度增加工资,并且承诺不采用排版自动化等先进技术,防止工人失业。结果是以伯特伦·波厄斯为首的工会一方大获全胜,但是却使报业主陷入困境:首先是三家大报被迫合并,接下来便是倒闭,数千名报业工人失业。从中我们看出谈判是一种合作,而不是一场比赛或是一场战斗,非要论个输赢。伯特伦·波厄斯为首的工会一方虽然大获全胜,但是他们只顾贪求谈判桌上的彻底胜利,导致了双方利益的完全损失,结果是两败俱伤。

资料来源:王慧敏,吴志椎,周永红. 商务礼仪教程[M].北京:中国发展出版社,2008,略改动。

二、互利互惠原则

现代谈判的观点认为,在谈判中每一方都有各自的利益,但每一方利益的焦点并不是完全对立的。如一项产品出口贸易的谈判,卖方关心的可能是货款的一次性结算,而买方关心的是产品的质量。因此,谈判的一个重要原则就是强调双方的利益,提出互利性的选择,即谈判的结果并不一定是"你赢我输"或"我赢你输"。谈判双方要树立"双赢"的概念,一场谈判的结局应该是使谈判双方都要有"赢"的感觉。

1. 提出新的方案

当谈判双方有分歧时,可以设计出兼顾双方利益的分配方案,然后进行协调和充分选择。要打破传统的思维方式,提出新的方案:一方面,要收集大量的信息资料作为考虑问题的依据;另一方面,要鼓励谈判组成员大胆发表个人见解,集思广益。一个好的创意,可以兼顾双方的利益,达到令双方都满意的效果。

2. 寻找共同利益

从理论上讲,满足共同利益的方案对双方都有好处,有助于达成协议。但在实践中,当双方为各自利益讨价还价、激烈争辩时,很可能忽略了双方的共同利益。即使意识到谈判成功将会实现共同利益,也往往会忽略谈判破裂带来的共同损失。如果双方都能从共同利益出发,认识到双方的利益是互为补充的,就会为双方达成共识而努力。

尽管任何一次合作都存在着共同利益,但它们大部分是潜在的,需要谈判者去挖掘、发现,最好能用明确的语言和文字表达出来,以便谈判双方了解和掌握它。

3. 协调分歧利益

人们总认为两方面的分歧会产生问题,其实,分歧也会引发问题的解决。例如,在达成协议之前,股票的出售者总是说股票可能看涨,以此来说服股票的购买者;但如果他们确实认为股票看涨,出售者可能就不会卖了。使交易做成的是购买者认为看涨而出售者认为看跌,观念上的分歧构成了交易的基础。

利益、观念、时间上的分歧都可以成为协调分歧的基础。例如,一方主要关心问题解决的形式、名望与声誉、近期的影响,另一方则主要关心问题解决的实质、结果和长期的影响,这时不难找到可以兼顾双方利益、双方都比较满意的方案,谈判自然会获得成功。

协调利益的一种有效方法是指出自己能接受的几种方案,然后问对方更喜欢哪一种,并且要知道哪一种方案更受欢迎,而不是能被接受。可以对受欢迎的方案进行再一次加工,再拿出至少两个以上的方案征求对方的意见,看对方倾心哪一种。用这种方法不再需要决策,就可以使方案尽可能地包含共同的利益。

在协调分歧的过程中遵循的原则是,寻求对自己代价低、对对方好处多的方案。当自己寻求的方案不被对方接受时,要努力使对方意识到所确定的方案是双方参与的结果,包含着双方的利益和努力;客观地指出履行方案给双方所带来的结果,并重点指出对双方利益和关系的积极意义,促使对方回心转意,做出决策;不到迫不得已,不要以威胁的方式警告可能发生的后果,并要求对方承担一切责任。

三、立场服从利益原则

在商务谈判中,人们习惯于站在自己的立场上讨价还价,以利益服从立场为原则进行谈判,其结果往往是消极的,主要表现在以下几个方面。

(1) 立场上的讨价还价违背了谈判的基本原则。谈判中,利益是目标,立场是由利益派生出来的,是为利益服务的,因而立场应服从利益。

(2) 立场上的讨价还价会破坏谈判的和谐气氛,使谈判成为一场意志的较量,严重阻碍谈判协议的达成。

(3) 立场上的讨价还价还会导致不明智的协议产生。所采取的行动和对策都是为了捍卫自己的要求或立场,很少考虑协议是否符合对方的要求,甚至会偏离自己本来的利益目标。虽然坚持立场是为了维护自己的利益,但往往事与愿违。在立场服从利益的前提下,谈判者会变得灵活、机敏,只要有利于己方或双方,没有什么是不能放弃的,没有什么是不可更改的。成功的谈判者不但要强硬,更要灵活。

四、对事不对人原则

该原则是指在谈判中区分人与问题,把对谈判对手的态度和所讨论问题的态度区分开来,就事论事,不要因人误事。

由于谈判的主体是富于理智和情感的人,所以谈判的过程和结果不可避免地要受到人的因素的直接影响。一方面,谈判过程中会产生互相都满意的心理,随着时间的推移,建立起一种互相信赖、理解、尊重和友好的关系,会使下一轮谈判更顺利、更富有效率;另一方面,人们也会变得愤愤不平、意志消沉、谨小慎微、充满敌意或尖酸刻薄。

因此,在谈判中要避免从个人利益和观点出发来理解对方的提议,要明确与对手打交道是谈判的形式,解决问题是谈判的直接目的,争取因人成事,避免因人误事,具体做法有以下几点。

(1) 在谈判中,当提出建议和方案时,要站在对方的角度考虑建议的可行性,理解和谅解对方的观点、看法。当对方拒不接受己方的提议,或提出己方难以接受的条件时,也不可暴跳如雷、拍案而起指责对方,而要心平气和、不卑不亢地阐述客观情况,摆事实,讲道理,争取说服对方。

(2) 让双方都参与提议与协议,利益相关。一个由双方共同起草和协商的包含双方主要利益的建议,会使双方认为是利于自己的,那么达成协议就比较容易,这是因人成事的技巧。

(3) 保全面子,不伤感情。①要善于和乐于认识、理解自己和对方的情感,对谈判对手的理解和关心往往比说服和较量更具影响力;②当谈判对手处于非常窘困和尴尬的境地时,应给对方一个台阶下,这就是所谓的"为人置梯"的技巧;③注意同谈判对手多沟通。谈判本身就是一种交流,如果及时、经常、面对面地沟通交流,会避免和消除误会。

五、使用客观标准原则

没有分歧就没有谈判,谈判双方利益的冲突和分歧是客观存在的。谈判的任务就是消除或调和彼此的分歧,达成协议。实现这一目的有多种方法,一般是通过双方的让步或妥协来完成。如果双方无法确定哪个标准最合适,较好的做法是找一个双方认为公正的、有权威的第三方,请他建议一种解决争端的标准,这样问题会得到比较圆满的解决。

坚持客观标准原则能够克服主观让步可能产生的弊病,有助于双方冷静、客观地分析问题,达成明智而又公正的协议。由于协议的达成是依据客观标准,双方都感到自己利益没有受到损害,因而会积极有效地履行合同。

 知识拓展　　　　　**客观标准在合同中的重要性**

假如你要签订一个建筑房屋的合同,这项工程需要钢筋混凝土地基,但你不知道应该用多深,承包商建议用2米,而你却认为这类房屋该用5米。这不是讨价还价的事情,你应该坚持用客观的安全标准来决定这个问题,"或许我是错的,或许2米已足够了,可我需要的是使地基足够牢固,以保证房屋的安全。政府是否有这种土质条件的标准规格?这附近其他房屋的地基是多深?这里是否有地震的危险?我们如何找到解决这个问题的标准?"标准是双方应该能够接受的,是有助于达成协议的。所谓客观标准是指独立于各方意志之外的合乎情理和切实可用的标准。它既可能是一些惯例通则,也可能是职业标准、道德标准和科学标准等。

六、遵守法律原则

在谈判及合同签订的过程中,要遵守国家的法律、法规和政策。与法律、政策有抵触的商务谈判,即使出于谈判双方自愿并且协议一致,也是无效的。

例如,《中华人民共和国广告法》规定,广告应当真实、合法,符合社会主义精神文明要求。广告不得含有虚假的内容,不得欺骗和误导消费者。广告公司在与厂商进行承揽广告业务的谈判时,首先要考察对方要发布的广告是否符合有关法律的规定,如果将非法广告发布出去,双方代表的法人或自然人,包括发布广告的新闻单位,都将受到法律的惩处。

随着商品经济的发展,生产者与消费者之间的交易活动将会在越来越广的范围内受到法律的保护和约束。离开经济法规,任何商务谈判都将寸步难行。

 知识拓展   谈判应遵守国际法

我国对外贸易的谈判还应遵守国际法并尊重对方国家的有关法规、贸易惯例等。对外谈判最终签署的各种文书具有法律效力,受法律保护,因此,谈判者的发言,特别是书面文字一定要法制化,一切语言、文字应具有双方一致承认的明确的合法内涵。必要时应对"用语"的法定含义做出具体明确的解释,写入协议文书中,以避免因解释条款的分歧,导致签约后在执行过程中产生争议。按照这一原则,主谈人的重要发言,特别是协议文书,必须统一由熟悉国际经济法、国际惯例和涉外经济法规的律师进行细致审定。

任务二 商务谈判的态度

一、谈判的态度要求

谈判者的职业素质直接决定着谈判是否成功,因此,在谈判中谈判者要保持正确的态度,这需做到以下几点。

1. 具有势在必得的气势

谈判就像一场没有硝烟的战争,面对战争,"狭路相逢勇者胜"是制胜的法宝。必胜的信念和坚定的自信心是谈判高手成功的精神支柱。它会使谈判者在强大的谈判对手面前不卑不亢,在气势上居高临下,让对手摸不透底细,造成对手心神迷乱,而对方的心虚不仅会暴露他们的弱点,更会在较量中不自觉地处于被动。当然,"必胜信念"并非狂妄自大,而应符合职业道德,是具有高度理性的信心。这是每一个谈判人员取得成功的心理基础。满怀取胜信心,才能有勇有谋,百折不挠,达到既定目标。

2. 具有坚韧不拔的意志

任何谈判都不可能一帆风顺,再具实力的谈判高手也会有处于劣势的时候,而坚韧不拔正是扭转局势所必备的心智状态。遇到挫折不减锋芒,遇到阻碍不垂头丧气,困难往往是取得成功的突破口。一个优秀的谈判人员需要有战胜困难的决心,不管客观条件如何,必须在现有的条件下努力争取,力求收到最满意的结果。困难在整个谈判过程中会随时出现,成为阻碍成功的绊脚石,而坚韧不拔的意志则是拨开荆棘、扫清道路的有效武器。

3. 具有沉着冷静的处事态度

谈判过程中,当对方直击自己的劣势时,要适时缓解由此造成的心理压力,保持冷静的心态,巧妙斡旋,沉稳不露;同时密切注意对手的举动,搜寻其弱点,掌握时机火候,反在其要害处重重一击,令对手方寸大乱,方可反败为胜。

4. 做到知己知彼

谈判是双方心理素质的较量,也是谈判技巧、专业知识与信息收集的较量,谈判过程充满了变数和陷阱,因此,唯有准备充分,方能胸有成竹,胜券在握。正所谓"知己知彼,百战不殆"。一次成功的谈判,谈判前的充分准备显得尤为重要。

职场链接

一位资深谈判高手在接受记者采访时这样描述令他难忘的一次谈判:"与A集团谈判代表的一次为期三个月的商务合作谈判进行得异常艰难、激烈,但最终还是以双方满意的条款签订了合作协议。谈判前,双方都做了充分的'战前准备',对对方所代表的集团进行了周密的调查和细致分析,同时也对代表集团利益的谈判代表进行了调查。对方的谈判代表通过各种外部渠道乃至我的上级领导和下属了解我的性格和处事风格,导致我不得不对我的内部团队进行清理。在谈判过程中,对方代表利用所掌握的信息直击我方弱点,其数据的精准性令我吃惊。但我沉着冷静地应对道:'×先生,您列举的数据很准确,甚至连我的助手都不能为我提供这样的数据,这着实让我钦佩。然而,这并不是我们所关注的问题,如果您要寻找我们的劣势,那还需要再下点功夫。'这样的激烈场面在整个谈判过程中数不胜数。在长达3个月的谈判过程中,处于绝对优势的我一度因谈判不愉快,连续5天拒绝接听对方代表的电话,双方关系异常紧张。然而,正是对方代表那种坚韧不拔、锲而不舍的精神深深打动了我,促成了合作协议的签订。在谈判过程中,我们所展现的个人魅力征服了对方,使我们成为终身的好朋友,相互欣赏、相互信任。"谈判不仅是一门学问,更是一门艺术,在谈判过程中以坚韧不拔和锲而不舍的态度,做到了知己知彼,才能取得谈判的成功。

二、商务谈判的正确态度

1. 平等

商务谈判中,无论是双方还是多方,在权益、责任上都应一律平等。平等可以说是一种礼遇,除谈判级别要对等之外,还要平等地决定谈判地点、谈判次数等对谈判双方均有利的谈判要素。谈判过程中,各方发表意见的机会、所处的地位、受重视的程度都是平等的,不允许将一方的意见强加于另一方。另外,在行使否决权时,双方都具有相同的否决能力,即任何一方提出否决,议案都不能成立。

2. 互利

商务谈判的目的不是单纯的一方获利,而是为了维护双方共同的利益,即"互利"。这里的利益并不是私人利益,也不是以损害他方利益为前提的利益,而是民族的利益、国家的利益或者国际法律允许范围内应得的利益。

商务谈判的过程就是为了恢复失去的利益,或者重新认识、重新划分现在的利益。谈判不成,很可能会引起新的矛盾与冲突,因此,谈判获得成功是双方共同的意愿和理想。谈判双方最后的底线利益是根本利益,也是双方坚持的最基本的态度,否则,谈判最终也会破裂。

3. 双赢

"双赢"是谈判取得成功所应遵循的不二法则。面对谈判决不能过于急功近利,许多谈判的结果并不理想,正是因为谈判者过于固守自身利益而忽略或牺牲了对方的利益,未能理解"双赢"的含义,结果导致谈判失败。谈判者陷入这一困境的主要原因:①理论上的"双赢"与现实谈判中的"双赢"存在一条难以逾越的思想鸿沟,即谈判双方的利益最大化。②谈判者错把"双赢"当作谈判技巧。"双赢"是谈判遵循的法则,是成功谈判的结果。不是谈判技巧决定双赢的结果,而是谈判者的观念决定双赢,谈判技巧是为人所用的,谈判者树立怎样的观念直接决定了他将采取怎样的谈判策略,并应用相关谈判技巧。③许多谈判者错误地认为,谈判具有"零和效应",一方所得,即一方所失,向对方做出让步就是自己的损失。

如何走出这样的困境呢?我们应该彻底抛弃"独占一块大饼"的谈判思想,树立"谈判无输家"的观念,正确理解"双赢"的含义。每个谈判都有潜在的双方共同利益,而共同利益就意味着商业机会,谈判者应该考虑如何将双方的共同利益最大化,寻求可持续性的长远合作和发展。一味地满足一方的利益,追求一方的"胜利",可能将导致长久的失败,即失去再次合作的机会。"己所不欲,勿施于人",真正站在谈判的主体和客体之间寻找一个双方能够达成共识的焦点,不仅要考虑自己的利益,同时要考虑对方的利益,不仅要考虑眼前的利益,更要考虑合作关系持续发展的价值。因此,真正成功的谈判是寻求双方共同的发展,真正的成功是大成功,这就是"双赢"的真正含义。

4. 互让

谈判的实质既是坚持又是妥协。没有坚持,就会失去谈判的动力;而没有妥协,也就无法取得对方的谅解,谈判将无法成功。在谈判中学会妥协,才会有所收益。谈判是让对方降低条件,与此同时,自己也必须做出相应让步,用自己的妥协换取对方的妥协,这就是互让而又互利的最高境界。因此,谈判时,要甘于牺牲己方的一些利益,过于贪心将会使谈判无法顺利进行下去,吓跑对方,失去的是更多的利益。而做出相应的让步、让利,会使对方感觉到己方的诚意,看到机会,并更为主动、积极地去争取共同成功。

5. 尊重

商务谈判要尊重对手,在商务谈判细节上可以步步为营,寸步不让;但是对谈判对手人格权、名誉权一定要尊重,再激烈的对抗都应当集中在商业目的本身。谈判者既是对手,更是朋友,应该互相尊重,共同遵守礼仪规范。

商务谈判中应该认真倾听对方的意见和观点,不可心不在焉、东张西望,不可任意打断对方谈话,为了让对方更好地将自己的观点陈述到位,可以在对方停顿的间歇加进一些鼓励性的话语:"请问,您说的是这个意思吗""您所讲述的问题是不是可以这样理解"等,让对方充分感觉到对他的重视和尊敬。

当然,对于故意制造混乱、混淆视听的对手,要果断冷静地做出判断,并适当予以反驳,反驳时尽量使用果敢的语气,例如,"您说的不是事实,事实是这样的……""我们调查的结果不是你说的那样"。

知识拓展　　　　　　　　**如何沟通**

春秋战国时期的一天,扁鹊去拜见蔡桓公,站了一会儿,他看看蔡桓公的面色,说道:"国君,你的皮肤有病,不治怕要加重了。"蔡桓公笑着说:"我没有病。"扁鹊告辞以后,蔡桓公对他的臣下说:"医生就喜欢给没病的人治病,以便夸耀自己有本事。"过了十几天,扁鹊又前往拜见蔡桓公,他仔细看看蔡桓公的面色,说道:"国君,你的病已到了皮肉之内,不治会加重的。"蔡桓公见他尽说些不着边际的话,气得没有理他。扁鹊走后,蔡桓公还闷闷不乐。又过十几天,蔡桓公出巡,扁鹊远远望见蔡桓公,转身就走。蔡桓公特意派人去问扁鹊为什么不肯再来觐见,扁鹊说:"皮肤上的病,用药物敷贴可以治好;皮肉之间的病,用针灸可以治好;肠胃之间的病,服用汤药可以治好;如果病入骨髓,那生命就掌握在司命之神的手中,医生也无力挽救。如今国君的病已深入骨髓,所以我不能再去觐见了。"蔡桓公还是不信。五天之后,蔡桓公全身疼痛,连忙派人去找扁鹊,扁鹊早已前往秦国躲了起来。不久,蔡桓公便病死。

任务三　商务谈判的形象

一、良好谈判形象的重要性

在商务谈判中,交易双方可能并不完全了解,需通过个人形象来了解企业形象。有这样一种常见现象:在商务活动中,一方往往通过对方的仪容仪表、举止言谈来判断对方,并通过对方来分析他(她)所代表的企业的可信程度,进而影响与其交往的程度。由此可见,在商务活动中,双方人员的高尚道德情操、彬彬有礼的言谈举止、渊博的知识、得体的礼遇,都会给对方留下深刻的印象,并对企业产生好感,减少谈判阻力,推动交易成功。因此,在谈判中,良好的谈判形象与高超的谈判技巧同等重要。

举行正式谈判时,谈判者尤其是主谈者的临场表现往往直接影响到谈判的现场气氛。如果谈判者始终如一地面带微笑、态度真诚,有助于消除对手的反感、漠视与敌对心理;相反,如果在谈判中,举止粗鲁、态度恶劣、表情冷漠、蛮横无理,不懂得站在对手的立场替对方考虑,体验对手的情绪、情感,就会大大刺激对手的攻击欲望和敌对意识,无形中造成对手的情感伤害。得罪了对手也就是为己方设置了障碍,增添了阻力。

职场链接

自身的形象影响推销效果

一位女销售员向我咨询:"彬哥,为什么我卖东西总是卖不出去呢?怎么做才能让商品卖出去啊?"通常销售员问我这个问题的时候,我会问他诸如"你平时都怎样跟顾客打招呼"之类的问题,但是我一看到这位女销售员就立刻明白了她卖不出去东西的原因。我给她一个建议:"把头发扎起来试试看。"过了几天这位女销售员跟我说:"彬哥,真的管用啊,比平时卖得多了,销售额涨了20%,谢谢你啊!"其中的奥妙很简单,长头发如果遮住脸,会让人觉得这个人的状态很暗。潜意识里,谁都不愿意靠近感觉很暗的人。所以长头发的销售员,不要让头发遮住脸,把头发扎到后面,左右别两个发夹,露出额头,整个人的感觉瞬间亮起来。就这么一个简单的方法,就能让销售额涨20%。

二、良好谈判形象的基本要求

商务人员代表商家出席商务谈判,在个人形象上必须符合严格的要求和统一的规定。

1. 仪表

仪表即外表。商务谈判者仪表要规范,参加正式的商务谈判,男士应理发、吹风、剃须,鼻毛不能过长,不能有发屑,身上不能有怪味;女士的发型应端庄、干练,并化淡妆,应当淡雅清新,自然大方。不可做过于夸张、另类的发型,不可染色彩鲜艳的头发。忌浓妆艳抹和使用带有浓郁香味的化妆品、香水。

2. 表情

表情是人的第二语言,表情要配合语言。表情自然,不要假模假样;要友善,不要有敌意。友善是一种自信,感情要良性互动,要双方平等沟通。面无表情,会使个人魅力与信用降低,给对手以不良印象。谈判人员的表情务必率真、自然、有正气。面对谈判对手,始终要面带微笑,以示友好,眼神不要游移不定,给对手以不自信、紧张或松懈之感,手势要简单明了,不要过于烦琐。

3. 举止动作

举止要有风度,风度就是优雅的举止,是在充满了自信、良好文化内涵基础上的一种习惯的、自然的举止动作。举止要文明,尤其是在大庭广众面前,要注意不能当众随意整理服饰等。举止要优雅规范,要站有站姿、坐有坐相。在商务谈判中,对举止的要求是适度。那么,怎样的坐姿、站姿和行姿才算适度呢?

(1) 坐姿。从椅子的左边入座,坐下后,身体应尽量保持端正,并把两腿平行放好。谈判中,不同的坐姿传递着不同的信息:挺着腰笔直的坐姿,表示对对方或谈话有兴趣,同时也是一种对人尊敬的表示;弯腰曲背的坐姿,是对谈话不感兴趣或感到厌烦的表示;斜着身体坐,表示心情愉快或自感优越;双手放在翘起的腿上,是一种等待、试探的表示;一边坐着一边双手摆弄手中的东西,表示漫不经心的状态。

(2) 站姿。正确的站姿应该是两腿脚跟着地,两脚呈45°,腰背挺直,自然挺胸,两臂自然下垂。在谈判中,不同的站姿会给人不同的感觉:背脊笔直给人充满自信、乐观豁达、积极向上的感觉;弯腰曲背给人缺乏自信、消极悲观、甘居下风的感觉。

4. 服饰

服饰代表个人修养,是审美情趣、也是企业规范的一种形象体现。服饰的选择与搭配可以给人增添无限的魅力,最能显现自然美、气质与风度美的有效融合,也可以弥补一个人体型、气质上的不足。商务人员的服饰影响着谈判形象,服饰的色调和整洁状况充分反映着谈判人员的心理特征、审美观点和对谈判对手的态度。商务人员的服饰应当干净、美观、传统、简洁、高雅、大方。男士以着深色三件套西装搭配白色衬衫,打素色或条纹式领带,配深色袜子和黑色正装皮鞋为最佳选择;女士穿深色西装套裙搭配白衬衫,肉色长筒丝袜,黑色高跟或半高跟鞋最好。

5. 谈吐

谈判者的谈吐是影响谈判的一个重要因素。总的来说,交谈时表情要自然、表达要具体,要讲普通话。①要注意音量,声音过大显得没有修养,说话声音适中会更悦耳动听。②慎选内容,言为心声。讨论的问题首先是你的所思所想,你要知道该谈什么,不该谈什么。③注意使用礼貌用语。如"您好""谢谢"等。交谈中不能出现伤害对方的言辞,否则会激怒对方。④发言之后,应留出一定的时间供对方发表意见,切忌喋喋不休,以自我为中心。对方发言时,不要表现得心不在焉,要善于聆听对方谈话,不要轻易打断别人的发言,即使有不同的观点和看法,也应等对方讲完后再表达。

6. 待人接物

要注重诚信为本。"诚实是最好的竞争手段"。从商务谈判的理论和实践来看,通过提供商品交换为手段,实现互惠互利是商务谈判的根本所在,任何一种企图使一方全赢或全输的商务谈判都是不成功的,即使是赢得了一次的谈判,也会丧失今后的合作机会;同时必须要遵纪守法。谈判者廉洁自律、严守商业机密,对手会认为你是可靠而可敬的谈判对象,所以要时刻保持警觉性,在业务沟通时要绝对避免披露明确和详细的业务信息,当有事离开谈判桌时,要合上资料,关闭计算机,或将资料直接带出房间。要遵时守约,时间就是生命,时间就是效益,商务谈判中必须遵守时间。

任务四　商务谈判的语言

商务谈判中的语言艺术是十分重要的。谈判语言运用得当,不仅能够活跃谈判气氛,而且可以促进谈判双方的相互理解、相互信任和相互支持,使谈判活动收到事半功倍的效果。

一、商务语言交际的基本要求和基本原则

沟通看似简单,似乎是每个人与生俱来的能力,其实这是很多人的一生中最大的误区之一,生活与工作中遇到的很多棘手问题都是源自沟通不畅,所以,如何达到有效沟通却是一门不折不扣的学问,也是现代社会人的必备技能,对从事商务活动的商务人员来说更为重要。

(一)商务语言交际的基本要求

(1)培养积极主动的沟通意识。作为一名商务人员,如果不主动去跟同事、客户进行积极沟通,则必然是行为松散、缺乏斗志、信息闭塞、效率低下的,是不可能取得成功的。

(2)有效沟通要有一个良好的心态,沟通要谦和、真诚、委婉、不厌其烦,切忌居高临下、盛气凌人、不耐烦,沟通其实是一种联络感情的重要手段,通过有效的沟通,能增进双方的信任感和亲和力,对商务活动效率的提升也有很大的促进作用。另外,沟通还是一种相互学习的有效手段,通过沟通了解彼此的理念、思路、方法等,能够弥补个人的认识误区和知识盲点,孔子的"三人行,必有吾师焉"说的就是这个道理,即使和比自己知识、阅历低的人沟通,也会有所收获,如果我们抱着学习及谦和的心态去沟通,其效果必然更好。

（3）沟通一定要讲究技巧，没有技巧的沟通就像是没加润滑油的机器，很难想象会有多好的结果，没有技巧的沟通往往会事与愿违。重要的沟通需要事先列一个沟通提纲，并要确定沟通的时间、场合、方式等，在沟通中要注意语言的表达、体态的配合，用多媒介沟通，只有讲究技巧的沟通，才会达到预期的效果。

（4）沟通一定要先解决心情，再进行沟通。试想，如果一个人是带着不安、急躁的情绪去进行沟通，其结果会是怎样？答案是不言而喻的。所以，在有矛盾冲突的情况下，一定要先安抚沟通对象的情绪，只有在心平气和的状态下，沟通才会有效果。

（二）商务语言交际的基本原则

1. 言语得体

言语既是交际心理现象，展现交际心理过程，就必须做到说话得体、恰如其分，要做到语言有分寸，必须配合非语言要素，要在背景知识方面知己知彼。要明确交际的目的，选择好交际的体式，同时，要注意如何用言辞行动去恰当表现。当然，分寸也包括具体言辞的分寸，该说则说，不该说则一句都不说，说的程度应视对象和交际目标而定，任何夸大其词，或是不看对象，词不达意，都会影响交际心理的展现，妨碍相互之间的交流。

2. 言语有礼

说话有分寸、讲礼节、词语雅致，是言语有教养的表现。尊重和谅解别人，是有教养的人的重要表现。在别人的确有了缺点时，委婉而善意地指出并谅解别人，就是在别人不讲礼貌时要视情况加以处理。

3. 言语真诚

其实，言语得体也是出于真诚，话说得恰到好处，不含虚假成分。然而，真诚还有它的另外一面，那就是避免过于客套，过分地粉饰雕琢，失去心理的纯真自然，绕弯过多，礼仪过分，反而给人"见外"的感觉，显得不够坦诚。

4. 言语委婉

语言的表达方式是多种多样的，由于谈话的对象、目的和情境不同，语言表达方式也没有固定的模式。说话有时要直率，有时则要委婉，要视对象而定。直时不直，委婉时不委婉，同样达不到交际效果。

当然，言语委婉并不容易做到，它需要有高度的语言修养。例如，运用什么语气，采用哪一种句式，运用什么言辞以及"讳饰"、暗喻等，既要有高度的思想修养，也要有丰富的汉语知识。用得好，批评的意见也可以使对方听得舒服，同样的内容可以使对方乐意接受，而且在极大程度上，可以激起对方的兴趣和热情，其作用往往超过一般的直言快语。

二、交谈的基本要求及技巧

交谈是表达思想及情感的重要工具，是人际交往的主要手段，在人际关系的"礼尚往来"中有着十分突出的作用。可以说，在万紫千红、色彩斑斓的礼仪形式中，交谈礼仪占据主要地位。所以，强化语言方面的修养，学习、掌握并运用好交谈的礼仪，是至关重要的。交谈是人类口头表达活动中最常用的一种方式，随着人类社会的高度发展，交谈已成为政治、外交、科学、教育、商贸、公关等各个领域中重要的、不可缺少的一项语言活动。交谈是以两个人或几个人之间的谈话为基本形式，进行面对面的学习讨论、沟通信息、交流思想感情、谈心聊天的言语活动，它以对话为基本形式，包括交谈主体、交谈客体、交谈内容三个方面。这三方面不仅具有固定性，而且具有互换性。因此，交谈在当今社会有着重要的作用。

（一）交谈的基本要求

（1）谈话目光要轻松自然。"眼睛是表现人的内心情感最直接、最真切、最丰富的器官"，在谈话时，对目光是有礼貌要求的。礼貌的做法是：用自然、柔和的眼光看着对方眼和嘴部之间的区域，目光停留的时间占全部谈话时间的 30%～60%。也就是说，既不能死死地盯着对方，眼珠也不能滴溜溜地来回乱转、左顾右盼，看得人心慌意乱。

（2）谈话神情要专注。神情专注是指谈话时要耐心地倾听对方讲话，不要轻易打断别人的话头，或心不在焉。要注意给别人说话的机会，不要只顾自己滔滔不绝地宣讲。

（3）谈话内容要文雅。文雅就是不说粗话、脏话、下流话，多说礼貌用语。

（4）谈话态度要谦逊和气。与人交谈，应力求做到态度谦逊和气，热情诚恳，表情自然大方，要开诚布公。

（5）谈话语调要温和适宜。在谈话时，要用平等的口吻说话，不要盛气凌人，粗暴生硬，高喊吼叫，强词夺理。

（二）交谈中的技巧

交谈是人际关系中的一项重要的交际活动，要使交谈圆满成功，需要做好交谈前的准备工作。如果是你约别人交谈，最好把交谈的地点安排在自己家里，或自己单位里，这样容易使对方接受你的观点。不要迟到，最好能比对方提前几分钟到达交谈地点，这样既有礼貌，又可以把交谈的内容想得周到一些。如果是与亲近的人交谈，最好坐在他的旁边；如果是与陌生人交谈，最好坐在他的对面 2m 左右的地方。要记住，无论和什么人交谈，双方都是平等的，不必紧张。

在交谈过程中，要掌握好"听""说""问"三个环节的技巧。

1. 听

（1）始终聚精会神地倾听对方的谈话，不要干别的事情。静心倾听，既能使对方向你敞开心扉，又能使自己跟上对方的节拍。听的时候，要把目光与对方的目光放在同一水平线上。眼睛是心灵的窗口，所以要望着对方的眼睛，但要自然、轻松，不要死死盯着对方，那样会使对方感到窘迫。

（2）不要打断对方的话，即使对方说的话不中听，或者引起你极大的兴趣和共鸣，也要耐心地等人家把话说完。不要在别人说话的兴头上，突然转移话题。打断别人的话，不仅不礼貌，而且会使别人不能一吐为快，十分扫兴。

（3）倾听时，可以在对方停顿时偶尔加入自己的话，以示专注。例如，"是这样吗？""这个主意是谁出的？""好极了！"等，也可以适当地重复对方说过的话，以示重视或赞同。

（4）如果对方离题太远，可用动作调节，如挪动一下茶杯，改变一下坐姿，或恰当地把话题引入正轨。

2. 说

(1) 要能够恰当地称赞对方,假如你开导一个同学,可以先肯定他的进步或长处,这样可使对方乐于交谈下去。

(2) 交谈是有来有往的双边或多边对话。不要自己说个没完。说话要生动、具体、活泼、明了,不要含糊不清,耽误别人时间。

(3) 交谈的中心不要只围绕自己或自己感兴趣的事情,可以说一些共同的体验,以便架起交谈的桥梁。

(4) 说自己的缺点,可以使对方去掉戒心,对你信任,听到对方的称赞不要喜形于色,更不可老王卖瓜自卖自夸。

(5) 注意对方的反应,当人家流露出反感的表情时,应停止讲话或改变话题。

(6) 如果对方向你提出问题,你没有立即想好答案,可以像教练叫暂停那样,用"方便一下",或递水果、茶水等方式争取时间积极思考,对实在不好回答的问题,可以坦白地说:"我还没有想好"或"请让我再想一想"。

3. 问

(1) 提出的话题要能吸引对方,要具体,不要太抽象。

(2) 为了引起对方对某个问题的注意,可以说"这件事您也许早知道了",这样能引起对方的兴趣。

(3) 对自己没有把握的或拿不准的问题,可以提问的方式引导对方说出结论,如说到一部小说,你可以说:"你觉得××怎么样?""是吗?"等,使对方把思路和结论告诉你。

(4) 如果对方不愿意直接说出自己的看法,你可以这样问:"你的朋友是怎样看这个问题的?"

(5) 有时提出相反的看法,可以使交谈深入展开。例如:"事情不是这样吧?""有这么回事吗?"。

(6) 必要的沉默能使人有思考的余地,但为了避免过于冷场,或者当大家对某个问题谈兴不大时,可以引发新的问题。这要靠机敏和在听别人谈话时,记住被一带而过的问题,如"刚才你说到××"等。

交谈中还应注意以下几点。

(1) 如果对方不愿交谈,可先提出最低要求,如"我只占用您五分钟时间行吗?"。

(2) 如果参加交谈的人在两位以上,不要只顾和主要人物对话,而冷落其他人,可以不时地关照几句其他人。

(3) 如果交谈中触犯了别人的禁忌或生理缺陷,应该立即道歉,但不必大惊失色、没完没了。

(4) 如果发现对方生气,不必立刻就向他讲道理;如果对方发火,一定要冷静,不要与他争吵。

(5) 如果发现对方看表,就应该做好结束交谈的准备。如果你感到实在没有再谈下去的必要,而暗示又无效时,可以用商量的口吻说:"今天是不是就谈到这儿?"在分手前,最好能简单地小结一下交谈的收获,以加深印象。

（三）交谈中打开话题的技巧

写文章，有了好题目，往往会文思泉涌，一挥而就；交谈，有了好话题，常能使谈话融洽自如。好话题是初步交谈的媒介、深入细谈的基础、纵情畅谈的开端。好话题的标准是：至少是一方熟悉，能谈；大家感兴趣，爱谈；有展开探讨的余地，好谈。找话题的方法主要有以下几方面。

1. 中心开花法

以众人关心的事件为题，围绕人们的注意中心，引出大家的议论，导致"语花"四溅，形成"中心开花"，找大家都感兴趣的话题，容易打开局面，有的补叙自己所知的情节，有的发表对失职者的处罚意见，七嘴八舌，十分热闹，这类话题是大家想谈、爱谈、又能谈的，人人有话，自然就谈得热闹了。

2. 即兴引入法

巧妙地借用彼时、彼地、彼人的某些材料为题，借此引发交谈。例如，有人在大热天遇见一位不相识的环卫工人时，说："这么热的天，看这西瓜成车地运进城，你们清扫瓜皮的任务肯定不轻啊！"一句话，引来对方滔滔地讲述烈日下劳动的艰辛，抒发"脏了我一个，清洁全城人"的豪情。还有的善于借对方的籍贯、年龄、服饰、居室等，即兴引出话题，效果都很好。

3. 投石问路法

与陌生人交谈，先提些"投石"式的问题，在略有了解后再有目的地交谈，便能谈得较为投机。如在宴会上见到陌生的邻座，可先"投石"询问："您和主人是老同学呢，还是老同事？"然后可循着对方的答话交谈下去，如对方回答说是"老乡"，那也可谈下去，是北京老乡，可谈天安门、故宫、长城等；是福建老乡，可谈荔枝、龙眼、橘子等。

4. 循趣入题法

问明对方的兴趣，循趣而谈，能顺利地找到话题，因为对方最感兴趣的事，总是最熟悉、最有话可谈，也最乐于谈的，如对方喜爱摄影，便可以此为题，谈摄影的取景、各类相机的优劣等，如你对摄影略知一二，那定能谈得很融洽；如你对摄影不了解，也可借此大开眼界。

引出话题的方法还有很多，如"借事生题法""由情入题法""即景出题法"等引出话题，类似"抽线头""插路标"，重点在引，目的在于导出对方的话。

（四）交谈中提问的技巧

"善问者能过高山，不善问者迷于平原"，交谈中不善提问，常使交谈失败，如有人问邻居"你工资多少？""你女儿有朋友吗？"等，问得人难以招架，惹人讨厌。有的团干部找青年谈心，劈头就问："你为什么蓄小胡子？""这有什么好处？像什么样！"引得对方十分反感，拂袖而去。然而，怎样做到"善问"呢？

1. 由此及彼地问

先避开中心问题，从对方熟悉而愿意回答的问题入手，边问边分析对方的反应，再巧妙地引出正题。

2. 因人而异地问

对性格直爽者，不妨开门见山；对脾气倔强者，要迂回曲折；对平辈或晚辈，要真诚坦率；对文化较低者，要问得通俗；对心有烦恼者，要体贴谅解，问得亲切。

3. 胸有成竹地问

较重要的谈话，要想好顺序，先问什么，后问什么，最后问什么。总体上要问清哪些事，心中要有谱，有一个通盘考虑，力求达到发问的最佳效果。

4. 适可而止地问

问答是双边活动，必须使对方乐于回答，问话后要善于察言观色，从对方表情中获得信息、反馈，如果对方低头不语或答非所问，可能表示他不感兴趣或不能回答，就要换个提法再问；如果对方面露难色或有疲劳厌倦感，就不能穷追不舍，应适时停止。一般不要冒昧地问别人的工资收入、家庭财产、个人履历等问题。

5. 彬彬有礼地问

要恰当地使用表示尊重的敬语，如"请教""请问""请指点"等，要恰当使用表示谦恭的谦语，如"多谢您提醒""您的话使我茅塞顿开""给您添麻烦了"等。在对方答话离题太远时，还要用委婉的语气控制话题，如"请允许我打断一下……""这些事你说得很有意思，今后我还想请教，不过我仍希望再谈谈开头提的问题……"，自然地把话题引过来。问话时不要板起面孔，"笑容是你的财产"，微笑着问话，会使人乐于回答。

三、商务交谈的禁忌

1. 忌打断对方

双方交谈时，上级可以打断下级，长辈可以打断晚辈，平等身份的人是没有权力打断对方谈话的，万一与对方同时开口说话，你应该说"您请"。让对方先说。

2. 忌补充对方

有些人好为人师，总想显得知道得比对方多，比对方技高一筹。出现这一问题，实际上是没有摆正位置，因为人们站在不同角度，对同一问题的看法会产生很大的差异。譬如，你说北京降温了，对方马上告诉你哈尔滨还下大雪了。当然，如果谈话双方身份平等，彼此熟悉，有时候适当补充对方的谈话并无大碍，但是，在谈判桌上，绝不能互相补充。

3. 忌纠正对方

"十里不同风，百里不同俗"，不同国家、不同地区、不同文化背景的人考虑同一问题，得出的结论未必一致，一个真正有教养的人，是懂得尊重别人的人，尊重别人就是要尊重对方的选择。除大是大非的问题必须旗帜鲜明地回答外，人际交往中的一般性问题不要随便与对方争论是或不是，不要随便去判断，因为对或错是相对的，有些问题很难说清谁对谁错。

例如，美国人吃螃蟹习惯吃钳子，其余部分都不要，而中国人习惯吃黄吃膏，此时你就不能说："你真傻，吃螃蟹应该吃黄吃膏。"在中国，点头表示同意，摇头表示反对，但在有些国家，如北马其顿、保加利亚、尼泊尔，则正好相反，点头表示反对，摇头表示同意。

所以,请记住一个社交原则:从心理上接受别人,每个人受教育程度不一样,职业背景不一样,考虑的问题也不相同,所以,做人必须宽容,不要把自己的是非判断标准随便强加于人。

4. 忌置疑对方

对别人说的话不能随便表示怀疑。防人之心不可无,置疑对方并非不行,但是不能写在脸上,这点很重要,如果不注意,就容易带来麻烦。置疑对方,实际是对其尊严的挑衅,是一种不理智的行为,人际交往中,这样的问题值得高度关注。

5. 社交场合的忌选话题

在商务交往中,忌选的话题有六个,统称"六不谈"。

(1) 不得非议党和政府。不能非议国家、党和政府,在思想上、行动上应与党和政府保持一致。爱国守法是每个公民、每个企业界人士的基本职业规范,也是道德素养问题,这个问题没有任何讨价还价的余地。

(2) 不可涉及国家秘密与商业秘密。我国有国家安全法、国家保密法,涉及泄密的内容是不能谈论的,因此,在商务谈话中,不能涉及国家秘密与商业秘密。

(3) 不得非议交往对象的内部事务。与外人打交道时应该牢记客不责主的概念,即不能随便挑剔别人的不是,如果不是大是大非的问题,不能当面使对方出丑、尴尬、露怯、难以下台。

(4) 不得背后议论领导、同事与同行。主张批评和自我批评,但是家丑不可外扬。在外人面前议论自己的领导、同行、同事的不是,会让别人对你的人格、信誉产生怀疑。

(5) 不得涉及格调不高之事。格调不高的话题包括家长里短、小道消息、男女关系、黄色段子等。如果这些格调不高的话题从嘴里说出来,就会让人见笑,会使对方觉得我方素质不高,有失教养。

(6) 不得涉及个人隐私之事。关心别人值得提倡,但是关心应有度。在市场经济条件下,应做到关心有度,尊重隐私,隐私问题不能随便议论。与外人交谈时,尤其是与外国人交谈时,应回避个人隐私。

课后习题

一、简答题

1. 商务谈判礼仪的基本原则有哪些?
2. 商务谈判正确的态度是什么?
3. 商务语言交际的基本要求和基本原则有哪些?

二、案例分析

案例一:1960年,周恩来总理赴印度新德里就中印边界问题进行磋商、谈判,努力在不违背原则的前提下与印方达成和解。其间,周恩来召开记者招待会,从容应对西方和印度记者的种种刁难,当时一个西方女记者忽然提出一个非常私人化的问题,她说:"据我所知,您今年已经62岁了,比我的父亲还要大8岁,可是,为什么您依然神采奕奕,记忆非凡,显得这样年轻、英俊?"这个问题使得紧张的会场气氛松弛下来,人们在笑声中等待周恩来的应对。周恩来略作思考,回答道:"我是东方人,我是按照东方人的生活习惯和生活方式生活的,所以依然这么健康。"会场顿时响起经久不息的掌声和喝彩声。

讨论：此案例中，周恩来总理成功应对了西方记者的刁难，从中可以得出什么经验？

案例二：一个做粮食贸易的商人，是一个大批发商，他经常从北方购进玉米，卖到南方小规模的饲料加工厂。每当他以较低的价格买进后，便分别拜访那些饲料加工厂的负责人，并且开价格单给对方。他拜访的时间多选择在中午，并且很自然地请对方吃饭，或被对方请。按照习惯，吃饭时喝一点酒是正常的，而他是有酒必喝，喝酒必醉，醉后失态，神志不清，结果把其他人给他的还价单也忘在饭桌上的公文包内，恍惚而返，到了晚上才打电话给对方，当然是索要他的公文包了，同时提及成交价格，而那些饲料厂的负责人以为他真的醉了，常常会以大大高于他的成交底价的价格与他达成最终协议。

讨论：

1. 结合该案例，谈谈你对商务谈判心里的感受。
2. 一个成功的商务谈判者应注重收集哪些信息？
3. 该商人运用了什么技巧？
4. 运用上述技巧时需要哪些前提条件？在商务谈判中可使用哪些方法来破解上述技巧？

三、实践训练

模拟特定场合，发表欢迎词、欢送词、介绍词、解说词，要求语言、动作、表情相结合，声音洪亮，表达流畅，神态自然。按照表6-1考核表打分。

表6-1 各项考核内容得分

考核项目	考核内容	分值	实际得分
仪容仪表	衣着整齐	5	
	仪容整洁	5	
	领带规范	5	
举止动作	站姿规范	5	
	鞠躬标准	5	
	手势准确	5	
	走姿优美	5	
表情神态	眼神到位	5	
	保持微笑	5	
	表情自然	5	
语言表达	语音规范	10	
	语速恰当	10	
	节奏准确	10	
	轻重得当	10	
	熟练流畅	10	

项目七

商务仪式礼仪

📖 学习目标

【知识目标】

1. 掌握商务仪典的基本准备。
2. 熟悉商务仪典的礼仪要求。
3. 设计商务仪典的基本程序。

【能力目标】

掌握仪式礼仪与会务礼仪的基本程序与礼节,能够综合运用商务礼仪的相关知识来分析问题与解决问题。

【素养目标】

能够结合实际工作,熟练运用相关礼仪规范,融会贯通,全面提高学生的商务礼仪综合专业能力。

商务开业、剪彩
仪式礼仪

商务签约、庆典、
交接仪式礼仪

 情境导入

在南方某市新建云锦大酒店隆重开业的这天,酒店上空彩球高悬,四周彩旗飘扬,身着鲜艳旗袍的礼仪小姐站立在店门两侧,她们的身后是摆放整齐的鲜花、花篮,所有员工服饰崭新,面目清爽,精神焕发,整个酒店沉浸在喜庆的气氛中。开业典礼在店前广场举行。

上午11:00,应邀前来参加庆典的有关领导、各界友人、新闻记者陆续到齐。正在举行剪彩之际,天空突然下起了倾盆大雨,典礼只好移至厅内。一时间,大厅内聚满了参加庆典的人员和避雨的行人。典礼仪式在音乐和雨声中隆重举行,整个厅内灯光齐亮,使得庆典别具一番特色。

典礼完毕,雨仍在下着,厅内避雨的行人短时间内根本无法离去,许多人焦急地盯着厅外。于是,酒店经理当众宣布:"今天能聚集到我们酒店的都是我们的嘉宾,这是天意,希望大家能同敝店共享今天的喜庆,我代表酒店真诚邀请诸位到餐厅共进午餐,当然一切全部免费。"霎时间,大厅内响起雷鸣般的掌声。

虽然,酒店开业额外多花了一笔午餐费,但酒店的名字在新闻媒体及众多顾客的渲染下却迅速传播开来,接下来酒店的生意格外红火。

开业典礼是企业的大喜日子,是气氛热烈而又隆重的庆祝仪式,既表明企业对此项活动重视的态度,又可借此扩大企业的社会影响,提高企业的知名度和美誉度。酒店的经理借开业典礼之机请避雨的行人进入酒店,共享开业的喜庆,借此树立企业形象,收到了意想不到的效果。这一举动很好地体现了酒店经理的组织能力、社交水平及文化素养,是企业发展的第一个里程碑。

任务一 商务开业仪式礼仪

任何一个单位的创建、开业,或是本单位所经营的某个项目、工程的完工,诸如公司建立、商店开张、分店开业、写字楼落成、新桥通车、新船下水等,都是一项来之不易、可喜可贺的成功,故此它们一向备受商家的重视。在这种情况下,作为当事者一方,通常都要特意举办一次开业仪式。

开业仪式是指在单位创建、开业,项目完工、大楼落成,某一建筑物正式启用,或是某项工程正式开始之际,为了表示庆贺或纪念,而按照一定的程序所隆重举行的专门的仪式。有时开业仪式也称开业典礼。

开业仪式在商务一直颇受人们的青睐。究其原因,是因为通过它可以因势利导,对于商家自身事业的发展裨益良多。例如:它有助于扩大本单位的社会影响,吸引社会各界的重视与关心;有助于塑造本单位的良好形象,提高其知名度与美誉度;有助于将本单位的建立或成就"广而告之",借此为自己招徕顾客;有助于让支持过自己的社会各界人士同自己一同分享成功的喜悦,为日后进一步的合作奠定良好的基础;有助于增强本单位全体员工的自豪感与责任心,以创造出一个良好的开端,或开创一个新的起点等。

一、开业庆典活动的准备

1. 选择适当的时间

开业庆典的开业时间要善于选择,可以利用节假日借机扩大宣传,但也要考虑天气情况和周围居民的生活习惯,避免过早或过晚扰民。开业庆典活动不能选在忌讳的日子,如重大灾难的纪念日等。

2. 做好场地的布置

开业庆典仪式多在开业现场举行。企业的礼堂、会议厅、门前的广场以及外借的大厅等均可以选择作为开业庆典的场地。

在选择具体地点时,应结合庆典的规模、影响力以及企业的实际情况来决定。现场的大小应与出席者人数的多少成正比,否则,人多地方小,会拥挤不堪;人少地方大,则有"门前冷落车马稀"的感觉。如果选择在室外举行庆典,要注意防止妨碍交通或治安的情形发生。

按惯例,举行开业庆典仪式时,宾主一律站立,因此,场地现场可设也可不设主席台或座椅。为显示隆重与敬客,举行仪式的现场布置要在来宾尤其是贵宾站立之处铺设红色地毯,在场地醒目之处摆放来宾赠送的花篮、牌匾,在场地四周悬挂横幅、标语、气球、彩带和宫灯等。

来宾的签到簿、本企业的宣传材料、招待宾客的饮料、价格适中的精美纪念品等也须提前在开业现场摆放好。

3. 做好设备的准备工作

对音响、照明设备以及开业庆典仪式举行之时所需的用具、设备必须事先认真进行检查、调试，以防在使用时出现差错，尤其是来宾们讲话时使用的麦克风和传声设备。此外，还要准备一些欢快的乐曲在庆典举行前后播放，以烘托开业的欢乐喜庆气氛。

开业仪式影响的大小往往取决于来宾身份的高低与数量多少。地方领导、上级主管部门与地方职能管理部门的领导、企业的合作伙伴与同行企业的领导、社会团体的负责人、社会贤达、媒体人士等都是应予优先考虑的邀请重点。

为慎重起见，用以邀请来宾的请柬应认真书写。被邀请人的姓名要书写整齐无误，请柬的内容要完整、文字要简洁、措辞要热情。请柬要向被邀请人致意问候，说明此次开业的具体活动时间、地点、内容、邀请原因、联系方式以及日期等。

请柬应装入精美的信封，由专人提前送达被邀请人手中，以便对方早些做好安排，在典礼举行的前一天，最好用电话再次确认对方是否能出席开业庆典仪式。

4. 准备开幕词、致谢词

准备开幕词、致谢词是开业庆典准备工作中的一个重要环节。开幕词、致谢词的撰写要言简意赅、热情洋溢但不失庄重，内容表述要控制在规定的发言时间内。

5. 做好媒体宣传

开业庆典需要围绕主题宣传，以扩大企业知名度。

（1）选择有效的大众传播媒介，进行集中性的广告宣传。

（2）邀请有关的大众传播界人士在开业仪式举行时到现场进行采访、报道，以便企业做全面宣传。

（3）举行开业仪式时，给来宾的礼品馈赠属于宣传性传播媒介的范畴。赠送的礼品可选用本企业的产品，也可在礼品及包装上印有本企业的标志、广告用语、产品图案、开业日期等。礼品要具有宣传性、荣誉性、独特性和实用性。

6. 做好接待服务的安排

开业庆典仪式前，要成立一个对此全权负责的筹备组。筹备组成员通常由企业的各方面相关人员组成，他们应当具备很强的协调、筹划、沟通、办事的能力。

在庆典的筹备组之内，应根据具体需要，设公关、礼宾、财务、会务组。其中，庆典礼宾人员应由年轻、形象好、口头表达和应变能力较强者组成。负责来宾的迎送、引导、陪同、接待等服务。接待贵宾时，需由企业主要负责人亲自出面。

开业庆典前，还应为来宾准备好专用的停车场、休息室等。

7. 做好庆典的策划书

庆典策划书是对未来庆典活动进行策划的文本，是实现庆典目标的指导。

开业庆典策划书应该包括实施项目名称、实施时间、指导思想、前期的广告宣传、前期的准备事宜、现场布置、开业庆典的工作日程和议程安排、预算等内容。

二、开业庆典仪式的程序

开业庆典的具体程序是否规范关系到仪式举行的成功与否。拟定庆典程序时应遵循

"时间宜短不宜长"的原则。庆典仪式的时间应该控制在 1h 之内,这样既确保了庆典的良好效果,又尊重了全体出席者。尤其是重要来宾。

规范的庆典仪式应包括以下程序。

1. 迎宾

请来宾就位,现场安静,介绍嘉宾。

2. 主持人宣布典礼开始

宣布庆典正式开始,全体立正、脱帽、向国旗行注目礼,奏国歌(或加唱本企业之歌)。

3. 致开幕词

开业企业负责人致开幕词。致辞内容是对来宾表示感谢,并介绍此次庆典的缘由等,重点应是报捷以及庆典的可"庆"之处。

4. 致贺词

出席此次开业庆典的上级主管、协作伙伴等均应有代表致贺词。邀请嘉宾致贺应提前约好,不能当场推来推去。对外来的贺电、贺信等可不必一一宣读,但对其署名单位或个人应当公布。在进行公布时,可依据其"先来后到"的顺序,也可以按照其具体名称的汉字笔画进行排序。

5. 揭幕(剪彩)

由主办单位的负责人和一位上级领导或嘉宾代表揭去盖在牌匾上的红布,宣告企业的正式开业。参加典礼的全体人员鼓掌祝贺,同时可以燃放鞭炮庆贺。根据企业的需要,也可以在庆典仪式流程中增加剪彩仪式。

6. 安排文艺演出

以庆典的主题为主旋律。

7. 来宾参观

如果安排了合影留念的环节,合影结束后,接待人员就可以引导来宾参观企业的有关展览或主要设施、特色项目以及经营场所等。最后可以向来宾赠送纪念品,欢送来宾离去。如果举行庆典的企业有宴请,来宾参观完毕,就可以前往预订好的餐厅继续庆贺。

三、开业庆典仪式礼仪要求

开业庆典是商务形象的一种宣传。参加开业庆典的到场人员,尤其是主办方的商务人员,应注意礼仪规范。

1. 仪容整洁

仪容整洁是自尊和尊敬他人的体现。所有出席开业庆典的男士应特别注意仪容的整洁,如眼部、鼻腔、口腔、胡须、指甲等。女士则要化淡妆。

2. 服饰规范

有统一制服的企业,应以制服作为本企业人员的庆典着装;无制服的企业,应规定出席庆典的人员必须穿着正装。男士应穿深色西装套装(或中山装套装),配白衬衫、素色领带、黑色皮鞋;女士应穿深色西装套裙,配连裤肉色丝袜、黑色高跟鞋,或穿深色的西服套装。规范的服饰能起到正式、郑重的良好效果。

3. 遵守时间

遵守时间是基本的商务礼仪之一。出席庆典者,尤其是开业方的最高负责人以及员工,不能迟到、无故缺席或中途退场。如果庆典的起止时间已有规定,则应准时开始和准时结束,这体现着开业方的言而有信。

4. 态度友好

开业企业的人员遇到来宾,要主动热情问好。对来宾提出的问题,要立即予以友善的答复。不能围观来宾、指点来宾或是对来宾持有敌意。当来宾在庆典上发表贺词时,要主动鼓掌表示欢迎或感谢。

5. 行为自律

参加庆典的主办方人员有义务确保庆典的顺利完成。不要因自己的言行举止失当而使来宾对庆典做出不好的评价。在出席庆典时,主办方人员在举止行为方面应当注意以下问题:不要随意来去;不要在庆典举行期间到处乱走;不要和周围的人窃窃私语或开玩笑;不要有意无意地做出对庆典毫无兴趣的姿态,如看报纸、读小说、听音乐、玩手机游戏等。

任务二　商务剪彩仪式礼仪

剪彩仪式是为了庆贺公司的设立、企业的开工、商店的开张、宾馆的落成、银行的开业、大型建筑物的启用、道路或航线的开通、展销会或展览会的开幕等,而隆重举行的一项礼仪性程序。因其主要活动内容,是邀请专人使用剪刀剪断被称为"彩"的红色缎带,故此被人们称为剪彩。

剪彩作为一种仪式,最早出现于20世纪初,当时在美国的一个乡间小镇上,有家商店的店主慧眼独具,从一次偶然发生的事故中得到启迪,以它为模式开一代风气之先,为商家独创了一种崭新的庆贺仪式——剪彩仪式。

据历史记载,剪彩的头一次亮相是在1912年,地点是美国圣安东尼奥市的华狄密镇,而这位因发明剪彩仪式而一时出尽风头的店主叫威尔斯。时至今日,了解这一切的人不一定很多,可是知晓剪彩仪式的人却为数众多。

在威尔斯时期,甚至剪彩出现后的很长一段时间内,它只不过是人们用以促销的一种手段,直到后来,它才渐渐演变为商务活动中的一项重要的仪式。

时至今日,在各式各样的开业仪式上,剪彩都是一项极其重要的、不可或缺的程序。尽管它往往也可以被单独地分离出来,独立成项,但是在更多的时候,它是附属于开业仪式的。这是剪彩仪式的重要特征之一。

剪彩仪式上有众多的惯例、规则必须遵守,其具体的程序也有一定的要求。剪彩的礼仪就是对此所进行的基本规范。

知识拓展　　　　　　　　剪彩仪式的由来

1912年,在美国的圣安东尼奥市的华狄密镇上,有家百货商店即将开业。店主威尔斯为了阻止蜂拥而至的顾客在正式营业前闯入店内,将用以优惠顾客的便宜货争购一空,便随便找来一条布带子拴在门框上。谁料这项临时性的措施竟然更加激发了挤在店门之外的人们的好奇心,他们更想早一点进入店内,对即将出售的商品先睹为快。

正当店门之外的人们有些迫不及待的时候,店主的小女儿牵着一条小狗突然从店里跑出来,将拴在店门上的布带子碰落在地。人们误以为这是该店为了开张志喜所搞的"新把戏",于是立即一拥而入,大肆抢购。让店主转怒为喜的是,他的这家小店在开业之日的生意居然红火得令人难以置信。他认为自己的好运气全是由那条被女儿的小狗碰落在地的布带子所带来的。此后在他的几家"连锁店"陆续开业时,他便将错就错地如法炮制。久而久之,剪彩,从一次偶然的"事故"发展为一项重要的活动程序,再进而演化为一项隆重而热烈的仪式的过程,其自身也在不断发展、不断变化。例如,剪彩者先是由专人牵着一条小狗来充当,让小狗故意去碰落店门上所拴着的布带子;接下来,改由儿童担任,让他单独去撞断门上拴着的一条丝线;再后来,剪彩者又变成了妙龄少女,她的标准动作是当众撞落拴在门口上的大红缎带;到了最后,剪彩则被定型为邀请社会贤达和当地官员用剪刀剪断礼仪小姐手中所持的大红缎带。

资料来源:剪彩的由来,百度知道,http://www.zhidao.baidu.com/question/20827151.html.

一、剪彩的重要意义

目前,虽有不少人对剪彩提出非议,认为它乃是"劳民伤财"的"多此一举",没有重大意义可言。但经过近百年来的发展变化,剪彩自身在内容、形式、程序等方面也在不断日趋简化,并逐渐得以革新,也正因为此,在实际的商务活动中,绝大多数商务人士都依旧坚持认为,剪彩是不宜被取消,更不能被替代的。

这是因为剪彩有着重要的意义。具体而言,剪彩一直长盛不衰,并且仍然被商务人士所看好,主要是基于以下三个方面的重要原因。

(1) 剪彩活动热热闹闹、轰轰烈烈,既能给主人带来喜悦,又能令人产生吉祥如意之感。

(2) 剪彩不仅是对主人既往成绩的肯定和庆贺,而且也可以对其进行鞭策与激励,促使其再接再厉,继续进取。

(3) 剪彩可借活动良机,向社会各界通报自己的"问世",以吸引各界人士对自己的关注。

在上述三条原因中,第三条尤为重要。正因为如此,商务人士才可以理直气壮地向外界解释说:规模适度的剪彩,其实是一种业务宣传活动,而并非只是铺张浪费、毫无任何收益。在剪彩活动中,量力而行并进行适当地投入,绝对是得大于失的。

当然,在组织剪彩仪式时,不必一味地求新、求异、求轰动而脱离了自己的实际能力。勤俭持家,无论何时何地都是商务人士必须铭记于心的。

二、剪彩准备的礼仪

剪彩前的准备必须一丝不苟。具体而言,应包括环境的卫生、场地的布置、灯光与音响的准备、媒体的邀请、人员的培训等几个方面。在准备这些方面时,必须认真细致,精益求精。

除此之外,尤其对剪彩仪式上所需使用的某些特殊用具,诸如新剪刀、红色缎带、白色薄纱手套、托盘及红色地毯,都需要仔细地进行选择与准备。

1. 新剪刀

新剪刀是专供剪彩者在剪彩仪式上正式剪彩时所使用的。它必须是每位现场剪彩者人手一把,而且必须是崭新、锋利的和顺手的。

剪彩之前,一定要逐个把剪刀检查一下,看看是不是好用。务必要确保剪彩者在正式剪彩时,可以一举成功,要避免出现一再补剪的情况。在剪彩仪式结束后,主办方可将每位剪彩者所使用的剪刀经过包装后送给对方,以作为纪念。

2. 红色缎带

红色缎带,即剪彩仪式之中的"彩"。作为主角,它自然是万众瞩目的焦点。

按照传统做法,这个"彩"应当由一整匹未曾使用过的红色绸缎,在中间结成数朵花团而组成。目前,有些单位为了厉行节约,以长度为2m左右的细窄的红色缎带取而代之,还有的以红线绳、红布条、红纸条作为其变通,也是可行的。

一般来说,红色缎带上所结的花团,不仅要生动、硕大、醒目,而且其具体数目往往还与现场剪彩者的人数直接相关。按照常规,红色缎带上所结的花团的具体数目有以下两类模式可依。

(1) 花团的数目比现场剪彩者的人数多一个。

(2) 花团的数目比现场剪彩者的人数少一个。

前者可使每位剪彩者总是处于两朵花团之间,尤显正式。后者则不同常规,但也不失新意。

3. 白色薄纱手套

白色薄纱手套是专为剪彩者所准备的。在正式的剪彩仪式上,剪彩者剪彩时最好每人戴上一副白色薄纱手套,以示郑重其事。在准备白色薄纱手套时,除要确保数量充足之外,还需使之大小适度、崭新平整、洁白无瑕。

有时,也可不准备白色薄纱手套。

4. 托盘

托盘要求托在礼仪小姐手中,用作盛放红色缎带、剪刀、白色薄纱手套等。在剪彩仪式上所使用的托盘,最好是崭新的、洁净的。它通常首选银色的不锈钢制品。为了显示正规,托盘上可铺红色绒布或绸布。

就其数量而论,在剪彩时,可以一只托盘依次向各位剪彩者提供剪刀与手套,并同时盛放红色缎带;也可以为每一位剪彩者配置一只专为其服务的托盘,同时使红色缎带专由一只托盘盛放。后一种方法显得更加正式一些。

5. 红色地毯

红色地毯主要用于铺设在剪彩者正式剪彩时的站立之处。

通常来讲,红色地毯的长度可视剪彩的人数而定,其宽度则不应在1m以下。在剪彩现场铺设红色地毯,主要是为了营造一种喜庆的气氛,从而提升档次。

有时,也可不予铺设。

三、剪彩人员的礼仪

剪彩的人员必须审慎选定。在剪彩仪式上,最为活跃的,当然是人而不是物。因此,对剪彩人员必须认真地进行选择,并应事先进行必要的培训。

除主持人之外,剪彩的人员主要是由剪彩者与助剪者两部分构成。对这两部分人员的礼仪有以下要求。

1. 剪彩者

在剪彩仪式上担任剪彩者,是一种很高的荣誉。剪彩仪式档次的高低,往往也同剪彩者的身份密切相关。因此,在选定剪彩人员时,应尽量选好。

依照惯例,剪彩者可以是一个人,也可以是几个人,但是一般不应多于五人。通常,剪彩者多由上级领导、合作伙伴、社会名流、员工代表或客户代表等来担任。

在剪彩仪式正式举行之前应确定剪彩者名单。名单一经确定,即应尽早告知对方,使其有所准备。在一般情况下,确定剪彩者时,必须尊重对方的个人意见,切勿勉强对方。需要由数人同时担任剪彩者时,应分别告知每位剪彩者。这样做是对剪彩者的一种尊重。

必要时,可在剪彩仪式举行前,将剪彩者集中在一起,并告之有关的注意事项,允许的话可做相应的排练。按照常规,剪彩者应着套装、套裙或制服,将头发梳理整齐。不允许戴帽子或者戴墨镜,也不允许穿着便装。

若剪彩者仅为一人,则其剪彩时居中而立即可。若剪彩者不止一人时,则应同时上场,剪彩时位次的高低也必须予以重视。一般来讲,中间高于两侧,右侧高于左侧,距离中间站立者越远,位次便越低,即主剪者应居于中间的位置。

需要说明的是,之所以规定剪彩者的位次"右侧高于左侧",是因为这是一项国际惯例,剪彩仪式理当遵守。

2. 助剪者

助剪者是在剪彩者剪彩的一系列过程中从旁为其提供帮助的礼仪小姐。一般而言,助剪者多由东道主一方的女性职员担任。

具体而言,在剪彩仪式上担任礼仪小姐的人员,又可以分为迎宾者、引导者、拉彩者、捧花者、托盘者、服务者六类。

迎宾者主要是在活动现场负责迎来送往;引导者主要是在进行剪彩时负责带领剪彩者登台或退场;拉彩者主要是在剪彩时展开、拉直红色缎带;捧花者主要是在剪彩时手托花团;托盘者主要是为剪彩者提供剪刀、手套等剪彩用品;服务者主要是为来宾尤其是剪彩者提供饮料、安排休息之处等。

在一般情况下,迎宾者与服务者应不止一人;引导者既可以是一个人,也可以为每位剪彩者各配一人;拉彩者通常应为两人;捧花者的人数则需要视花团的具体数目而定,一般应为一花一人;托盘者可以为一人,也可以为每位剪彩者各配一人。有时,一个礼仪小姐可身兼数职。

礼仪小姐的基本条件是相貌姣好、身材修长、年轻健康、气质高雅、音色甜美、机智灵活、反应敏捷、善于交际。礼仪小姐的最佳装束应为化淡妆、盘起头发,穿款式、面料、色彩统一的单色旗袍,配肉色连裤丝袜、黑色高跟皮鞋。除戒指、耳环或耳钉外,不佩戴其他任何首饰。有时,礼仪小姐也可穿深色或单色的套裙。必要时,可向外单位临时聘请礼仪小姐。

四、剪彩程序的礼仪

剪彩的程序必须有条不紊。在正常情况下,剪彩仪式应在行将启用的工程、建筑或者博览会、展销会的现场举行。正门外的广场、正门内的大厅，都是可予优先考虑的。在活动现场，可略作装饰。在剪彩之处悬挂写有剪彩仪式的具体名称的大型横幅，更是必不可少的。

一般来说，剪彩仪式宜紧凑，忌拖拉，在所耗时间上越短越好。短则一刻钟即可，长则至多不宜超过 1h。

另外，按照惯例，剪彩既可以是开业仪式中的一项具体程序，也可以独立出来，由其自身的一系列程序所组成。独立而行的剪彩仪式，通常应包含以下六项基本的程序。

1. 来宾就座

在剪彩仪式上，通常只为剪彩者、来宾和本单位的负责人安排座席。在剪彩仪式开始时，即应敬请大家在已排好顺序的座位上就座。在一般情况下，剪彩者应就座于前排。若其不止一人时，则应按照剪彩时的具体顺序就座。

2. 宣布仪式开始

在主持人宣布仪式开始后，乐队应演奏音乐，现场可燃放鞭炮，全体到场者应热烈鼓掌。此后，主持人应向全体到场者介绍到场的重要来宾。

3. 奏国歌

奏国歌时须全场起立。必要时，也可随之演奏本单位的标志性歌曲。

4. 安排发言

发言者依次应为东道主单位的代表、上级主管部门的代表、地方政府的代表、合作单位的代表等。其内容应言简意赅，每人不应超过 3min，重点主要包括介绍、道谢和致贺。

5. 进行剪彩

剪彩前，向全体到场者介绍剪彩人，然后剪彩开始。进行剪彩时，全体应热烈鼓掌，必要时还可奏乐或燃放鞭炮。

6. 安排参观

剪彩结束，主人应陪同来宾参观被剪彩之物。仪式至此宣告结束。随后东道主单位可向来宾赠送纪念品，并安排全体来宾的餐饮事宜。

职场链接

某企业举行新项目开工剪彩仪式，请来了王市长和当地各界名流嘉宾参加，请他们坐在主席台上，仪式开始，主持人热情洋溢地宣布："请王市长下台剪彩！"却见王市长端坐没动。主持人很奇怪，重复了一遍："请王市长下台剪彩！"王市长还是端坐没动，脸上还露出一丝恼怒。主持人又宣布了一遍："请王市长剪彩！"王市长才很不情愿地勉强站起来去剪彩。

五、剪彩做法的礼仪

剪彩的做法必须标准无误。进行正式剪彩时，剪彩者与助剪者的具体做法必须合乎规范，否则就会使其效果大受影响。

1. 礼仪小姐登台

当主持人宣告进行剪彩之后，礼仪小姐即应率先登台。在上场时，礼仪小姐应排成一行行进。从两侧同时登台或从右侧登台均可。登台之后,拉彩者与捧花者应当站成一行,拉彩者处于两端拉直红色缎带,捧花者各自双手手捧一朵花团。托盘者须站立在拉彩者与捧花者身后1m左右,并且自成一行。

2. 剪彩者登台

在剪彩者登台时,引导者应在其左前方进行引导,使剪彩者各就各位。剪彩者登台时,宜从右侧出场。当剪彩者均已到达既定位置后,托盘者应前行一步,到达前者的右后侧,以便为其递上剪刀、手套。

剪彩者若不止一人,则其登台时也应列成一行,并且使主剪者行进在前。在主持人向全体到场者介绍剪彩者时,剪彩者应面含微笑向大家欠身或点头致意。

剪彩者行至既定位置之后,应向拉彩者、捧花者含笑致意。当托盘者递上剪刀、手套时,也应微笑着向对方道谢。

3. 进行剪彩

在正式剪彩前,剪彩者应首先向拉彩者、捧花者示意,待其有所准备后,集中精力,右手持剪刀,表情庄重地将红色缎带一刀剪断。若多名剪彩者同时剪彩时,其他剪彩者应注意主剪者动作,与其主动协调一致,力争大家同时将红色缎带剪断。

4. 退场

按照惯例,剪彩以后,红色花团应准确无误地落入托盘者手中的托盘里,而切勿使之坠地。为此,需要捧花者与托盘者的合作。剪彩者在剪彩成功后,可以右手举起剪刀,面向全体到场者鼓掌致意。然后放下剪刀、手套于托盘之内,举手鼓掌。接下来,可依次与主人握手道喜,并列队在引导者的引导下退场。退场时,一般宜从右侧下台。

待剪彩者退场后,其他礼仪小姐方可列队由右侧退场。

不管是剪彩者还是助剪者,在上下场时,都要注意井然有序、步履稳健、神态自然。在剪彩过程中,更是要表现得不卑不亢、落落大方。

任务三 商务签约仪式礼仪

在公务交往活动中,双方经过洽谈、讨论,就某项重大问题意见、重要交易或合作项目达成一致,就需要把谈判成果和共识,用准确、规范、符合法律要求的格式和文字记载下来,经双方签字盖章形成具有法律约束力的文件。围绕这一过程,一般都要举行签约仪式。

一、签约仪式的准备

签约仪式是由双方正式代表在有关协议或合同上签字并产生法律效力,体现双方诚意和共祝合作成功的庄严而隆重的仪式。因此,主办方要做好充分的准备工作。

1. 确定参加仪式的人员

根据签约文件的性质和内容,安排参加签约仪式的人员。参加签约仪式的人员原则上是强调对等。人员数量上也应大体相当。一般来说,双方参加洽谈的人员均应在场。客方应提前与主办方协商自己出席签约仪式的人员,以便主办方作相应的安排。具体签字人,在地位和级别上应要求对等。

2. 做好协议文本的准备

签约之"约"事关重大,一旦签订即具有法律效力。所以,待签的文本应由双方与相关部门指定专人,分工合作完成好文本的定稿、翻译、校对、印刷、装订等工作。除核对谈判内容与文本的一致性以外,还要核对各种批件、附件、证明等是否完整准确、真实有效以及译本副本是否与样本正本相符。如有争议或处理不当,应在签约仪式前,通过再次谈判以达到双方谅解和满意方可确定。作为主办方,应为文本的准备过程提供周到的服务和方便的条件。

3. 落实签约仪式的场所

落实举行仪式的场所,应视参加签约仪式人员的身份和级别、参加仪式人员的多少和所签文件的重要程度等诸多因素来确定。著名宾馆、饭店,政府会议室、会客厅都可以选择。既可以大张旗鼓地宣传,邀请媒体参加,也可以选择僻静场所进行。无论怎样选择,都应是双方协商的结果。任何一方自行决定后再通知另一方,都属失礼的行为。

4. 签约仪式现场的布置

现场布置的总原则是庄重、整洁、清静。我国常见的布置方式:在签约现场的厅(室)内,设一张加长型条桌,桌面上覆盖着深冷色台布(应考虑双方的颜色禁忌),桌后只放两张椅子,供双方签约人签字使用。礼仪规范为客方席位在右,主方席位在左。桌上放好双方待签的文本,上端分别置有签字用具(签字笔、吸墨器等)。如果是涉外签约,在签字桌的中间摆一国旗架,分别挂上双方国旗,注意不要放错方向。如果是国内地区、单位之间的签约,也可在签字桌的两端摆上写有地区、单位名称的席位牌。签字桌后应有一定空间供参加仪式的双方人员站立,背墙上方可挂上"××(项目)签字仪式"字样的条幅。签字桌的前方应开阔、敞亮,如邀请媒体记者,则留有空间,配好灯光。

二、签约仪式的程序

签约仪式有一套严格的程序,大体由以下几个步骤构成。

(1) 参加签约仪式的双方代表及特约嘉宾按时步入签字仪式现场。

(2) 签约者在签约台前入座,其他人员分主、客各站一边,按其身份自里向外依次由高到低,列队于各自签约者的座位之后。

(3) 双方助签人员分别站立在自己签约者的外侧。

(4) 签约仪式开始后,助签人员翻开文本,指明具体的签字处,由签字人签上自己的姓名,并由助签人员将己方签了字的文本递交给对方助签人员,交换对方的文本再签字。

(5) 双方保存的协议文本都签好字以后,由双方的签字人自己郑重地相互交换文本,同时握手致意、祝贺,双方站立人员同时鼓掌。

(6) 协议文本交换后,服务人员用托盘端上香槟酒,双方签约人员举杯同庆,以增添合作愉快气氛。

(7) 签约仪式结束后,双方可共同接受媒体采访。退场时,可安排客方人员先走,主办方送客后自己再离开。

三、签约仪式的礼仪

谈判不成当然无须签约,签约是洽谈结出的硕果。签约仪式上双方气氛显得轻松和谐,也没有了洽谈时的警觉和自律,但签约仪式中的礼仪仍不可大意。

(1) 注意服饰整洁、挺括。参加签约仪式,应穿正式服装,庄重大方,切不可随意着装。签字人、助签人以及随行人员,在出席签字仪式时,应当穿着具有礼服性质的深色西装套装、西装套裙,并配以白色衬衫与深色皮鞋。这反映了签约一方对签约的整体态度和对对方的尊重。

(2) 签约双方的身份和职位应对等,过高或过低都会造成不必要的误会。其他人员在站立的位置和排序上也应有讲究,不可自以为是。在整个签约完成之前,参加仪式的双方人员都应平和地微笑着直立站好,不宜互相走动谈话。

(3) 签字应遵守"轮换制"的国际惯例。签字者应先在自己一方保存的文本左边首位处签字,然后交换文本,在对方保存的文本上签字。这样可使双方都有一次机会首位签字。在对方文本上签字后,应自己与对方签字者互换文本,而不是由助签者代办。

(4) 最后,双方举杯共饮香槟酒时,也不能大声喧哗叫喊。碰杯要轻,而后高举示意,浅抿一口即可,举止要文雅有风度。

四、签字仪式的场景布置要求

(1) 签字厅。一般安排在较有影响的、适于签字的、宽敞明亮的大厅内,也可安排在谈判室内。

(2) 签字桌的选择。签字桌可选择签字厅内的大方桌,桌上覆盖深颜色的台布,究竟选择什么颜色,要视双方喜好并且不触犯任何一方的忌讳。

(3) 摆设。在选定的长方形谈判桌的后面摆放两把椅子,作为双方主签人员的座位,主左客右。谈判桌上摆放着各方保存的文本、签字用的文具。文具的前端中央摆一旗架,悬挂签字双方的旗帜。所有这些摆设的摆放都遵循主左客右的原则。

任务四　商务庆典仪式礼仪

庆典是各种庆礼仪式的统称。在商务活动中,商务人员参加庆祝仪式的机会是很多的,既有可能奉命为本单位组织一次庆祝仪式,也有可能应邀出席外单位的某次庆祝仪式。

一、商务庆典概述

就其形式而论,商界各单位所举行的各类庆祝仪式,都有一个共同的特色,即要求务实而不务虚。若能由此而增强本单位全体员工的凝聚力与荣誉感,并且使社会各界人士对本单位重新认识、刮目相看,那么大张旗鼓地举行庆典,多进行一些人、财、物的投入,任何理智、精明的商家,都会对此在所不惜。

就其内容而论,在商界所举行的庆祝仪式大致分为以下四类。

1. 周年庆典

周年庆典是在本单位成立周年时所举行的庆典。通常,它都是在逢五、逢十周年或其倍数的时候进行。

2. 业绩庆典

业绩庆典是本单位在某方面取得了重大的业绩,如千日无生产事故、生产某种产品的数量突破10万台、经销某种商品的销售额达到1亿元等,从而为这些来之不易的成绩而举行的庆祝。

3. 荣誉庆典

荣誉庆典是在本单位荣获了某项荣誉称号或单位的"拳头产品"在国内外重大展评中获奖之后而举行的。

4. 发展庆典

发展庆典是本单位在某一时期取得了显著发展的庆典。如当本单位建立集团、确定新的合作伙伴、兼并其他单位、分公司或连锁店不断发展时,自然都值得庆祝一番。

二、组织庆典的礼仪

毋庸多言,庆典既然是庆祝活动的一种形式,那么它就应当以庆祝为中心,把每一项具体活动都尽可能组织得热烈、欢快而隆重。不论是举行庆典的具体场合、庆典进行过程中的某个具体场面,还是全体出席者的情绪、表现,都要体现出红火、热闹、欢愉、喜悦的气氛。唯其如此,庆典的宗旨——塑造本单位的形象、显示本单位的实力、扩大本单位的影响,才能够真正地得以贯彻落实。

1. 确定出席人员名单

庆典出席人员的名单应当精心确定,出席者中不应当有滥竽充数者,或是让对方勉为其难。确定庆典出席人员名单时,始终应当以庆典的宗旨为指导思想,一般来说,庆典的出席人员通常应包括以下人士。

(1)上级领导。地方党政领导、上级主管部门的领导,大都对单位的发展给予过关心和指导。邀请他们参加,主要是为了表示感激之意。

(2)大众传媒。在现代社会中,电视、广播、报纸、杂志等大众媒介,被称为仅次于立法、行政、司法三权的社会"第四权力"。邀请他们参加,并主动与他们合作,将有助于其公正地介绍本单位的成就,进而有助于加深社会对本单位的认同和了解。

(3)社会名流。根据公共关系学中的"名人效应"原理,社会各界的名人对于公众最有吸引力,能够请到他们,将有助于更好地提高本单位的知名度。

(4)合作伙伴。在商务活动中,合作伙伴经常是彼此同呼吸、共命运的。邀请他们来与自己一起分享成功的喜悦,是完全应该的,而且也是绝对必要的。

(5)社会实体。社会实体是那些与本单位共居于同一区域、对本单位具有种种制约作用的、具有社区关系的人士。诸如,本单位周围的街道办事处、居民委员会、学校、医院、养老院、幼儿园、商店以及其他单位等。请他们参加庆典,会使他们进一步了解本单位、尊重本单位、支持本单位,或是给予本单位更多的方便。

(6)单位员工。员工是本单位的主人,本单位每一项成就的取得,都离不开他们的兢兢业业和努力奋斗。所以在组织庆典时,当然应该有他们或他们的代表参加。

2. 庆典仪式的现场布置

举行庆典仪式的现场,是庆典活动的中心地点。对它的安排、布置是否恰如其分,往往会直接关系到庆典留给人们的印象好坏。依据庆典仪式的有关礼仪规范,商务人员在布置庆典仪式的现场时,需要通盘思考的主要问题有以下几点。

(1) 地点。在选择具体地点时,应结合庆典的规模、影响力以及本单位的具体情况来决定。本单位的礼堂、会议厅,本单位内部或门前的广场以及外借的大厅等,均可作为选择的对象。

不过在室外举行庆典时,切勿因地点选择不慎,从而制造噪声、妨碍交通或治安,否则会顾此失彼。

(2) 环境。在反对铺张浪费的同时,应当量力而行,着力美化庆典举行现场的环境。为了烘托出热烈、隆重、喜庆的气氛,可在现场张灯结彩、悬挂彩灯、彩带,张贴一些宣传标语,并且张挂标明庆典具体内容的大型横幅。

如果有能力,还可以请由本单位员工组成的乐队、锣鼓队届时演奏音乐或敲锣打鼓,烘托热闹的气氛。但是这类活动应当适度,不要热闹过了头,成为胡闹,或者"喧宾夺主"。

(3) 规模。在选择举行庆祝仪式的现场时,应当牢记并非规模越大越好。从理论上来说,现场规模的大小应与出席者人数的多少成正比。也就是说场地的大小,应同出席者人数的多少相适应。人多地方小,拥挤不堪,会使人心烦意乱;人少地方大,则会让来宾对本单位产生"门前冷落车马稀"的感觉。

(4) 音响。在举行庆典之前,务必要把音响准备好。尤其是供来宾们讲话时使用的麦克风和传声设备,在关键时刻,绝不允许临阵"罢工",让主持人手忙脚乱、大出洋相。

在庆典举行前后,播放一些喜庆、欢快的乐曲,只要不抢占"主角"的位置,通常是可以的。但是对于播放的乐曲,应先期进行审查。切勿届时让工作人员自由选择,随意播放背离庆典主题的背景乐曲,甚至是那些凄惨、哀怨、让人伤心落泪的乐曲,或是那些不够庄重的诙谐曲和爱情歌曲。

3. 来宾接待

与一般商务交往中来宾的接待相比,对出席庆祝仪式的来宾的接待,更应突出礼仪性的特点。不但应当热心细致地照顾好全体来宾,而且应当通过主办方的接待工作,使来宾感受到主人的真情厚意,并且想方设法使每位来宾都能心情舒畅。

最好的办法,是庆典一经决定举行,即成立对此全权负责的筹备组。筹备组成员通常应当由各方面的有关人士组成,他们应当是能办事、会办事、办实事的人。在庆典的筹备组内,应根据具体的需要,下设若干专项小组,在公关、礼宾、财务、会务等各方面"分兵把守",各管一段。其中负责礼宾工作的接待小组,大都不可缺少。

庆典的接待小组,原则上应由年轻、精干、身材与形象较好、口头表达能力和应变能力较强的男女青年组成。接待小组成员的具体工作有以下几项。

(1) 来宾的迎送,即在举行庆祝仪式的现场迎接或送别来宾。

(2) 来宾的引导,即由专人负责为来宾带路,将其送到既定的地点。

(3) 来宾的陪同。对于某些年事已高或非常重要的来宾,应安排专人始终陪同,以便关心与照顾。

（4）来宾的接待，即指派专人为来宾送饮料、上点心以及提供其他方面的关照。凡应邀出席庆典的来宾，绝大多数人对本单位都是关心和友好的。因此，当他们光临时，主人没有任何理由不让他们受到热烈而且合乎礼仪的接待。将心比心，在来宾的接待上若得过且过、马马虎虎，则一定会伤来宾的自尊心。

4. 拟定庆典的程序

庆典的具体程序，一定要精心拟定。一次庆典举行的成功与否，与其具体的程序关系密切。

（1）拟定程序的原则。仪式礼仪规定，拟定庆典的程序时，有两条原则必须坚持。

① 时间宜短不宜长。大体上讲，它应以 1h 为限。这既为了确保其效果良好，也是为了尊重全体出席人员，尤其是为了尊重来宾。

② 程序宜少不宜多。过多的程序，不仅会加长时间，还会分散出席者的注意力，并给人以庆典内容过于烦琐、凌乱的感觉。千万不要使庆典成为内容乱七八糟的"马拉松"。

（2）庆典的具体程序。依照常规，一次庆典大致上应包括下述几项程序。

① 介绍嘉宾。请来宾就座，出席者安静，介绍嘉宾。

② 公布庆典正式开始。全体起立，奏国歌，唱本单位之歌（如果有的话）。

③ 本单位主要负责人致辞。内容包括对来宾表示感谢、介绍此次庆典的缘由等，其重点应是报捷以及庆典的可"庆"之处。

④ 嘉宾讲话。大体上讲，出席此次庆典的上级主要领导、协作单位及社会实体单位，均应有代表讲话或致贺词。嘉宾讲话应当提前约定好，不要当众推来推去。

对外来的贺电、贺信等，可不必一一宣读，但对其署名单位或个人应当公布。在进行公布时，可依照其"先来后到"的顺序，或是按照其具体名称的汉字笔画的多少进行排列。

⑤ 安排文艺演出。安排文艺演出的程序可有可无，如果准备安排，应当慎选内容，注意不要有悖于庆典的主旨。

⑥ 来宾参观。如有可能，可尽量安排来宾参观本单位的有关展览或车间等。当然，此项程序有时也可省略。

三、出席庆典的礼仪

参加庆典时，无论是主办单位的人员还是外单位的人员，均应注意自己临场之际的举止表现。其中，主办单位人员的表现尤其重要。

1. 主办单位人员出席的礼仪

在举行庆祝仪式之前，主办单位应对本单位的全体员工进行必要的礼仪教育。对于本单位出席庆典的人员，还需规定好有关的注意事项，并要求大家在临场时务必严格遵守。

本单位的负责人，尤其是出面迎送来宾和上主席台的人士，只能够"身先士卒"，而绝不允许有任何例外。因为在庆典仪式上，真正令人瞩目的，还是东道主方面的出席人员。假如这些人在庆典中精神风貌不佳、穿着打扮散漫、举止行为失当，则会成为本单位形象的"反面宣传"。

按照庆典仪式礼仪的规范，作为主办单位的商务人士在出席庆典时，应当严格注意的礼仪问题主要有以下六点。

（1）仪容服饰。所有出席本单位庆典的人员,事先都要洗澡、理发,男士还应刮光胡须。无论如何,届时都不允许本单位的人员蓬头垢面、胡子拉碴、浑身汗臭味,有意无意去给本单位的形象"抹黑"。

有统一式样制服的单位,应要求以制服作为本单位人士的庆典着装。无制服的单位,应规定届时出席庆典的本单位人员必须穿着礼仪性服装。绝不允许在服饰方面任其自然、自由放任,把一场庄严隆重的庆典,搞得像一场万紫千红的时装或休闲装的"博览会"。

（2）遵守时间。遵守时间是基本的商务礼仪之一。对本单位庆典的出席者而言,更不得小看这一问题。上到本单位的最高负责人,下到级别最低的员工,都不得姗姗来迟或无故缺席,而中途退场则更不应该。

如果庆典的起止时间已有规定,则应当准时开始、准时结束。要向社会证明本单位言而有信。

（3）表情庄重。在庆典举行期间,不允许嘻嘻哈哈、嬉皮笑脸,或是愁眉苦脸、唉声叹气、一脸晦气,否则会使来宾产生很不好的想法。在举行庆典的整个过程中,都要表情庄重、聚精会神。假若庆典之中安排了升国旗、奏国歌、唱本单位之歌的程序,一定要依礼行事：起立、脱帽、立正,面向国旗或主席台行注目礼,并且认认真真、表情庄严肃穆地和大家一起唱国歌、唱本单位之歌。此刻,绝不允许不起立、不脱帽、东张西望、不唱或乱唱国歌与本单位之歌。在起立或坐下时,把座椅搞得乱响,一边脱帽一边梳头,或是在此期间走动、与他人交头接耳,都应视为是损害本单位形象的行为。

（4）态度友好。这里所指的态度友好,主要是对来宾态度要友好。遇到来宾,要主动热情地问好。对来宾提出的问题,都要立即予以友善的答复。不要围观和指点来宾,或是对来宾持有敌意。

当来宾在庆典上发表贺词时,或是随后进行参观时,要主动鼓掌表示欢迎或感谢。在鼓掌时,不要在对象上"挑三拣四"。即使个别来宾,在庆典中表现得对主人不够友善,或说几句不太顺耳的话,主办方人员也应当保持克制,不要吹口哨、"鼓倒掌"、敲打桌椅、胡乱起哄。不允许打断来宾的讲话,向其提出挑衅性质疑,或是对其进行人身攻击。

（5）行为自律。既然参加了本单位的庆典,主办方人员就有义务以自己的实际行动,来确保它的顺利与成功。至少,大家也不应当因为自己的举止失当,而使来宾对庆典做出不好的评价。

在出席庆典时,主办方人员应时刻注意自己的行为举止。

① 不要"想来就来,想走就走",或是在庆典举行期间到处乱走、乱转。

② 不要有意无意地做出对庆典毫无兴趣的姿态,如读小说、看报纸、听音乐、玩游戏、打扑克、打瞌睡、织毛衣等。

③ 不要让人觉得自己心不在焉,诸如探头探脑、东张西望,一再看手表或是向别人打听时间。

④ 不要与周围的人说"悄悄话"、开玩笑,或是朝主席台上的人挤眉弄眼、做鬼脸等。

⑤ 当本单位的会务人员对自己有所要求时,需要"有则改之,无则加勉",不要一时冲动,或是为了显得自己玩世不恭,而产生逆反心理,做出傻事来。

（6）发言简短。倘若商务人员有幸在本单位的庆典中发言,则务须谨记以下四个重要的问题。

① 上下场时要沉着冷静。走向讲台时,应不慌不忙,不要急奔过去,或是慢吞吞地"起驾"。在开口讲话前,应平心静气,不要气喘吁吁、面红耳赤、满脸是汗、急得讲不出话来。

② 要讲究礼貌。在发言开始,勿忘说一句"大家好"或"各位好"。在提及感谢对象时,应目视对方。在表示感谢时,应郑重地欠身施礼。对于大家的鼓掌,则应以自己的掌声来回礼。在讲话末了,应当说一声"谢谢大家"。

③ 要宁短勿长。发言一定要在规定的时间内结束,而且宁短勿长,不要随意发挥,信口开河。

④ 应少做手势。含义不明的手势应当少做,尤其在发言时应当坚决不用。

2. 外单位人员出席的礼仪

外单位的人员在参加庆典时,同样有必要"既来之,则安之",以自己上佳的临场表现,来表达对主人的敬意与对庆典本身的重视。倘若在此时此刻都表现欠佳,则对主人来说是一种伤害。所以宁肯谢绝参加,也绝不可去而失礼。

当外单位的人员在参加庆典时,若是以单位而不是以个人名义来参加的话,则要特别注意自己的临场表现,不可轻举妄动或放纵不羁。

任务五 商务交接仪式礼仪

一、交接仪式的含义

商务交接仪式是指施工单位依照合同将业已建设、安装完成的工程项目或大型设备,如厂房、商厦、宾馆、办公楼、机场、车站、码头、飞机、轮船、火车等,经验收合格后正式移交给使用单位时所举行的庆祝典礼仪式。举行交接仪式,既是商务伙伴对于成功合作的庆贺,也是对关心、支持和帮助他们的社会各界的感谢。

对于参与活动的双方来说,也是提高知名度和美誉度的一种公共宣传活动,对于塑造良好的组织形象具有重要作用。

二、交接仪式的准备

1. 来宾的邀请

邀请来宾参加交接仪式,一般应由交接仪式的东道主——施工、安装单位负责。交接仪式出席人员由施工单位和接收单位协商确定,应包括:施工、安装单位的有关人员;接收单位的有关人员;上级主管部门的负责人;协作单位的代表;当地政府官员;行业组织负责人;各界知名人士和新闻记者等。交接仪式的出席人员应当适宜,除施工、安装单位与接收单位的有关人员外,其他所有人员均提前寄送正式的书面邀请,以示尊重。

接到邀请的单位和负责人,不管能否出席,均应尽早向交接仪式的主办单位发出贺电或贺信;还可赠送大型花篮表示祝贺,花篮应提前送达会场。作为出席仪式的代表,均应身着正装,面带微笑,举止热情。在举行仪式之前,交接单位的负责人应提前到达会场,并在门口恭迎来宾们的光临,并指定专人进行接待、迎送、引导、陪同等应酬。

2. 现场的布置

交接仪式的现场可以选择在工程项目或大型设备所在地的现场,也可在其他场所举行。

不论仪式在何处举行,作为东道主,均需指定专人或组织临时专门班子,具体负责现场的布置工作。在交接仪式现场,可临时搭建一处主席台。主席台及来宾席上可铺设红地毯。如果交接时间较长,还应准备足量的座椅。在主席台上方,应悬挂红色巨型条幅,如"××工程交接仪式"或"热烈庆祝××商厦正式交付使用"等。在会场的入口处或主席台前,可悬挂一定数量的彩旗、彩带等,会场上空可悬放带有庆祝标志的气球,以烘托喜庆气氛。来宾赠送的花篮,应摆放在醒目的位置。现场若需音响、录音录像、照明设备以及其他各种用具,应提前调试和检查。

3. 物品的准备

(1) 交接象征物。在交接仪式上,东道主一方应提前准备作为交接象征之物的有关物品,如验收文件、一览表、钥匙等。验收文件是指已经公证的,由交接双方正式签署的证明性文件;一览表是指交付给接收单位的全部物资、设备或其他物品的名称、数量明细表;钥匙是指用来开启被交接的建筑物或机械设备的钥匙,因其强烈的象征性,预备一把即可。

(2) 其他物品。交接仪式主办单位还要为来宾准备一份礼品,这一礼品应突出纪念性、宣传性,如被交接的工程项目、大型设备的缩微模型,或相关的画册、明信片、纪念章、钥匙扣等。

三、交接仪式的程序

不同类型的交接仪式,其程序各有不同,但大体内容是一致的,主要表现为以下几方面。

(1) 交接仪式开始。主持人请有关负责人到主席台就座,并宣布交接仪式开始,全体与会者鼓掌祝贺。

(2) 奏国歌,或演奏主办单位的标志性歌曲。

(3) 交换有关文件。即由施工、安装单位与接收单位正式进行有关工程项目或大型设备的交接,主要由施工、安装单位的代表,将有关工程项目、大型设备的验收文件、一览表或者钥匙等象征性物品,正式递交给接收单位的代表。双方应面带微笑,双手递交、接收有关物品,在此之后,双方应热烈握手,相互致谢。该程序进行的过程中,可以播放、演奏节奏欢快的喜庆音乐。这一程序可由上级主管部门负责人或当地政府领导人为工程项目剪彩所取代。

(4) 各方代表发言。按惯例,需由有关各方代表发言,包括施工或安装单位的代表、接收单位的代表、来宾代表等。发言是礼节性的,要简短而热情,点到为止即可,最好不要超过3min。

(5) 宣布仪式结束。交接仪式在时间上宜短忌长,以0.5~1h为宜。仪式结束,应邀请来宾参观有关的工程项目或展览,东道主应为此安排专人接待、陪同和解说。参观之后,有的东道主还会为各方来宾赠送纪念品或安排一些文娱活动。

四、交接仪式的礼仪

参加交接仪式时,各方代表都应举止得体。若行为失礼,不但有损自身形象,甚至会影响各方之间的关系。

1. 主办方的礼仪规范

(1) 仪容仪表规范。参加交接仪式的人员应统一着正装或迎宾工作装,女性妆容应端庄大方,男性颜面整洁。

(2) 行为举止得体。在交接仪式期间,主办方人员应各就各位,不得东游西逛、交头接耳,接受祝贺时勿张扬放肆,得意忘形。

(3) 热情友善待客。主办方应真诚待客,对来宾的提问或要求,应热情解答、鼎力相助;在自己力所不能及时,应向对方说明原因,并及时向有关方面反映,热心帮助对方解决问题。

2. 来宾方的礼仪规范

(1) 致以祝贺。接到正式邀请后,被邀请者应尽早以单位或个人的名义发出贺电或贺信,向主办方表示热烈祝贺;也可在出席交接仪式时,将贺信面交主办方。参加仪式时,应郑重地与主办方的主要负责人握手,并口头道贺。

(2) 略备贺礼。为表示祝贺之意,可向主办方赠送贺礼,如花篮、牌匾等。

(3) 预备贺词。若与主办方关系密切,则还要提前准备一份书面贺词,以备受邀作为来宾代表发言时用。

(4) 准时到场。无特殊原因,应准时到场,为主办方捧场。若不能出席,则应尽早通知主办方。

课后习题

一、简答题

1. 开业庆典仪式有哪些礼仪要求?
2. 怎么准备签约仪式?签约仪式由哪些步骤构成?
3. 什么是交接仪式?商务交接仪式有哪些礼仪要求?
4. 简述剪彩仪式的礼仪规范。
5. 出席商务庆典仪式有哪些礼仪要求?
6. 策划一次公司的开业庆典活动,其中穿插剪彩仪式,设计整个活动的策划方案。

二、案例分析

四季酒店位于嵩县县城旅游综合服务区,是按三星标准建设的嵩县首批旅游标准化示范酒店。投资几千万元的酒店,还差庆典的钱吗?酒店董事长段全红说:"刚开始也有好多人建议我搞大型庆典,预算了3万元,我想,这样做浪费资金还污染空气,不如把这些钱买成图书,在我们县一所乡村小学捐赠一间爱心图书室。"

某日上午课间操后,嵩县何村乡瑶北坡小学的小学生们争相跑到位于校长室隔壁的爱心图书室阅读。六年级的黄冰小朋友选了一本《成功人际交往的8种方法》认真地看了起来。"我平时说话爱脸红,想学学人际交往。"黄冰腼腆地告诉记者,爱心图书室内存放了很多类型的书籍,有作文书、历史故事、文学经典等,能学到很多东西。

"我校有300多名学生。原来学校图书室没有几本书能够供孩子们阅读,这次四季酒店的爱心捐赠丰富了我们的图书,也可以让更多的孩子通过课外阅读学习知识。"瑶北坡小学方建校长说道。

段全红董事长告诉记者:看到孩子们那么认真地阅读,他非常有满足感,以后还会捐赠图书不断地充实爱心图书室。

讨论：如果你是一家公司的董事长，你的公司开业时，你会采用案例中的方式举办开业庆典仪式吗？为什么？

三、实践训练

某高职学院管理系（以下简称甲方），现有市场营销、物流管理、国际贸易、工商企业管理等专业；某物流公司（以下简称乙方），注册资金 2 000 万元，业务覆盖全国，甲、乙双方经协商同意乙方作为甲方的学生实习基地，甲方作为乙方的员工培训基地，在充分磋商的基础上达成了一个书面协议，为表示重视，双方决定于某年某月某日在某地举行签字仪式。

要求：假设职业情景，模拟举行合同签字仪式。

1. 签字仪式的策划。
2. 签字仪式的程序。
3. 签字仪式现场的布置。
4. 签字仪式的实施。

项目八

商务宴请礼仪

学习目标

【知识目标】

1. 了解宴请种类、形式,以及西餐配餐酒水的选择。
2. 掌握赴宴礼仪、中餐宴请礼仪以及茶饮用礼仪的基本内容和要求。
3. 掌握西餐礼仪及实际操作方法。

【能力目标】

1. 能够在不同的宴请场合表现得体。
2. 能够安排中、西餐座位。

【素养目标】

能够熟知酒、茶和咖啡的礼仪,并运用于实际中。

认知商务宴请礼仪、
商务中餐宴请礼仪

商务自助餐和
鸡尾酒会礼仪、商务
茶饮及西餐宴请礼仪

情境导入

　　司马小姐至今都记得自己第一次吃西餐的情形。走进餐厅,就看到豪华而气派的装饰,而且整个餐厅很静,若有若无的音乐轻轻回荡,让司马小姐心动,同时也不免紧张。她走到餐桌边,伸手去拖餐椅,而侍从赶紧过来,帮她轻轻挪动椅子,司马小姐同时发现自己站在了椅子的右边,脸一下子就红了。接下来进餐的过程中,她牢记左叉右刀的原则,但是其实她是左撇子,而且第一次用,心里很紧张,更显得笨拙。整个进餐过程,司马小姐觉得像是在受罪,音乐、环境对她而言都不曾留下什么印象,只有紧张与小心翼翼,以及小心翼翼后的笨拙,令她终生难忘。

　　在参加西餐宴请时,要注意西餐礼仪与中餐礼仪的不同。在走到餐桌旁时,应站在餐椅的左边位置,由侍者拖开餐椅。而司马小姐事先没有对西方餐桌礼仪进行了解,导致出现了失礼行为。在使用刀叉时,感觉不方便时,是可以换右手拿叉,但不宜频繁更换位置。司马小姐虽知晓左叉右刀的原则,却不知道变通,使自己显得十分笨拙。因此,这是一次失败的社交事件。

任务一　认知商务宴请礼仪

　　在商务交往中,宴请是最常见的交际活动,是最高层次的社交活动之一。不同形式的宴请对礼仪规范和个人行为举止都有不同的要求,如果不注意学习、掌握宴请的礼仪,不仅会损害个人形象,还会影响正常的商务交往活动。

一、宴请的种类与形式

宴请可以根据不同的标准具体划分为多种形式,每种形式的宴请在菜肴、人数、时间、着装等方面也有许多不同的要求。国际上的宴请主要分为宴会、招待会、工作餐和茶会四种形式。主办方要根据活动的目的、邀请的对象、人数、地点和经费开支等因素决定采取何种宴请形式。

(一)宴会

宴会是最正式、隆重的宴请。按照举办时间,可分为早宴、午宴、晚宴,其中,以晚宴档次最高;按餐别划分,可分为中餐宴会、西餐宴会、中西合餐宴会;按性质划分,可分为工作宴会、欢迎宴会、节庆宴会;按礼宾规格划分,可分为国宴、正式宴会、家宴、便宴。

1. 国宴

这是国家元首或政府首脑为国家庆典或欢迎外国元首、政府首脑而举行的规格最高的正式宴会。宴会厅内要悬挂国旗,并由乐队演奏国歌和席间乐。国宴由国家元首或政府首脑主持,席间由主人和主宾致辞、祝酒。国宴的礼仪要求最为严格,参加国宴者必须着正装,座次按礼宾次序排列。

2. 正式宴会

正式宴会的礼仪要求比较严格,宾主按身份排席次和座次。其规格仅次于国宴,除不挂国旗、不奏国歌以外,其余的安排大体与国宴相同。正式宴会对服务人员以及餐具、酒水和菜肴的道数均有一定的要求。

3. 家宴

家宴即在家中设宴招待客人,往往由主妇亲自下厨烹调,一家人共同招待客人,让客人产生"宾至如归"的感觉。西方人士常用这种方式以示友好、融洽。

4. 便宴

便宴不属于正式宴会,气氛比较亲切、随意,更适合于日常友好的交往。便宴形式简便,偏重人际交往,而不拘泥于规模和档次;便宴可以不安排座次,不发表正式讲话、致辞,菜肴的规格和数量可酌情增减。

(二)招待会

招待会是一种较为灵活的宴请方式。招待会通常准备食品、酒水和饮料,由客人根据自己的口味选择自己喜欢的食物和饮品。招待会一般不安排座次,客人或站或坐,也可以与他人一起或独自一人用餐。常见的招待会有冷餐会、酒会等。

1. 冷餐会

冷餐会又称自助餐,是一种非常流行、方便、灵活的宴请形式。根据主客双方的身份,冷餐会的规格可高可低。冷餐会的时间一般在12:00—14:00、17:00—19:00举办。菜肴以冷食为主,也备有热菜,酒水陈放在桌子下,供客人自选自取。食品、饮料应按量取食,不可浪费。冷餐会可安排在室内或室外的花园里举行,可不设桌椅,也可准备桌椅由客人自由入座。

2. 酒会

酒会也称鸡尾酒会,适用于各种节日、庆典及仪式活动。酒会的形式灵活,便于宾客之间广泛地接触和交流。酒会以酒水为主,配以各种小吃、果汁、三明治、小香肠等。不设刀叉,多以牙签取食。食品和酒水由服务人员用托盘端送,或部分放置在小桌上由客人自选自用。

酒会一般采用站立形式,不设座椅和茶几,以便客人随意走动,广泛交流。酒会举办的时间比较灵活,请柬上往往会注明整个活动延续的时间,客人可在席间任何时候到达或退席,不受时间的约束。

(三) 工作餐

工作餐是现代生活中一种常见的非正式宴请形式,是利用进餐的时间和形式,边吃边谈工作,此类活动不请配偶和与工作无关的人员参加。工作进餐一般不排座次,大家边吃边谈,不必过分拘束,形式较为灵活。在国外,工作餐通常实行 AA 制,由参加者各自付费。

(四) 茶会

茶会是一种简便的接待形式,通常安排在 10:00 或 16:00 左右。茶会一般在客厅举行,内设茶几、座椅,备有茶、点心或部分小吃,请客人边吃边谈。茶会一般不排座次,来宾可以随意就座。茶会对茶叶的品种、沏茶的用水和水温以及茶具都颇有讲究。而茶叶的选择要照顾客人的嗜好和习惯,茶具要选用陶瓷器皿,不要用玻璃杯,也不要用热水瓶代替茶壶。欧洲人一般喜欢红茶,日本人喜欢乌龙茶,有外国宾客参加的茶会还可以准备咖啡和冷饮。

二、宴会中主人的礼仪

(一) 宴席邀请

向客人发出邀请的形式有很多种,如请柬、邀请信、电话等。宴请大都要发出请柬,这既是礼节、礼貌上的需要,也起到提醒、备忘的作用。除宴请临时来访人员,或时间紧促来不及提前准备之外,宴会请柬一般应至少提前一周发出,以便客人安排好时间。需要安排座位的宴会,可要求被邀请人收到请柬后给予答复。

(二) 宴席座次

1. 座位的礼仪

一般的宴会,除自助餐、茶会及酒会外,主人必须安排客人的席次,不能以随便坐的方式,引起主客及其他客人的不满。尤其是在有外交使团的场合,大使及代表之间,前后有序,绝不相让。

2. 桌次的顺序

一般家庭的宴会,饭厅置一台圆桌,自无桌次顺序的区分,但如果宴会设在饭店或礼堂,圆桌两桌,或两桌以上时,则必须定其大小。其定位的原则以背对饭厅或礼堂为正位,以右旁为大,左旁为小,如场地排有三桌,则以中间为大,右旁次之,左旁为小。

3. 席次的安排

（1）以右为尊,前述桌席的安排,已述及尊右的原则,席次的安排也以右为尊、左为卑。故如男女主人并坐,则男左女右,以右为大。如席设两桌,男女主人分开主持,则以右桌为大。宾客席次的安排亦然,即以男女主人右侧为大、左侧为小。

（2）中式宴会女士以夫为贵,其排名的秩序,与其丈夫相同。即在众多宾客中,男主宾排第一位,其夫人排第二位。西式宴请则以女主人为第一主人。

（3）要把主宾和主宾夫人安排在最尊贵显眼的位置上,中座为尊,三人一同就座用餐,坐在中间的人在位次上高于两侧的人；面门为上,用餐的时候,按照礼仪惯例,面对正门者是上座,背对正门者是下座；以右为尊,主人右手边的位置是最主要的位置。

（4）主人方面的陪客,应尽可能插在客人之间坐,以便同客人接触交谈。

中式宴会与西式宴会座次排列如图 8-1 和图 8-2 所示。

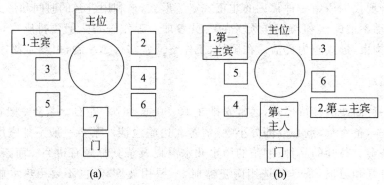

图 8-1　中式宴会座次排列参考

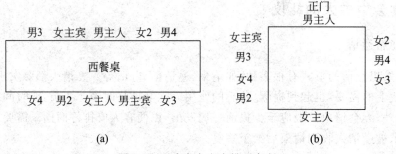

图 8-2　西式宴会座次排列参考

（三）席间礼仪

主人在宴会开始之前,便要准备妥当,并随即站立于门前迎接宾客,照例是作为晚辈的主人,站在最前面,长辈居后。

对每一个来宾,主人都得分别依次招呼,不可疏忽。在客人大部分到齐时,主人就要回到会场中来,但仍要留一两个招待在门前,分头跟客人应酬。同时在这时候,场内也要有几个主办方的人员负责跟众多宾客应酬,做介绍、招待、照顾等工作。

主人对各宾客的态度，必须热诚恳切，一视同仁，不可只顾应酬一两个上宾或主要客人。当你正和某一个客人应酬着，恰巧有另一些客人进来，不能分身时，可先对原来的客人道歉，再前去接待。

主人是比较忙碌的，但不可因为忙乱，怠慢了若干来客，一旦发觉有些来宾孤单无伴，就要找朋友为他们介绍认识，以免冷落来客。

客人入座之后，主人应首先起立，举杯向客人敬酒。碰杯先后以座次顺序为序，由主到次进行，如安排有正式讲话，一般应在热菜上完之后，先由主人发言，然后请客人讲话。

宴会结束后，主宾告辞，主人迎送至门口，热情道别，并与其他客人一一握手道别，表示欢送之意。

三、宴会中客人的礼仪

1. 应邀

接到宴会邀请，能否出席应尽早答复对方，以便主人做出安排。接受邀请以后，不要随意改动，万一遇到不得已的特殊情况不能出席时，尤其是作为主宾，要尽早向主人解释、道歉，甚至亲自登门表示歉意。应邀出席一项活动之前，要核实宴请的主人，活动举办的时间、地点，是否邀请配偶以及主人对服装的要求。

2. 出席

如果要参加宴会，那么就需要注意，首先必须把自己打扮得整洁大方，这是对别人也是对自己的尊重。其次应掌握出席时间。出席宴请活动，抵达时间的早晚、逗留时间的长短，在一定程度上反映对主人的尊重，应根据活动的性质和当地的习惯掌握迟到、早退、逗留时间过短被视为失礼或有意冷落。身份高者可略晚些到达，一般客人宜略早些到达。主宾退席后，其他人可陆续告辞，出席宴会根据各地的习惯，正点或晚一两分钟到达，我国则是正点或提前一两分钟到达。出席酒会可在请柬上注明的时间内到达。

3. 问候

当走进主人家或宴会厅时，应首先跟主人打招呼。同时，对其他客人，不管认不认识，都要微笑点头示意或握手问好；对长者要主动起立，让座问安；对女宾举止庄重，彬彬有礼。如果是庆祝活动，应表示祝贺；参加庆祝活动，还可以按当地习惯以及两个单位之间的关系，赠送花束或花篮；参加家庭宴会，可酌情给女主人赠送少量鲜花。

4. 入席

入席时，自己的座位应听从主人或招待人员的安排，因为有的宴会主人早就安排好了。如果座位没定，应注意正对门口的座位是上座，背对门的座位是下座。应让身份高者、年长者以及女士先入座，自己再找适当的座位坐下。

入座后坐姿端正，脚放在自己的座位下，不要任意伸直或两腿不停摇晃，手肘不得靠桌沿，或将手放在邻座椅背上。入座后，不要旁若无人，也不要眼睛直盯盘中菜肴，显出迫不及待的样子，可以和同席客人简单交谈。

5. 用餐

用餐时应该着正装，不要脱外衣，更不要中途脱外衣。一般是主人示意开始后再进行。就餐的动作要文雅，夹菜动作要轻，而且要把菜先放到自己的小碟里，然后用筷子夹起放进嘴里;送食物进嘴里时,要小口进食,两肘向外靠,不要向两边张开,以免碰到邻座。不要在吃饭、喝饮料、喝汤时发出声响。用餐时,如要用摆在同桌其他客人面前的调味品,先向别人打个招呼再拿;如果太远,要客气地请人代劳。如在用餐时一定要剔牙,需用左手或手帕遮掩,右手用牙签轻轻剔牙。

6. 饮酒

喝酒的时候,一味地给别人劝酒、灌酒,吆五喝六,特别是给不胜酒力的人劝酒、灌酒,都是失礼的表现。宴会中,主人应向来宾敬酒,客人也应回敬主人。敬酒时,不一定个个都碰杯,离得较远时,可举杯用眼神示意,不要交叉碰杯。

在不了解席间礼仪的情况下,不可贸然行事。例如,服务员送上的第一条湿毛巾,你不可用来揩脸,它的用途是擦手。再如,入席后何时开始动筷,要看主人何时打开餐巾。主人打开餐巾,其他人方可拿起餐巾,铺在膝头上。虽说"不知者不怪",但在隆重的场合,应模仿别人的做法,或者老老实实地请教旁人,沉着应对一切。

7. 离席

如果宴会没有结束,但已用好餐,不要随意离席,要等主人和主宾餐毕先起身离席,其他客人才能依次离席。席间,确实有事需提前退席,应向主人说明后悄悄离去,也可以事前打招呼,届时离席。宴会结束退席时,应向主人致谢,对宴会的组织及菜肴的丰盛精美表示称赞。

任务二 商务中餐宴请礼仪

生活环境的不同决定了人们的食物种类、获食方式、饮食活动以及形成的饮食文化内涵各自有异。世界饮食文化的类型有三种比较有影响的分类法:中西论、板块论和文化生态论。

中西论是将世界饮食文化分为中餐和西餐两大代表类型;板块论是把世界饮食文化分为以中国菜为代表的东方类型、以法国菜为代表的西方类型和以土耳其菜为代表的伊斯兰类型;文化生态论是将世界饮食文化分为以非洲为代表的采集-手抓饮食类型、以中国为代表的精耕-杆箸饮食类型和以欧洲为代表的渔猎-刀叉饮食类型。

一、中餐座次礼仪

1. 一般座次

(1) 居右为高。当两人一同并排就座时,通常以右为上座,以左为下座。这是因为中餐上菜时多以顺时针为上菜方向,居右者因此比居左者优先受到照顾。

(2) 中座为尊。三人一同就餐时,居中坐者在位次上要高于在其两侧就座之人。

(3) 面门为上。依照礼仪惯例,座次应以面对正门为上坐,背对正门为下座。

(4) 观景为佳。在一些高档餐厅用餐时,其室内外往往有优美的景致或高雅的演出,供参观者观赏,此时应以观赏角度最佳处为上座。

(5) 临墙为好。在某些中低档餐厅用餐时,为了防止过往侍者和食客的干扰,通常以靠墙之位为上座,靠过道之位为下座。

2. 宴会座次

举办中餐宴会一般用圆桌。每张餐桌上的具体位次有主次尊卑之分。

（1）宴会的主人应坐在主桌上，而对正门就座。同一张桌上位次的尊卑，根据距离主人的远近而定。以近为上，以远为下。同一张桌上距离主人相同的位次，排列顺序讲究以右为尊、以左为卑。

（2）在举行多桌宴会时，各桌之上均应有一位主桌主人的代表，作为各桌的主人，其位置一般应以主桌主人同向就座，有时也可以面向主桌主人就座。每张餐桌上的就餐人数一般应限制在10个人之内，并且为双数。

（3）在每张餐桌位次的具体安排上，还可以分为以下三种情况。

① 每张桌上一个主位的排座法。每张餐桌上只有一个主人，主宾在其右首就座，形成一个谈话中心，如图8-3所示。

② 每张桌上有两个主位的排座法。如主人夫妇就座于同一桌，以男主人为第一主人，女主人为第二主人，主宾和主宾夫人分别坐在男女主人右侧，桌上形成了两个谈话中心，如图8-4所示。

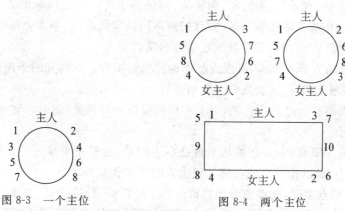

图8-3　一个主位　　　　　图8-4　两个主位

③ 当主宾的身份高于主人时，为表示对他的尊重，可安排主宾在主人位次上就座，而主人则坐在主宾的位置上。第二主人坐在主宾的左侧；如果本单位出席人员有身份高于主人者，可请其在主位就座，主人坐在身份高者的左侧。这种情况也可以不做变动，按常规予以安排。

二、中餐点菜礼仪

商务宴请一方的相关人员要提前到达宴请地点，查看菜单，以便点菜时不铺张浪费，花费控制在预算内。一般可以点套餐或包桌，这种做法能使菜肴的档次和数量相对固定，也比较省事。也可以根据预算，在用餐时现场临时点菜。

如果是现场点菜，宴请一方常常会出于礼貌让被请者点菜。被请者在点菜时，可以告诉对方自己没有特殊要求，请宴请方随便点。这种做法会很受宴请方欢迎。也可以认真地点上一个不太贵、又不是大家忌口的菜，再请别人点。对别人点的菜，不能说三道四。

如果宴请方的老板在酒席上，宴请方的人员不能因为要尊重自己的老板或是认为老板应酬经验丰富，而让老板来点菜，除非是老板自己主动要求，否则，会使老板觉得不够体面，

商务礼仪

不够有"腔调"。

点菜时应该注意以下几方面。

(1) 通常,点菜时人均一菜是比较通用的规则,若是男士较多的宴请,可以适当加菜、加量。

(2) 一桌菜要有荤有素,有冷有热,做到全面。若是男士较多的宴请,可多点些荤食,若是女士多的宴请,则可多点几道清淡的蔬菜。

(3) 普通的商务宴请,平均一道菜在50~80元便可。如果宴请的对象是比较关键的人物,则要点上几道有分量的菜。

(4) 点菜时不应问服务员菜肴的价格,或是讨价还价,这样会让宴请方显得小气,令被宴请者不自在。

(5) 中餐上菜的次序通常是冷盘—热炒—主菜—点心和汤(广东等地习惯将汤最开始上)—果盘。如果上咸点心的话,讲究上咸汤;如果上甜点心的话,就要上甜汤。了解中餐标准的上菜次序,有助于在点菜时巧作搭配。

(6) 宴请外宾时,一些菜虽不是很有分量,但却需要具有鲜明的中国特色。这样很受外宾的喜欢。如炸春卷、煮元宵、蒸饺子、狮子头、宫保鸡丁等。很多国家的人不吃宠物、稀有动物、动物内脏、动物的头部和脚爪等,并且按照本国的餐饮礼仪,不太会将咬到嘴中的食物再吐出来。因此,宴请外宾时,要尽量少点啃食的菜肴。

(7) 若是被宴请方非本地人,可以点些本地特色的菜肴。如西安的羊肉泡馍、湖南的毛家红烧肉、北京的涮羊肉等,这会更受被宴请者好评。

(8) 很多餐馆都有自己的特色菜,点上一份该餐馆的特色菜,能说明宴请者的细心和对被宴请者的尊重。

(9) 如果是商务家宴,主人会做几个自己拿手的菜,虽然拿手菜不一定十全十美,但只要是主人亲自动手,足以让被宴请者感觉到主人的尊重和友好。

(10) 商务宴请点菜时,要考虑参加宴请者的宗教信仰、健康状况、职业等特殊禁忌。例如,穆斯林不吃猪肉、不喝酒等;高血压、高胆固醇、胃溃疡等患者不适合吃甲鱼、喝鸡汤等;驾车的商务人员不能饮酒等。

三、中餐主要餐具的使用礼仪

1. 筷子

"筷子"又称"箸",是用竹、木、金属等材质制作的夹饭菜或其他东西的细长棍。《史记·宋微子世家》中记载"纣始为象箸"。用象牙做箸,是富贵的标志。"筷子"的称谓始自明代,明代船家怕船抛锚停住,"箸"和"住"同音,因此,改称"箸"为"快儿",意为让船快行。筷子乃竹木所制,久而久之,后人就把"快"加了个竹字头,称作"筷子"。

唐代,箸传入日本,如今日本依旧把筷子叫作"箸"。日本是世界上生产筷子最多的国家,平均年产130亿双筷子,其中90%是只用一次的"剖箸"。日本人把每年的8月1日定为"筷子节"。

做筷子的材料有很多种,考究的有金筷、银筷、象牙筷,一般的有骨筷、竹筷、塑料筷。湖南的筷子最长,有的长达两尺左右。日本的筷子短而尖,这是因为吃鱼片等片状食物之故。

正确使用筷子的方法：用右手执筷，大拇指和食指捏住筷子的上端，另外三个手指自然弯曲扶住筷子，并且筷子的两端一定要对齐。

用餐前，筷子一定要整齐地码放在饭碗的右侧；宴请上菜时，应等主人邀请。主宾动筷子后，其他人才能动筷子；用餐后，要把筷子整齐地竖向码放在饭碗的正中。

中餐筷子的使用有以下忌讳。

（1）三长两短。忌讳在用餐前或用餐过程中，将筷子长短不齐地放在桌上。中国人认为人死后是要装进棺材里的，在没有盖棺材盖子，棺材的组成部分是前后两块短木板，两旁加底部共七块长木板。五块木板合在一起做成的棺材正好是三长两短。因此，"三长两短"和"长短"皆意为"死亡"，极不吉利。

（2）仙人指路。忌讳用大拇指和中指、无名指、小指捏住筷子，而食指伸出。这在中国人眼里叫"骂大街"。当人们伸出食指指向他人时，大多带有指责的意思。所以说，吃饭用筷子时用手指人，无异于在指责别人。

（3）品箸留声。忌讳用餐时将筷子的一端含在嘴里，用嘴来回去嘬，并不时地发出"咝咝"的声响，这被视为无礼和缺少家教的行为。

（4）击盏敲盅。忌讳吃饭时用筷子敲击盘碗，因为过去只有要饭的人才用筷子击打要饭盆。其发出的声响再配上嘴里的哀告，使行人注意并给予施舍。

（5）执箸巡城。忌讳用餐时旁若无人地用筷子来回地在菜盘里寻找或者扒拉，这是目中无人和缺乏教养的行为。

（6）泪箸遗珠。忌讳用筷子往自己盘子里夹菜时，将菜汤流落到其他菜里或桌上。

（7）颠倒乾坤。忌讳用餐时将筷子颠倒使用，这种做法显得饥不择食，不顾脸面。

（8）定海神针。忌讳用餐时用一只筷子去插盘子里的菜品，吃饭时做出这种举动，类似在欧洲当众对人伸出中指的意思，这被认为是对同桌用餐者的一种羞辱。

（9）当众上香。忌讳将一副筷子插在一碗饭中递给对方，这会被人视为大不敬。因为传统认为给死人上香祭祀时才会这样做。

（10）交叉十字。忌讳用餐时将筷子随便交叉放在桌上，这是对同桌其他人的否定，也是对自己的不尊敬，因为过去吃官司画供才打叉。

职场链接

中国人的热情好客经常在餐桌上得到最充分的体现，推杯换盏之间，东道主为尽地主之谊，劝酒、布菜必不可少的，好像不布菜就不足以说明热情的程度，但布菜不规范往往又令客人很难堪。李刚说他最近就遇到过这样尴尬的事情。

那天他去看望一个很久不见的亲戚，亲戚见到他很高兴，席间，亲戚一个劲地用她的筷子给李刚夹菜，一筷子接一筷子地热情招呼，弄得李刚应接不暇。而李刚发现亲戚在用餐时又特爱用嘴嘬筷子头儿，几乎每吃一口都嘬一下，看得李刚一个劲儿地反胃，顿时食欲全无，还不好意思说出来。

2. 勺子（调羹、汤匙）

勺子的主要作用是舀取汤、菜肴、食物。有时用筷子取食时，也可以用勺子来辅助。用勺子取食物时，不要过满，免得溢出来弄脏餐桌或自己的衣服。在舀取食物后，可以在原处"暂停"片刻，汤汁不会再往下流时，再移回自己的碗盘中。

暂时不用勺子时，应放在自己的碟子上，不要把它直接放在餐桌上，或是让它在食物中"立正"。如果取用的食物太烫，不要用嘴对着吹，也不可用勺子舀来舀去以求快点晾凉。不要把勺子塞到嘴里或者反复吮吸、舔食。

3. 碗

中餐的碗可以用来盛饭、盛汤。进餐时，可以手捧饭碗就餐。拿碗时，用左手的四个手指支撑碗的底部，拇指放在碗端。吃饭时，饭碗的高度大致和下巴保持一致。

4. 盘子（碟子）

稍小点的盘子就是碟子，主要用来盛放食物或调料。食碟是盘碟的一种，用来盛放从公用菜盘里取来的菜肴，食碟里不要取放过多的菜肴，一是菜肴会相互"窜味"，二是会给人留下贪婪、失礼的印象。不吃的残渣、骨、刺不要吐在地上、桌上，应轻放在食碟前端。放的时候不能直接从嘴里吐在食碟上，要用筷子夹放到碟旁边。如果食碟放满了，可以让服务人员撤换。

5. 汤盅

汤盅是用来盛放汤类食物的餐具。用餐时，将汤勺取出放在垫盘上，并把盅盖反转平放在汤盅上，表示汤已经喝完，汤盅可以撤走了。

6. 水杯

水杯主要是盛放清水、汽水、果汁、可乐等饮料的盛器。不要用它来装酒，也不要倒扣水杯。喝进嘴里的东西不能再吐回水杯。

7. 餐巾

中餐桌上的餐巾分为餐巾、擦手毛巾、湿纸巾、餐巾纸等，用途不一。

按国际惯例，餐巾"取左不取右"，因此不要拿错邻座的餐巾。不同花型、高度、颜色的餐巾显示了宾主的位置，特殊的、显眼的餐巾处就是主位。正式宴请的，主位之人拿起餐巾，其他人才可以拿起餐巾，摊放在自己的腿上。

餐巾最主要的用途就是擦嘴、擦手，不能当作抹布擦拭餐具。用餐巾擦嘴的正确方法是：用餐巾的末端顺嘴唇轻按几下，并将弄脏的部分向内侧卷起。擦嘴时可以稍稍低头，但不要弯腰埋脸擦嘴，这会显得很猥琐。

比较讲究的宴请，餐前会有服务人员为每位用餐者送上一块用来擦手的湿毛巾，擦手后应该放回盘子里，由服务人员拿走。正式宴会结束前，会再上一块湿毛巾，它只能用来擦嘴，却不能擦脸、抹汗。

8. 牙签

牙签是中餐桌上的必备之物。它主要是用于扎取食物和剔牙。用餐时尽量不要当众剔牙。若是剔，也一定要用另一只手掩住口部。不要当众观赏剔出之物，也不要随手乱弹、随口乱吐。剔牙后，不要长时间叼着牙签，更不要再用此牙签扎取食物。

四、中餐用餐礼仪

1. 尊重传统习俗

中餐有许多传统习惯和寓意。例如，鱼表示"年年有余"；渔家、海员、驾驶员吃鱼时，忌讳把鱼翻身，因为有"翻船""翻车"之意。

2. 举止文雅

正式宴请场合用餐时，主人或位尊者动筷说"请"之后，其他人才能动筷用餐。用餐时，应遵循"不马食、不牛饮、不虎咽、不鲸吞，嚼食物不出声，嘴唇边不留痕，骨与秽莫乱扔"的规矩。否则，既影响自己的形象，也败坏他人食欲。

取菜时，不要左顾右盼，在公用的菜盘内挑挑拣拣，夹起来又放回去，缺乏教养，多人一桌用餐，取菜要相互礼让，依次而行，取用适量。夹不到的菜，可以请人帮助，不要起身或离座去取。

用餐时，不要比比画画、当众修饰等。如有清嗓子、抹鼻涕、梳头发、化妆补妆、脱袜鞋等需要，应及时去洗手间或化妆室。

3. 注重宗教禁忌

商务用餐时，要特别注重宗教禁忌。如佛教徒禁食荤、穆斯林禁食猪肉、印度教徒禁食牛肉、犹太教信徒禁食无鳞的鱼等。

4. 尊重外宾的饮食习惯

在商务中餐宴请场合，要尊重外宾的饮食习惯。应主动询问外宾是否会用或者喜欢用筷子，是否需要另配刀叉进餐。许多中国人用餐前习惯用餐巾纸或餐巾擦拭餐具，但这会使外宾认为餐具不洁，没有经过消毒处理，进而影响外宾的进餐情绪。

招待外宾不要说"没有什么菜""招待不周"之类的客套话。这种中国式的谦虚会被外宾误认为对他们重视不够。正确的说法应该是"今天的菜肴是我们精心为你们准备的，希望你们吃得开心"。

5. 礼貌道别

参加宴会最好不要中途离开，万不得已时应向同桌的人说声对不起，同时还要郑重地向主人道歉，说明原委。用餐尾声，应等大家都放下筷子且主人示意可以散席时才能离座。

宴会完毕，要依次走到主人面前，握手并说声"谢谢"，向主人告辞，但不要拉着主人的手不停地说话，以免妨碍主人送别其他客人。

五、中餐酒水礼仪

中餐饮酒，一般选用白酒、红酒、黄酒等。而啤酒则通常只在吃便餐时才选用。酒的度数越高，酒具就越小。

1. 顺序斟酒，礼貌拒酒

侍者或者主人、主陪应面带微笑地按照位高者先、年长者先、远道而来者先的顺序为宾客斟酒，客人一般不亲自斟酒。

斟酒时应站在客人的右侧，酒杯应放在桌上，酒瓶的口不要与酒杯相碰，酒不要斟得太满。

当主人斟酒时，接受者应起身或微笑致意，并做扶杯状或欲扶杯状，以示感谢或谦恭。拒绝斟酒时，应礼貌示意，并说明缘由，以茶代酒。无法拒绝时，不可藏杯或将杯子反扣在桌子上，可让主人少斟一点酒，留着不喝即可。对于拒绝斟酒者，主人也不应固执坚持，以免让彼此难堪。

按照国际惯例,不可让客人用同一个杯子饮两种酒。

2. 得体敬酒,控制饮量

宴会开始后,宾客不能"喧宾夺主"。主人先向宾客敬酒,以示欢迎、祝福等。如果主人双手持杯,那么客人也要双手持杯,待主人饮时,客人才可跟饮。

在主人向来宾敬酒和主宾回敬过主人后,来宾之间就可以按照职位高低、年龄大小、宾主身份顺序依次敬酒。

敬酒给对方时,应将酒杯杯沿举至与眼睛同高的高度。如果对方是尊者,应自觉地在碰杯时将酒杯举得比对方稍低,被敬酒者饮酒时,敬酒者才能饮酒。敬酒时,要避免出现交叉碰杯的情形。

正式场合的干杯,可将杯中的酒饮去一半,然后双方再对视一下,之后饮尽。敬酒方应向被敬方道一声"谢谢",如被敬方已起立,应说声"请坐",示意对方坐下后再离开。席间的干杯或共同敬酒一般以一次为宜。敬酒要适度,不可勉强别人,尤其不能勉强女士饮酒。

饮酒要有度,最好不要超过自己酒量的1/3,以免醉酒失态、失礼。如果不会喝酒或不打算喝酒,可以明确表示自己不宜饮酒,但最好还是以茶水、果汁之类的饮料奉陪感谢对方。

在正式场合饮酒,最好不要猜拳、行令和吃喝。

3. 尊重习俗,应对自如

酒能助兴,也能败兴。在饮酒时,无论是主人还是客人,都要尊重对方,避免引起宗教、习俗等方面的误会。

商务宴会敬酒中,当邀请方积极调动席间气氛时,客人也要积极回应,尽量使彼此之间的沟通更顺畅,关系更融洽,从而更有利于商务交往的发展。

 知识拓展　　　　　　　**中餐点菜要注意"三优四忌"**

中国饮食礼仪有着几千年的历史底蕴,而随着社会发展,各种对外的饮食礼仪也在不断变化。时至现在,一顿标准的中式大餐,通常先上冷盘,接下来是热炒,随后是主菜,然后上点心和汤。如果感觉吃得有点腻,可以点一些餐后甜品,最后是上果盘。在点菜中要顾及各个程序的菜式。要做到"三优四忌"。三优是指优先考虑的菜肴有三类。

第一类,有中餐特色的菜肴。宴请外宾的时候,这一条更要重视。像炸春卷、煮元宵、蒸饺子、狮子头、宫保鸡丁等,并不是佳肴美味,但因为具有鲜明的中国特色,所以受到很多外国人的推崇。

第二类,有本地特色的菜肴。例如西安的羊肉泡馍、湖南的毛家红烧肉、上海的红烧狮子头、北京的涮羊肉,在宴请外地客人时,上这些特色菜,恐怕要比千篇一律的生猛海鲜更受好评。

第三类,本餐馆的特色菜。很多餐馆都有自己的特色菜。上一份本餐馆的特色菜,能说明主人的细心和对被请者的尊重。

四忌在于安排菜单时,还必须考虑来宾的饮食禁忌,特别是要对主宾的饮食禁忌高度重视。宗教的饮食禁忌,一点儿也不能疏忽大意。这些饮食方面的禁忌主要有四条。

第一条,穆斯林不吃猪肉,并且不喝酒。国内的佛教徒少吃荤腥食品,它不仅指的是肉食,而且包括葱、蒜、韭菜、芥末等气味刺鼻的食物。一些信奉观音的佛教徒在饮食中尤其禁吃牛肉,这一点在招待港澳台及海外华人同胞时尤要注意。

第二条,出于健康的原因,对于某些食品,也应有所禁忌。例如,患有心脏病、脑血管、动脉硬化、高血压和卒中后遗症的人,不适合吃狗肉;肝炎病人忌吃羊肉和甲鱼;胃肠炎、胃溃疡等消化系统疾病的人不合适吃甲鱼;高血压、高胆固醇患者,要少喝鸡汤等。

第三条,不同地区,人们的饮食偏好往往不同。对于这一点,在安排菜单时要兼顾。例如,湖南人普遍喜欢吃辛辣食物,少吃甜食。英、美国家的人通常不吃宠物、稀有动物、动物内脏、动物的头部和脚爪。另外,宴请外宾时,尽量少点生硬需啃食的菜肴,外国人在用餐中不太会将咬到嘴里的食物再吐出来,这一点也需要顾及。

第四条,有些职业,出于某种原因,在餐饮方面往往也有各自不同的特殊禁忌。例如,国家公务员在执行公务时不准吃请,在公务宴请时不准大吃大喝,不准超过国家规定的标准用餐,不准喝烈性酒。再如,驾驶员工作期间不得喝酒。要是忽略了这一点,还有可能使对方犯错误。

任务三 商务自助餐和鸡尾酒会礼仪

一、自助餐礼仪

自助餐是厨师将烹制好的冷、热菜肴及点心陈列在餐厅的长条桌上,由客人自己随意取食、自我服务的一种就餐方式。这种就餐形式源于公元8—11世纪北欧的"斯堪的纳维亚式餐前冷食"和"亨联早餐"。相传这是当时的海盗最先采用的一种进餐形式。第二次世界大战期间,这种进餐形式被引入美军后方驻地的军用食堂,发展成主食、甜品、热汤等供挑选的就餐形式。

1958年,东京帝国酒店首创将所有料理放在桌上,客人依据喜好进行取食的自助形式。之后,自助餐的形式由餐前冷食、早餐逐渐发展成为午餐、正餐,又发展到各种主题的自助餐,如庆典自助餐、会议自助餐、商务谈判自助餐等。

今天,自助餐已经由传统的客人取食菜肴成品发展到客前现场烹制、现烹现食,甚至还发展到由顾客自助食物原料、自烹自食的"自制式"自助餐。

在中国,自助餐就餐方式最早出现在20世纪30年代外国人在华开的大饭店。20世纪80年代末期,中外合资宾馆将自助餐推广到中国的餐饮市场。

自助餐之所以称为自助餐,主要是因其可以调动用餐者的主观能动性,而由其自己动手,帮助自己,自己在既定的范围之内安排选择少量菜肴。至于它又被叫作冷餐会,则主要是因其提供的食物以冷食为主。当然,适当地提供一些热菜,或者提供一些半成品由用餐者自己进行加工,也是允许的。

一般而言,自助餐具有以下优势。

其一,免排座次。正规的自助餐,往往不固定用餐者的座次,甚至不为其提供座椅。这样一来,既可免除座次排列之劳,还可以便于用餐者自由地进行交际。

其二,节省费用。因为自助餐多以冷食为主,不提供正餐,不上高档的菜肴、酒水,故可大大节约主办者的开支,并且避免了浪费。

其三,各取所需。参加自助餐时,用餐者遇到自己偏爱的菜肴,只管自行取用就是了,完全不必担心他人会为此而嘲笑自己。

其四,招待多人。每逢需要为众多的人提供饮食时,自助餐不失为首选。它不仅可用于款待数量较多的来宾,还可以较好地处理众口难调的问题。

自助餐礼仪,泛指人们安排或享用自助餐时所需要遵守的基本礼仪规范。具体来讲,自助餐礼仪又分为安排自助餐的礼仪与享用自助餐的礼仪两个主要部分。

(一)安排自助餐的礼仪

安排自助餐的礼仪指的是自助餐的主办者在筹办自助餐时规范性做法。一般而言,它包括备餐的时间、就餐的地点、食物的准备、客人的招待四个方面的问题。

1. 备餐的时间

在商务交往之中,依照惯例,自助餐大都被安排在各种正式的商务活动之后。

根据惯例,自助餐的用餐时间不必进行正式的限定。只要主人宣布用餐开始,大家即可动手就餐。在整个用餐期间,用餐者可以随到随吃。用餐者只要自己觉得吃好了,在与主人打过招呼之后,随时都可以离去。

2. 就餐的地点

按照正常的情况,自助餐安排在室内外进行皆可。通常,大多选择在主办单位所拥有的大型餐厅、露天花园进行。有时,也可外租、外借与此类似的场地。

在选择、布置自助餐的就餐地点时,有下列三种事项应予注意。

(1)为用餐者提供一定的活动空间。除摆放菜肴的区域之外,在自助餐的就餐地点还应划出一块明显的用餐区域。考虑到实际就餐的人数往往具有一定的弹性,实际就餐的人数难以确定,所以用餐区域的面积尽量划得大一些。

(2)提供数量充足的餐桌与座椅。尽管真正的自助餐所提倡的,是就餐者自由走动,立而不坐。但是在实际上,有不少的就餐者,尤其是其中的年老体弱者,还是期望在其就餐期间,能有一个暂时的歇脚之处。因此,在就餐地点应当预先摆放好一定数量的桌椅,供就餐者自由使用。

(3)使就餐者感觉就餐地点环境宜人。在选定就餐地点时,不只要注意面积、费用问题,还需兼顾安全、卫生、温湿度等问题。

3. 食物的准备

在自助餐上,为就餐者所提供的食物,既有共性,又有个性。它的共性在于,为了便于就餐,以提供冷食为主;为了满足就餐者的不同口味,应当尽可能地使食物在品种上丰富多样;为了方便就餐者进行选择,同一类型的食物应集中在一处摆放。它的个性在于,不同的时间或是款待不同的客人时,食物可在具体品种上有所侧重。有时,它以冷菜为主;有时,它以甜品为主;有时,它以茶点为主;有时,它还可以酒水为主。除此之外,还可酌情安排一些时令菜肴或特色菜肴。

一般而言,自助餐上所备的食物在品种上应当多多益善。具体来讲,一般自助餐上所供应的菜肴大致应当包括冷菜、汤、热菜、点心、甜品、水果及酒水等几大类型。

4. 客人的招待

招待好客人,是自助餐主办者的责任和义务。要做到这一点,应特别注意以下环节。

(1)照顾好主宾。不论在任何情况下,主宾都是主人照顾的重点。主要表现在陪同其就餐,与其进行适当的交谈,为其引见其他客人等。只是要注意给主宾留下一点供其自由活动的时间,不要始终伴随其左右。

(2)充当引荐者。作为一种社交活动的具体形式。自助餐自然要求其参加者主动进行适度的交际。在自助餐进行期间,主人一定要尽可能地为彼此互不相识的客人多创造一些相识的机会,并且积极为其牵线搭桥,充当引荐者,即介绍人。

(3)安排服务者。小型的自助餐,主人往往可以一身兼二任,同时充当服务者。但是,对于大规模的自助餐,显然是不能缺少专人服务的。直接与就餐者进行正面接触的,主要是侍者。根据常规,自助餐上的侍者需由健康而敏捷的男性担任。主要职责是:为了不使来宾因频频取食而妨碍了同他人所进行的交谈,而主动向其提供一些辅助性的服务。例如,推着装有各类食物的餐车,或是托着装有多种酒水的托盘,在来宾之间来回走动,而听凭宾客各取所需。再者,他还可以负责补充供不应求的食物、饮料、餐具等。

(二)享用自助餐的礼仪

所谓享用自助餐的礼仪,主要是指在以就餐者的身份参加自助餐时,需要具体遵循的礼仪规范。通常,它主要涉及下述八点。

1. 排队取菜

在取菜之前,先要准备好一只食盘。轮到自己取菜时,应以公用的餐具将食物装入自己的食盘之内,然后即应迅速离去。切勿在众多的食物面前犹豫再三,让身后之人久等,更不应该在取菜时挑挑拣拣,甚至直接下手或以自己的餐具取菜。

2. 循序取菜

在自助餐上,如果想要吃饱吃好,那么在具体取用菜肴时,就一定要首先了解合理的取菜顺序。按照常识,参加一般的自助餐时,取菜的先后顺序应当是冷菜、汤、热菜、点心、甜品和水果。

3. 量力而行

在根据本人的口味选取食物时,必须量力而行。切勿为了吃得过瘾,而将食物狂取一通,结果是自己"眼高手低",力不从心,从而导致食物的浪费。严格地说,在享用自助餐时,多吃是允许的,而浪费食物则绝对不允许。这一条被世人称为自助餐就餐时的"少取"原则。有时,有人也称为"每次少取"原则。

4. 多次取菜

在自助餐上遵守"少取"原则的同时,还有"多次"的原则。"多次"的原则是"多次取菜"原则的简称,是指用餐者在自助餐上选取某一种类的菜肴,可以反复去取。每次应当只取一小点,待品尝之后,觉得它适合自己,那么可以再次去取,直至自己感到吃好了为止。"多次"的原则,与"少取"的原则其实是同一个问题的两个不同侧面。"多次"是为了量力而行,"少取"是为了避免造成浪费。所以,两者往往也被合称为"多次少取"的原则。

会吃自助餐的人都知道,在选取菜肴时,最好每次只为自己选取一种。待吃好后,再去取用其他的品种。要是不谙此道,在取菜时将多种菜肴盛在一起,导致其五味杂陈,相互窜味,则难免会暴殄天物。

5. 避免外带

所有的自助餐,只许可在用餐现场里自行享用,而绝对不许可在用餐完毕之后携带回家。

6. 送回餐具

在自助餐上,既然强调用餐者以自助为主,那么用餐者在就餐的整个过程中,就必须将这一点牢记在心,并且认真地付诸行动。在自助餐上强调自助,不但要求就餐者取用菜肴时以自助为主,还要求其善始善终,在用餐结束之后,自觉地将餐具送回指定位置。

一般情况下,自助餐大都要求就餐者在用餐完毕之后、离开用餐现场之前,自行将餐具整理到一起,然后一并将其送回指定的位置。在庭院、花园里享用自助餐时,尤其应当这么做。不允许将餐具随手乱丢,甚至任意毁损餐具。在餐厅里就座用餐,有时可以在离去时将餐具留在餐桌之上,而由侍者负责收拾。虽然如此,也应在离去前对其稍加整理,不要弄得自己的餐桌上杯盘狼藉,不堪入目。自己取用的食物,以吃完为宜,万一有少许食物剩了下来,也不要私下里乱丢、乱倒、乱藏,而应将其放在适当之处。

7. 照顾他人

商务人士在参加自助餐时,除对自己用餐时的举止表现严加约束之外,还需与他人和睦相处,对他人多加照顾。不过,不可以自作主张地为对方直接代取食物。

在用餐的过程中,对于其他不相识的用餐者,应当以礼相待。在排队、取菜、寻位及行动期间,对于其他用餐者要主动谦让,不要目中无人,蛮横无理。

8. 积极交际

一般来说,参加自助餐时,商务人员必须明确,吃东西往往属于次要之事,而与其他人进行适当的交际活动才是自己最重要的任务。在参加由商务单位所主办的自助餐时,情况更是如此。

在参加自助餐时,一定要主动寻找机会,积极地进行交际活动。首先,应当找机会与主人攀谈一番;其次,应当与老朋友好好叙一叙;最后,应当争取多结识几位新朋友。

在自助餐上,交际的主要形式是几个人聚在一起进行交谈。为了扩大自己的交际面,在此期间不妨多换几个类似的交际圈。只是在每个交际圈,多少总要停留一段时间,不能只停留一两分钟马上就走,好似蜻蜓点水一般。

加入陌生的交际圈,大体上有三种方法:①请求主人或圈内之人引荐;②寻找机会,借机加入;③毛遂自荐,自己介绍自己加入。

礼仪故事　　　　周小姐的尴尬

周小姐有一次代表公司出席一家外国商社举办的周年庆典活动,正式的庆典活动结束后,那家外国商社为全体来宾安排了丰盛的自助餐。尽管在此之前周小姐并未用过正式的自助餐,但是她在用餐开始之后发现,其他用餐者的表现非常随意,便也就"照葫芦画瓢",像别人一样放松自己。

让周小姐开心的是,她在餐台上排队取菜时,竟然见到自己平时最爱吃的北极甜虾,于是,她毫不客气地替自己满满地盛了一大盘。当时她的主要想法是,这东西虽然好吃,可也不便再三再四地来取,否则,旁人就会嘲笑自己没见过什么世面了。再说,它这么好吃,这会儿不多盛一些,保不准就没有了。

然而,令周小姐脸红的是,她端着盛满了北极甜虾的盘子走开的时候,周围的人居然个个都用异样的眼神盯着她。有一位同伴还用鄙夷的语气小声说道:"真给中国人丢脸呀!"事后一经打听,周小姐才知道,自己当时的行为是有违自助餐礼仪的。

二、商务鸡尾酒会礼仪

鸡尾酒是一种量少而冰镇的酒。它是以朗姆酒、威士忌、其他烈酒或葡萄酒为基酒,再以其他材料,如果汁、蛋、苦精、糖等,以搅拌法或摇荡法调制而成,最后饰以柠檬片或薄荷叶。

鸡尾酒会也称酒会,源起于西方,是商务便宴的一种形式。鸡尾酒会通常以酒类、饮料为主,并配以各种果汁向用餐者提供不同酒类配合调制的混合饮料(即鸡尾酒)。此外,还备有小吃,如三明治、面包、小鱼肠、炸春卷等。因酒会上所提供的酒水、点心、菜肴均以冷食为主,故也称为冷餐会。

(一)鸡尾酒会的特点

以酒水、冷食为主的鸡尾酒会具有以下特点。

1. 不必准时赴宴

出席酒会时,来宾到场与退场的时间一般掌握在自己手中,完全没有必要像出席正规宴会那样,准时到场和准时退场。

鸡尾酒会不要提前到场,即使早到一分钟也是失礼的。如果是午餐酒会,用餐的时间通常是12:00—13:45;如果是晚餐酒会,通常是18:30—20:00。人可以迟到30min,但若再迟些,便是对主人的不敬。

2. 服饰没有限制

鸡尾酒会属于一种比较自由轻松的宴请形式,若无特别要求,赴宴者在衣着方面不必刻意修饰,只要做到端庄大方、干净整洁即可。

3. 无须排席次

酒会不为用餐者设立固定座位。因此,宴请方也不用排桌次、位次。用餐者可站立,也可找座位就餐。

4. 自由交际

鸡尾酒会因无席位限定,用餐者完全可以自由自在地随意选择自己交际的对象。

5. 自选菜肴

酒会上,用餐者享用的酒水、点心、菜肴均依据个人口味和需要去餐台上或通过侍者选取。

（二）商务鸡尾酒会用餐礼仪规范

商务酒会虽然礼仪从简，但也不是完全不讲礼仪。参加酒会时，有以下几方面的礼仪规范。

1. 掌握餐序

酒会上提供的餐食品种不一定多，但取用时一定要依照合理的顺序。标准的酒会餐序依次为开胃菜、汤、热菜、点心、甜品、水果。鸡尾酒可在餐前或吃完甜品时喝。

2. 排队取食

在用餐时，不论是去餐台取菜，还是从侍者手里的托盘选择酒水，均应遵守秩序，认真排队，依次进行，忌长时间霸占餐点桌，以致别的客人等待很久才能取到食物。

3. 多次少取

选取菜肴时，不论是爱吃的还是尚未尝过的，都应一次只取一点，切记不要超标过量，取来的东西必须全部吃完，否则是很失礼的。此外，也不要擅自去替别人代取酒水、点心、菜肴，以免造成浪费。普通的鸡尾酒会一般给每人预备三杯酒。在一些特殊场合上最上等的是香槟鸡尾酒。绝对不能把酒会上的东西外带回家。

4. 适度交际

参加酒会的人可以自选对象进行交际，但不要和别人说话时东张西望，好像生怕错过哪个更重要的人物，这是非常不礼貌的。也不要抢着和主人、贵宾谈话，让别人也有和他们交谈的机会。

5. 礼貌告别、致谢

在各种（大型酒会除外）酒会上，离开之前都应向主人或者主办方当面致谢，这是礼貌。如果因故不得不中途告辞，则告别、致谢不能引人注目，以免使其他客人误认为他们也该走了。

出席鸡尾酒会的客人应按请帖上写明的时间起身告辞。如果接到的是口头邀请（没有说明时间），则告辞时间应选在酒会举行 2h 后。

鸡尾酒会后，并不一定非要向主人致谢。如果主人或者主办者是好友，可以在第二天上午和他们通一个电话，既祝贺酒会的成功，又可消除他们对酒会结果的担忧。

任务四　商务茶饮宴请礼仪

我国是茶叶的故乡，有着悠久的种茶历史，又有着严格的敬茶礼节，还有着奇特的饮茶风俗。客来敬茶是我国最早重情好客的传统美德与礼节。直到现在，宾客至家，总要沏上一杯香茗。喜庆活动，也喜用茶点招待，开个茶话会，既简便经济，又典雅庄重。所谓"君子之交淡如水"，也是指清香宜人的茶水。古代的齐世祖、陆纳等人曾提倡以茶代酒。唐朝刘贞亮赞美"茶有十德"，认为饮茶除可健身外，还能"以茶表敬意""以茶可雅心""以茶可行道"。唐宋时期，众多的文人雅士不仅喜爱饮茶，还在自己的佳作中歌颂和描写过茶。

饮茶在我国，不仅是一种生活习惯，更是一种源远流长的文化传统。中国人习惯以茶待客,形成了相应的饮茶礼仪。按照我国传统文化的习俗,无论在任何场合,敬茶与饮茶的礼仪都是不可忽视的一环。

一、敬茶与饮茶

(一)奉茶的礼仪

最基本的奉茶之道,就是客人来访马上奉茶。奉茶前应先请教客人的喜好,俗话说:酒满茶半。奉茶时应注意:茶不要太满,以八分满为宜。水不宜太烫,以免客人不小心被烫伤。同时有两位以上的访客时,端出的茶色要均匀,并要配合茶盘端出,左手捧着茶盘底部,右手扶着茶盘的边缘。

西方常以茶会作为招待宾客的一种形式,茶会通常在 16:00 开始,设在客厅之内。准备好座椅和茶几就行了,不必安排座次。茶会上除饮茶之外,还可以上一些点心或风味小吃,国内现在有时也以茶会招待外宾。

上茶时应向在座的人说声:"对不起!"再以右手端茶,从客人右方奉上,面带微笑,眼睛注视对方并说:"这是您的茶,请慢用!"奉茶时,应依职位的高低顺序先端给不同的客人,再依职位高低端给自己公司的接待同事。

以咖啡或红茶待客时,杯耳和茶匙的握柄要朝着客人的右边。此外,要替每位客人准备一包砂糖和奶精,将其放在杯子旁(碟子上),方便客人自行取用。

(二)饮茶者的礼仪

注视奉茶者,并诚恳地说声"谢谢"。在商务活动中,当别人奉茶时,不要以手去接,以免增加奉茶者的困扰。但若是领导或长辈亲自给你奉茶,则要起身双手恭敬地迎接。受人接待奉茶时,如无法说谢谢,要以和蔼的眼神予以奉茶者回应,绝不能视而不见、听而不闻,这是非常失礼的行为。

如需调和糖和奶精,应在调好之后将茶匙横放在碟子上,再以右手端起杯子(除非你惯用左手)。喝茶时,不需将杯垫一齐端起,以单手端起茶杯,另一只手轻扶杯垫,预防杯垫掉落即可。但若坐在矮茶几旁,则必须连同杯垫一齐端起,以免不慎打翻。喝茶时不可出声,尤其是喝功夫茶时,不要因怕将茶叶喝入口中而用嘴滤茶,如果发出声音,则是十分不雅的。女士喝茶时,应先用化妆纸将口红轻轻擦掉一些,以免口红留在杯子上。

二、绿茶冲泡饮用礼仪

(一)绿茶简介

绿茶是中国产量最多、饮用最为广泛的一种茶。绿茶是将采摘来的鲜叶先经高温杀青,杀灭了各种氧化酶,保持了茶叶绿色,然后经揉捻、干燥而制成。清汤绿叶是绿茶品质的共同特点。

绿茶是中国的主要茶类,在初制茶六大茶类里产量最高。绿茶产区最广,其中以浙江、安徽、江西三省产量最高,质量最优,是我国绿茶生产的主要基地。在国际市场上,我国绿茶占国际贸易量的 70% 以上,销售遍及北非、西非各国及法国、美国、阿富汗等 50 多个国家或地区。

在国际市场上,绿茶销量占内销总量的1/3以上。同时,绿茶又是生产花茶的主要原料。

(二) 绿茶冲泡礼仪

第一道:点香,焚香除妄念;
第二道:洗杯,冰心去凡尘;
第三道:凉汤,玉壶养太和;
第四道:投茶,清宫迎佳人;
第五道:润茶,甘露润莲心;
第六道:冲水,凤凰三点头;
第七道:泡茶,碧玉沉清江;
第八道:奉茶,观音捧玉瓶;
第九道:赏茶,春波展旗枪;
第十道:闻茶,慧心悟茶香;
第十一道:品茶,淡中品致味;
第十二道:谢茶,自斟乐无穷。

三、红茶冲泡饮用礼仪

(一) 红茶简介

红茶是在绿茶的基础上经发酵创制而成的,以适宜的茶树新芽叶为原料,经萎凋、揉捻(切)、发酵、干燥等典型工艺过程精制而成。因其干茶色泽和冲泡的茶汤以红色为主调,故名红茶。

红茶创制时称为"乌茶"。红茶在加工过程中发生了以茶多酚酶促氧化为中心的化学反应,鲜叶中的化学成分变化较大,茶多酚减少90%以上,产生了茶黄素、茶红素等新成分。香气物质比鲜叶明显增加。所以红茶具有红汤、红叶和香甜味醇的特征。我国红茶品种以祁门红茶最为著名,红茶是我国第二大茶类,出口量占我国茶叶总产量的50%左右,客户遍布60多个国家和地区。其中销量最多的是埃及、苏丹、黎巴嫩、叙利亚、伊拉克、巴基斯坦、英国及爱尔兰、加拿大、智利、德国、荷兰及东欧各国。

(二) 红茶冲泡礼仪

红茶饮用广泛,这与红茶的品质特点有关。例如,按花色品种而言,有工夫饮法和快速饮法之分;按调味方式而言,有清饮法和调饮法之分;按茶汤浸出方式而言,有冲泡法和煮饮法之分。但不论采用何种方法饮茶,多数都选用茶杯冲(调)饮,只有少数用壶的,如冲泡红碎茶或片、沫茶。红茶饮法介绍如下。

(1) 置具洁器。一般来说,饮红茶前,不论采用何种饮法,都要先准备好茶具,如煮水的壶、盛茶的杯或盏等。同时,还需用洁净的水,一一加以清洁,以免污染。

(2) 量茶入杯。通常,结合需要,每杯只放入3~5g的红茶,或1~2包袋泡茶。若用壶煮,则另行按茶和水的比例量茶入壶。

（3）烹水沏茶。量茶入杯，然后冲入沸水。如果是高档红茶，那么，以选用白瓷杯为宜，以便观察颜色，通常冲水至八分满为止。如果用壶煮，那么，就应将水煮沸，而后放茶配料。

（4）闻香观色。通常红茶冲泡 3min 后，即可先闻其香，再观察红茶的汤色。这种做法在品饮高档红茶时尤为时尚。

（5）品饮尝味。待茶汤冷热适口时，即可举杯品味。尤其是饮高档红茶，饮茶人需在"品"字上下功夫，缓缓吸饮，细细品味，在徐徐体察和欣赏之中，品出红茶的醇味，领会饮红茶的真趣，获得精神的升华。

如果品饮的红茶属条形茶，一般可冲泡 2~3 次。如果是红碎茶，通常只冲泡一次，第二次再冲泡，滋味就显得淡薄了。

四、乌龙茶冲泡饮用礼仪

1. 乌龙茶简介

乌龙茶综合了绿茶和红茶的制法，其品质介于绿茶和红茶之间，既有红茶的浓鲜味，又有绿茶的清芳香，并有"绿叶红镶边"的美誉。品尝后齿颊留香，回味甘鲜。乌龙茶的药理作用，突出表现在分解脂肪、减肥健美等方面。在日本，被称为"美容茶""健美茶"。

为形成乌龙茶的优异品质，首先是选择优良品种茶树鲜叶做原料，严格掌握采摘标准；其次是采用极其精细的制作工艺。乌龙茶因其做青的方式不同，分为"跳动做青""摇动做青""做手做青"三个种类。商业上习惯根据其产区不同，分为闽北乌龙、闽南乌龙、广东乌龙、台湾乌龙等。乌龙茶是我国特有的茶类，主要产于福建的闽北、闽南及广东、台湾等地。近年来，四川、湖南等省也有少量生产。现在，乌龙茶除销往广东、福建等省外，主要销往日本、东南亚和我国港澳地区。

2. 乌龙茶冲泡礼仪

第一步，烫杯温壶：将沸水倾入紫砂壶、闻香杯、品茗杯中，让杯内外保持一定热度。

第二步，洗茶：将茶叶放入茶壶，然后将沸水倒入壶中，又迅速倒出，这便是"洗茶"。

第三步，冲泡：功夫茶冲泡过程中水都高出了壶口，用壶盖拂去茶末儿，最后盖上壶盖，并用沸水遍浇壶身。

第四步，分杯：茶泡好了，这才开始分杯，用茶夹将闻香杯、品茗杯分组放在茶托上，再将茶汤分别倒入闻香杯，茶斟七分满，之后才将闻香杯内的茶汤倒在茶杯里。

第五步，品茶：先用双手捧着闻香杯轻嗅其中的余香，然后以三指端起品茗杯，分三口轻啜慢饮，这样一直喝到九杯，这功夫茶才算是品完了全过程。

五、各国饮茶礼仪

1. 泰国人喝冰茶

泰国人饮茶的习惯很奇特，他们常常在一杯热茶中加入一些小冰块，这样茶很快就冰凉了。在气候炎热的泰国，饮用此茶使人倍感凉快、舒适。

2. 埃及人喝甜茶

埃及人喜欢饮甜茶，他们招待客人时，常端上一杯热茶，里面放着许多白糖，同时送来一杯供稀释茶水用的生冷水，表示对客人的尊敬。

3. 印度人喝奶茶

印度人喝茶时要在茶叶中加入牛奶、姜和小豆蔻,沏出的茶味道与众不同。他们喝茶的方式也十分奇特,把茶斟在盘子里吸饮,可谓别具一格。

4. 英国人喝什锦茶

英国人常在茶里掺入橘子、玫瑰等佐料,据说这样可减少容易伤胃的茶碱,更能发挥保健作用。

5. 俄罗斯人喝红茶

俄罗斯人先在茶壶里泡上浓浓的一壶红茶,喝时倒少许在茶杯里,然后冲上开水,随自己的习惯调成浓淡不一的味道。

6. 南美洲人喝马黛茶

在南美洲许多国家,人们把茶叶和当地的马黛树叶混合在一起饮用。喝茶时,先把茶叶放入筒中,冲上开水,再用一根细长的吸管插入大茶杯里吸吮。

7. 北非人喝薄荷茶

北非人喝茶,喜欢在绿茶里加几片新鲜的薄荷叶和一些冰糖,此茶清香醇厚,又甜又凉。有客来访,主人连敬三杯,客人必须将茶喝完才算礼貌。

任务五　商务西餐宴请礼仪

随着我国对外交往的日益频繁,西餐也离我们越来越近。商务人员掌握一些西餐的礼仪,在必要的场合,才不至于"出意外"。

一、座次的排列

在西餐用餐时,人们对于座次的问题十分关注。越是正式的场合,这一点就显得越是重要。与中餐相比,西餐的座次排列既有不少相同之处,也有许多不同之处。

1. 排列的规则

在绝大多数情况下,西餐的座次问题,更多地表现为位次问题。桌次问题,除非是极其隆重的盛宴,一般涉及较少。因此,下面将主要讨论西餐的位次问题。

排列西餐的位次,一般应依照一些约定俗成、人所共知的常规进行。了解了这些基本规则,就可以轻而易举地处理位次排列问题。

(1) 恭敬主宾。在西餐中,主宾极受尊重。即使用餐的来宾中有人在地位、身份、年纪方面高于主宾,但主宾仍是主人关注的重心。在排定位次时,应请男、女主宾分别紧靠着女主人和男主人就座,以便进一步受到照顾。

(2) 女士优先。在西餐礼仪里,女士处处备受尊重。在排定用餐位次时,主位一般应请女主人就座,而男主人则须退居第二主位。

(3) 以右为尊。在排定位次时,以右为尊依旧是基本指针。就某一特定位置而言,其右位高于左位。例如,应安排男主宾坐在女主人右侧,应安排女主宾坐在男主人右侧。

(4) 面门为上。有时又称迎门为上,指的是面对餐厅正门的位子,通常在序列上要高于背对餐厅正门的位子。

(5) 距离定位。一般来说,西餐桌上位次的尊卑,往往与其距离主位的远近密切相关。在通常情况下,离主位近的位子高于距主位远的位子。

(6) 交叉排列。用中餐时,用餐者经常有可能与熟人,尤其是与其恋人、配偶在一起就座,但在用西餐时,这种情景便不复存在了。商务人士所出席的正式的西餐宴会,在排列位次时,要遵守交叉排列的原则。依照这一原则,男女应当交叉排列,生人与熟人也应当交叉排列。因此,一个用餐者的对面和两侧,往往是异性,而且有可能与其不熟悉。这样做,据说最大的好处是可以广交朋友。不过,这也要求用餐者最好是双数,并且男女人数各半。

2. 座次排列的详情

在西餐用餐时,人们所用的餐桌有长桌、方桌和圆桌。有时,还会以之拼成其他各种图案。不过,最常见、最正规的西餐桌当属长桌。

(1) 长桌。以长桌排位,一般有两个主要办法:一是男女主人在长桌中央对面而坐,餐桌两端可以坐人,也可以不坐人;二是男女主人分别就座于长桌两端。

某些时候,如用餐者人数较多时,还可以参照以上办法,以长桌拼成其他图案,以便安排大家一道用餐。

(2) 方桌。以方桌排列位次时,就座于餐桌四面的人数应相等。在一般情况下,一桌共坐8人,每侧各坐两人的情况比较多见。在进行排列时,应使男、女主人与男、女主宾对面而坐,所有人均各自与自己的恋人或配偶坐成斜对角。

(3) 圆桌。在西餐里,使用圆桌排位的情况并不多见。在隆重而正式的宴会里,则尤为罕见。其具体排列,基本上是各项规则的综合运用。

二、点菜及上菜顺序

西餐菜单上有四或五大分类,其分别是开胃菜、汤、沙拉、海鲜、肉类、点心等。

应先决定主菜。主菜如果是鱼,开胃菜就选择肉类,在口味上就比较富有变化。除食量特别大的外,其实不必从菜单上的单品菜内配出全餐,只要开胃菜和主菜各一道,再加一份甜点就够了。可以不要汤,或者省去开胃菜,这也是很理想的组合。

正式的全套餐点上菜顺序如下。

1. 头盘

西餐的第一道菜是头盘,也称开胃品。开胃品的内容一般有冷头盘和热头盘之分,常见的品种有鱼子酱、鹅肝酱、熏鲤鱼、鸡尾杯、奶油鸡酥盒、焗蜗牛等。因为是要开胃,所以开胃菜一般都有特色风味,它多以各种调味汁凉拌而成,色彩悦目,口味宜人。味道以咸和酸为主,而且数量少,质量较高。

2. 汤

和中餐不同的是,西餐的第二道菜就是汤。西餐的汤大致可分为蔬菜汤、清汤、奶油汤和冷汤四类。品种有各式奶油汤、牛尾清汤、海鲜汤、意式蔬菜汤、俄式罗宋汤、美式蛤蜊汤、法式葱头汤。冷汤的品种较少,有俄式冷汤、德式冷汤等。

西餐中的汤,大都口感芬芳浓郁,具有很好的开胃作用。按照传统说法,汤是西餐的"开路先锋"。只有开始喝汤时,才算正式开始吃西餐了。

3. 副菜

鱼类菜肴一般作为西餐的第三道菜,也称副菜。品种包括各种淡、海水鱼类和贝类及软体动物类。通常水产类菜肴与面包类、蛋类、酥盒菜肴品都称为副菜。因为鱼类等菜肴的肉质鲜嫩,比较容易消化,所以放在肉类菜肴的前面,叫法上也和肉类菜肴主菜有所区别。西餐吃鱼菜肴讲究使用专用的调味汁,品种有荷兰汁、鞑靼汁、酒店汁、大主教汁、白奶油汁、美国汁和水手鱼汁等。

4. 主菜

肉、禽类菜肴是西餐的第四道菜,也称主菜。肉类菜肴的原料取自牛、羊、猪、小牛仔等各个部位的肉,其中最有代表性的是牛肉或牛排。牛排按其部位又可分为沙朗牛排(也称西冷牛排)、T骨牛排、菲力牛排、薄牛排等。其烹调方法常用烤、煎、铁扒等。肉类菜肴配用的调味汁主要有西班牙汁、浓烧汁、蘑菇汁、白尼斯汁等。

禽类菜肴的原料取自鸡、鸭、鹅,通常将兔肉和鹿肉等野味也归入禽类菜肴。禽类菜肴品种最多的是鸡,有火鸡、山鸡、竹鸡,可煮、炸、烤、焖,主要的调味汁有咖喱汁、奶油汁、黄肉汁等。

5. 蔬菜类菜肴

蔬菜类菜肴可以安排在肉类菜肴之后,也可以和肉类菜肴同时上桌,所以可以算为一道菜,或称为一种配菜。蔬菜类菜肴在西餐中称为沙拉。和主菜同时服务的沙拉,称为生蔬菜沙拉,一般用生菜、西红柿、黄瓜、芦笋等制作。沙拉的主要调味汁有法国汁、醋油汁、奶酪沙拉汁、千岛汁等。

沙拉除蔬菜之外,还有一类是用鱼、肉、蛋类制作的,这类沙拉一般不加味汁,在进餐顺序上可以作为头盘。

还有一些蔬菜是熟的,如炸土豆条、花椰菜、煮菠菜等。熟食的蔬菜通常和主菜的肉食类菜肴一同摆放在餐盘中上桌,称为配菜。

6. 甜品

西餐的甜品是主菜后食用的,可以算作是第六道菜。从真正意义上讲,它包括所有主菜后的食物,如布丁、煎饼、冰激凌、奶酪、水果等。

7. 果品

接下来,用餐者还需在力所能及的情况下,酌情享用干、鲜果品。常用的干果有核桃、杏仁、榛子、开心果、腰果等。菠萝、草莓、香蕉、苹果、葡萄、橙子等,则是在西餐桌上最常见的鲜果。

8. 热饮

在用餐结束之前,应当为用餐者提供热饮,以此作为"压轴戏"。最正规的热饮,是红茶或什么都不加的黑咖啡。两者只能选择其一,而不同时享用。它们的作用,主要是帮助消化。西餐的热饮,可以在餐桌上喝,也可以换一个地方,离开餐桌去客厅或休息厅里喝。

三、西餐具的使用

使用刀叉进餐,是西餐最重要的特征之一。实际上,刀叉的正确使用,对不少商务人士而言,是想做而又不会做的。

除刀叉之外,西餐的主要餐具还有餐匙、餐巾等。下面将分别对它们进行介绍。至于西餐桌上出现的盘、碟、杯、水盂、牙签等餐具,其用法与中餐大同小异,在此将不再赘述。

(一)刀叉

东方人进餐时的主要工具是筷子,而西方人进餐时则要用刀叉。刀叉是对餐刀、餐叉两种餐具的统称。两者既可以配合使用,也可以单独使用。不过,在更多的情况下,刀叉是同时配合使用的,因此,人们在提到西餐餐具时,喜欢将两者相提并论。

1. 刀叉的区别

西餐用的刀、叉各有其用,不能替代或混用。

(1)刀。刀是用来切割食物的,不要用刀挑起食物往嘴里送。切记右手拿刀。如果用餐时,有三种不同规格的刀同时出现,一般正确的用法是:带小锯齿的那一把刀用来切肉制食品;中等大小的刀用来将大片的蔬菜切成小片;而那种小巧的、刀尖是圆头的、顶部有些上翘的小刀,则是用来切开小面包,然后用它挑些果酱、奶油涂在面包上面。

(2)叉。要左手拿叉,叉起食物往嘴里送时,动作要轻。同时,牙齿只碰到食物,不要咬叉,也不要让刀叉在齿上或盘中发出声响。

2. 刀叉的放置

在正规的西餐宴会上,通常都讲究吃一道菜要换一副刀叉。即在吃每道菜时,都要使用专门的刀叉。既不可以胡拿乱用,也不可以从头至尾只用一副刀叉。

一般情况下,享用西餐正餐时,出现在每位用餐者面前餐桌上的刀叉主要有吃鱼所用的刀叉、吃肉所用的刀叉、吃黄油所用的餐刀、吃甜品所用的刀叉等。它们形状各异,重要的是其摆放的具体位置各不相同。掌握好这一点,对于正确地区分它们尤为重要。

(1)吃鱼所用的刀叉和吃肉所用的刀叉,应当餐刀在右、餐叉在左地分别纵向摆放在用餐者面前的餐盘两侧。餐叉的具体位置,应处于吃黄油所用餐刀的正下方。有时,在餐盘左右两侧分别摆放的刀叉会有三副之多。要想不至于把它们拿错,一点儿也不困难。关键是要记住,应当依次分别从两边由外侧向内侧取用。

(2)吃黄油所用的餐刀,没有与之相匹配的餐叉。它的正确位置,是横放在用餐者左手的正前方。

(3)吃甜品所用的刀叉,应于最后使用。它们一般被横向放置在用餐者正前方。

3. 刀叉的使用

使用刀叉,一般有两种常规方法可供借鉴。

(1)英国式。此种方式在进餐时,始终右手持刀,左手持叉,一边切割,一边叉而食之。通常认为,此种方式较为文雅。

(2)美国式。此种方式的具体做法是,先是右刀左叉,一口气把餐盘里要吃的东西全部切割好,然后把右手中的餐刀斜放在餐盘前方,将左手中的餐叉换到右手,然后右手用叉尽情享受美食。这种方式的好处,据说是比较省事。

另外,需要说明的是,吃饭时,利用叉子的背面舀食物虽然没有违反餐桌的礼仪,不过看起来的确是不够雅观。吃米饭时,可以很自然地将叉子转到正面舀起食用,因为叉子正面的凹下部位正是为此用法而设计的。这时候,也可利用刀子在一旁辅助用餐动作。将餐盘上的食物舀起时,利用刀子挡着,以免食物散落到盘子外面,如此一来,就可以很利落地将盘内食物舀起。

当盘子内的细碎食物聚集时,可利用刀子挡着,再以叉子靠近舀起。利用汤匙代替刀子也是可以的。以叉子将料理聚集到汤匙上,再以汤匙将食物送入口中。

4. 刀叉的暗示

有些人很纳闷,为什么吃西餐时,很多时候只是听见刀叉的声音,却很少见到客人呼叫服务员。的确,在大多数情况下是不需要多费口舌的,因为这时候你作为客人,在桌子上进餐时的一举一动都在告诉服务员你的意图,受过训练的服务员会按照你的愿望去为你服务,满足你的要求。也就是说,有声的语言在这里已经是多余的了。使用刀叉,可以向服务员暗示用餐者是否吃好了某一道菜肴,其具体方法如下。

(1)我尚未用完餐。盘子没空,如你还想继续用餐,把刀叉分开放,大约呈三角形,那么服务员就不会把你的盘子收走。

(2)请再给我添加饭菜。盘子已空,但你还想用餐,把刀叉分开放,大约呈八字形,那么服务员会再给你添加饭菜。注意:只有在准许添加饭菜的宴会上或在食用有可能添加的那道菜时才适用。如果每道菜只有一盘的话,你没有必要把餐具放成这个样子。

(3)我已用好餐。如果吃完了,或不想再吃了,则可以刀口内向、叉齿向上,刀右叉左地并排纵放,或者刀上叉下地并排横放在餐盘里。这种做法等于告知服务员,请将刀叉及餐盘一块收掉。

(二)餐匙

餐匙,有时也称调羹。品尝西餐时,餐匙是一种不可或缺的餐具。商务人员应该掌握其区别、用法两大问题。

1. 餐匙的区别

在西餐的正餐里,一般会至少出现两把餐匙,即汤匙和甜品匙。它们形状不同、用途不一,摆放的位置也有各自的既定之处。

相对而言,个头较大的餐匙为汤匙,通常它与餐刀并列纵放在用餐者右侧的最外端。另一把个头较小的餐匙则为甜品匙,在通常情况下,它应当被横向摆放在吃甜品所用刀叉的正上方,并与其并列。如果不吃甜品,用不上甜品匙,有时,它也会被个头同样大小的茶匙所取代。

汤匙和甜品匙,各有各的用途,不可相互替代。商务人员只有了解这一点,才不至于闹出笑话。

2. 餐匙的用法

在使用餐匙时,下述四点必须予以高度重视。

(1)使用餐匙取食时,动作应干净利索,切勿在甜品、汤之中搅来搅去。另外,还要适可而止,不要过量,而且一旦入口,就要一次将其用完。不要一餐匙的东西,反复品尝好几次。餐匙入口时,应以其前端入口,而不是将它全部塞进嘴里。

(2) 使用餐匙时，要尽量保持其周身的干净清洁，不要动不动就把它搞得"色彩缤纷""浑身挂彩"。

(3) 餐匙除可以饮汤、吃甜品之外，绝对不可直接舀取其他任何主食、菜肴等。

(4) 使用过的餐匙，切不可再放回原处，也不可将其插入菜肴、主食，或是令其"直立"于甜品、汤盘或红茶杯之中。

（三）餐巾

其貌不扬的餐巾，在西餐餐具里，是一个发挥多重作用的重要角色。

西餐里所用的餐巾，通常会被叠成一定的图案，如皇冠形、扇形、扇贝形等，餐巾的颜色和造型变幻不定，往往与整个就餐环境相得益彰。它们一般放置于用餐者右前方的水杯里，或是直接被平放于用餐者右侧的桌面上。

商务人员在使用时应注意以下事项。

(1) 取餐巾要看时机。当主人宣布开始用餐时，客人方可取下餐巾，否则会被误解为有些迫不及待。

(2) 铺放位置要准确。从餐桌上拿起餐巾，先对折，再将褶线朝向自己，餐巾应被平铺于自己并拢的大腿上，其主要目的，就是为了"迎接"进餐时掉落下来的菜肴、汤汁，防止弄脏衣服。绝不能把餐巾抖开，如围兜般围在身上，或塞在领口。而把餐巾的一角塞进口袋或腰带里，也是错误的方法。假如衣服的质地较滑，餐巾容易滑落，那么应该以较不醒目的方法，将餐巾的两端塞在大腿下。

(3) 欲言之前要擦嘴。用餐期间与人交谈之前，应先用餐巾揩一下满是油渍的嘴巴，免得自己"满嘴生辉""五光十色"。擦拭嘴巴时，拿起餐巾的末端顺着嘴唇轻轻压一下即可，弄脏的部分为了不让人看见，可往内侧卷起。

女士进餐前，也可用餐巾轻印一下嘴部，以除去唇膏，避免留下唇印。以餐巾擦嘴时，其部位应大体固定，最好只用其内侧。

通常，不应以餐巾擦汗、擦脸，擦手也要尽量避免。特别要注意，不可用餐巾来擦餐具。一方面不雅观，另一方面主人会认为你嫌弃餐具不干净，这样做有失风度。

(4) 必要动作要遮羞。在进餐时，尽量不要当众剔牙，万一非剔不可时，应以左手拿起餐巾挡住口部，然后以右手去剔牙。将鱼骨头或水果的种子吐出时，可利用餐巾遮住嘴，用手指拿出来后再放在餐盘上。也可以直接吐在餐巾内，再将餐巾向内侧折起。通常服务员会注意到并换上一条新的餐巾。但倘若这些过程没有遮掩，是颇为失态的。

(5) 弄脏餐巾不失礼。主人提供餐巾就是希望客人来享用，所以作为客人，你可大大方方地使用，是可以将其弄脏的。如果不用或是不愿将餐巾弄脏，反而拿出自己的手帕或面纸等来用的话，这不仅是违反用餐礼仪的，而且对主人来说，也是很尴尬的。

(6) 中途离席放置好。宴席中最好避免中途离席。非暂时离席不可时，最好不要把餐巾叠放在椅子上，理想的方式应是用盘子或刀子压住餐巾的一角，让它从桌沿垂下，当然，脏的那一面朝内侧才雅观。

(7) 餐毕无须太整齐。用餐完毕要站起来，首先将腿上的餐巾拿起，随意叠好，再把餐巾放在餐桌的左侧，然后起身离座。如果站起来后才甩动或折叠餐巾，就不合乎礼节了。餐巾用完后，无须折叠得过于整齐，但也不能随便搓成一团。如有主宾或长辈在座，一定要等他们拿起餐巾折叠时才能跟着动作。

四、西餐菜肴的食用

西餐菜肴的食用方法与中餐相比，有更多的礼仪讲究，商务人士对此应有详细的了解。

1. 面包和黄油

进餐时，如有专用放面包的盘子，那么就理所当然地把面包放在盘里。

在食用面包时，可以用手将面包掰开，块的大小应正好能放入口中，切勿用刀去切或者用牙去咬。吃土司（面包片）时，一般把黄油抹在面包上食用，也可加上盐和胡椒等，这时可以用刀子把土司切成块状来吃。注意不要用面包来蘸盘子里的汤（特别是有身份或讲究的商务女士，更应避免此种举动）。

如面包屑掉在桌子上，你大可不必用手或刀叉来捡起，服务员过后会用专业的清扫器具来清理。

黄油应与面包一同食用，正确的吃法是在一小块面包上抹上少许黄油即可。说来简单，需注意的是，不可把黄油直接放入口中。另外，一定要用黄油来抹面包，而不要用面包去蘸黄油。有时，黄油是放在一个公用的黄油盘里，配有公用小刀，每人可用刀取出少许放入自己的盘内。讲究的餐厅有时把黄油摆在桌上时，底下配有冷却的冰块以保其温度，有时也将黄油的造型做得灵巧可爱，不但实用，而且具有一定的观赏性。

2. 沙拉

提起沙拉，很多人认为它只是清一色的绿色生菜。其实不然，沙拉的种类繁多。可以是绿颜色的沙拉，还可以是混合青菜沙拉，还可以是配有鱼、肉和蘑菇等的海鲜沙拉和肉类沙拉。

西餐中，沙拉往往出现在这样的场合里：作为主菜的配菜，如蔬菜沙拉，这是最常见的；作为间隔菜，如在主菜和甜点之间；作为第一道菜，如鸡肉沙拉。

如果沙拉是一大盘，就可使用沙拉叉；如果沙拉是和主菜放在一起的，则要使用主菜叉来吃。

如果沙拉是间隔菜，通常要和奶酪、炸玉米片等一起食用。先取一两片面包放在你的沙拉盘上，再取两三片玉米片。奶酪和沙拉要用叉子吃，而玉米片可以用手拿着吃。

如果主菜沙拉配有沙拉酱，可以先把沙拉酱浇在一部分沙拉上，吃完这部分后再加酱。直到加到碗底的生菜叶部分，这样浇汁就容易了。需要注意的是，有时仅有一种沙拉酱，但有时也会准备多种沙拉酱供客人自己选择，这时一盘沙拉一般以放一种汁为宜，不可多种混杂，否则，味道不伦不类。

沙拉习惯的吃法应该是将大片的生菜叶用刀子切成小块，如果不好切，可以刀叉并用。一次只切一块，吃完再切。

3. 鱼

西餐中很大一部分的鱼类餐是鱼片、鱼块或鱼条。因为这样做对于食用者来讲非常省事方便。在西方国家，很多人看到带有鱼刺的鱼时，都下意识地带有敬而远之的心理。因为从嘴里把鱼刺吐出来不是一件容易的事，不少人对此都很发怵。尽管如此，西餐里还是有许多名菜是整条鱼端上饭桌的，例如汤汁鱼、香煎鱼等。

在餐厅进餐时,作为客人,你可以要求服务员为你把整条鱼弄成鱼片。否则,你自己一边欣赏整理、一边自我享受也是一种乐趣。这时,作为放鱼皮、鱼鳍和鱼刺等剩物的容器,一定要在用餐之前准备就绪。具体来讲有以下两个步骤。

(1)左手拿叉,用叉按住整条鱼,右手握刀把鱼鳍取下,放入剩物盘。用鱼刀把鱼皮从头部到鱼尾取下,然后用鱼刀把头部和尾部轻轻切一下,注意不可让头部和尾部脱离整条鱼。取下上面的整片鱼肉,放在盘中。有时放在同一个盘里,有时放在另一个盘里,这要根据需要和当时情况而定。

(2)鱼刺取下,与头部和尾部一同放入剩物盘里。用刀把下面的鱼肉向旁边推开,用此方法把鱼皮和鱼肉剥离。鱼皮放入剩物盘,鱼肉放在刚才取下的那片鱼肉旁边,以待享用。有些人还取下鱼鳃旁边的一小块鱼肉,认为这是最有价值的一块鱼肉。另外,需要提示的是:与许多东方人不同,西方人通常情况下是不吃鱼皮的。

知识拓展　　　　　　　鱼子的食用方法

鱼子在所有菜肴里价格是较昂贵的,它有红鱼子、黑鱼子两种。黑鱼子还要贵于红鱼子。吃鱼子时,必备的餐具除鱼子勺外,普通刀叉也应预备。

食用这道菜应采取"少而精"的原则。通常,一小盘或一小盒的鱼子被放在碎冰上,客人用鱼子勺将其取出抹在面包上食用。配餐常用一种荞麦面制成的小饼片,与酸奶油汁一同食用。还可以把鸡蛋黄切成小块,分开放入小碗里作为辅料。另外,还可备些柠檬块、洋葱末、黄油、吐司等。

4. 龙虾

龙虾经常在套餐里客串主角,它不但属于稀有贵重菜肴,而且颜色漂亮美观。

龙虾的烹饪方式很多,摆在盘里的一般是整只或半只,有时也事先将壳剥去,仅用虾肉。当然,如果只是虾肉的话,用刀叉来进餐还是很省事的,但如果是带壳的话,那吃起来可没有那么省事了,因此,龙虾被称为"好看不易吃"。不过,享用这道美食可以得到一种额外的乐趣,那就是打破龙虾壳取出虾肉的过程。

如果端上来的龙虾,它的壳没有被彻底敲裂,这时,餐桌上便会摆上一把胡桃钳或尖核针。胡桃钳可用来夹裂龙虾壳,尖核针则可用来挖取狭窄难取之处的虾肉。

用左手握住虾头,将龙虾固定在盘中,右手用力拔下龙虾的大螯。用虾钳顺边把壳剪开,可剪开一边,另一边用手掰开即可。把虾肉轻轻取出,如有虾肉还在里面的话,可用叉子取出。

龙虾卵是龙虾胃腔内称作玉米馅饼的绿色物质,龙虾卵只在雌虾体内才有,是十分美味的佳肴。用叉子叉起它,分切成数块,再依照个人喜好蘸酱调味。

通常餐宴主人或餐馆应该提供大碗或大盘子,让客人放置龙虾壳。吃过龙虾,还要给客人送上洗指碗。

5. 洋蓟

在食用这道菜时,基本上都是用手来吃的。用左手握住整个洋蓟,右手一片一片取下,底部的肉处沾过汁后,直接放入口中,用嘴把肉挤出后即可食用。剩下的叶子放入废物盘中。

特别要注意的是,用嘴咀嚼洋蓟肉时,尽量不要出声音。所有的叶片吃过后,要清洗一下双手,以便使用刀叉。用刀叉把底部的须子切下之后,洋蓟用刀叉食用即可。

这道菜一般配有调味汁,可用奶油类的汁(如蛋黄酱),也可用清汁(如酸酱油、辣酱油)。

6. 生蚝或生蛤蜊

布置在碎冰块上的生蚝或生蛤蜊,是一道昂贵的佳肴。以左手手指抓紧剩下的那一片壳,以右手持小生蚝叉,将生蚝或蛤蜊从壳中整个挖取出来。如果还有任何部分仍然黏附在壳上,利用叉子将它都挖出来。然后把生蚝或生蛤蜊放到盘子中央的酱碟里蘸一下。有些人则只在生蚝或生蛤蜊上滴几滴柠檬汁,因为他们认为辛辣、刺激的酱汁会破坏这种海产鲜美的原味。

吃完生蚝或生蛤蜊肉后,你可以拿起空壳来吸吮一番,品尝余留的美叶原汁。这么做会发出"嘶嘶"的声响,而且动作不甚雅观,不过在这种情形下,即使是最讲究礼仪的完美主义者,也不在乎举止是否雅观了。

如果你喜欢,也可以把几块小片饼放进酱碟里,再用生蚝叉挑出来吃。

7. 牡蛎

西餐里的这道菜一般是生吃。

在餐厅食用牡蛎时,是已经打开的,直接用牡蛎叉把肉取出来食用即可。这时,必须使劲连汁一起嘬,当然这样一来要出些声音,但这道菜属于"特赦",准许出声。另外,用柠檬、胡椒、辣椒汁作为调味品倒在上面,味道会更鲜美。

8. 奶酪火锅

奶酪火锅是瑞士一道很著名的民族菜肴。随着人们对饮食不断地了解,越来越多的人开始对这种火锅产生浓厚的兴趣。

食用奶酪火锅要使用特殊的餐具,也就是奶酪火锅叉。这种专用餐具比一般餐叉要长出很多,有三个齿。较常见的是木头叉柄,也有其他金属或烧瓷等的叉柄。

此外,除奶酪火锅叉外,还要准备一个普通餐叉。火锅叉扎住面包后在火锅里沾上奶酪,然后将面包同奶酪一同取出。由于火锅叉不可直接入口,因此要用餐叉把奶酪面包从火锅叉上取下,用餐叉将其送入口中。一方面,从火锅里取出的火锅叉滚烫,放入口中容易烫伤;另一方面,如将火锅叉放入口中,再用它放入火锅中去扎面包,很不卫生。

如果将面包块在放入火锅之前,在樱桃烧酒里蘸一下,味道会更加醇香。当然,这要根据各自的不同口味而自己选择。如果有人不能承受过多的刺激,那么就不要做此尝试了。

需要注意的是,食用奶酪火锅的面包很有讲究。面包块一定要切成大小合适的正方块,以裹上奶酪后能刚好放入口中为宜。面包块一般用(法式)白面包棍切成。

9. 意大利面

意大利面是一道广受人们喜爱的美食,所以,如搭配的调味汁美味可口,人们都会感到这道菜吃起来既亲切又愉快。

意大利面条一般是放在深盘子里食用的,欧洲人一般使用勺和叉,而美国人通常还要加上刀。意大利人的吃法是,只用叉,右手握叉,用叉尖卷起来吃。

另外一种普遍的吃法,是用叉子慢慢地卷起面条,每次只卷四五根。也可以用调羹和叉子一起吃,调羹可以帮助叉控制滑溜溜的面条。不能直接用嘴吸,不然容易把汁溅得到处都是。

10. 水果

饭后或甜点之后食用些水果，既清凉爽口，又有助于消化。但水果的种类繁多，根据有皮无皮、形状大小、果汁多寡而在食用方法上各有讲究。

（1）苹果、梨。在宴席上，要用手拿取苹果或梨，放在盘里。可以用螺旋式将其削皮。如果你认为这样做很不方便的话，可以把水果放在盘上，先将其切成几瓣，再去掉籽，用刀叉切成合适的块状后食用，也可用手来食用。

带皮的鳄梨需要用勺来吃，如果切成片装在盘子里或拌在沙拉里，要用叉子吃。

（2）葡萄。对于无籽葡萄没什么讲究，一粒粒地吃就行。若葡萄有籽，应把葡萄放入口中嚼吸食肉汁，然后把籽吐到手中。要想容易地剥去葡萄皮，则要持其茎部放在嘴边，用拇指和食指将肉汁挤入口中。最后把剩在手中的葡萄皮放在盘里。

（3）草莓。大草莓可以用手拿住柄部，蘸着白砂糖整个吃。然后将草莓柄放入自己的盘里。如果草莓是拌在奶油里的，当然要使用勺子来吃。

（4）浆果、樱桃。浆果、樱桃的吃法有很多，可以视情况而定。一般来说，吃浆果时，不管无奶油，都要用勺子；吃樱桃要用手拿，将樱桃核文雅地吐在紧凹的手中，然后放入自己的盘子。

（5）香蕉。在宴席上吃香蕉，要先将其剥皮，然后用刀切成段，用叉子叉着吃。

（6）柚子、橘子、橙子。吃柚子时，要先把它切成两半，然后用茶匙或尖柚子匙挖出肉食用。由于柚子稍带苦味，很多人喜欢撒些糖来食用，味道极佳。

吃橘子时，要先用手剥去皮及里面的白色覆盖膜，然后直接用手拿着一片一片地吃。

剥橙子皮有两种方法（两者都要使用尖刀）：一是螺旋式剥皮；二是先用刀切去两端的皮，再竖直将皮一片片切掉。剥皮后，可以把橙肉掰下来。如果掰下的部分不大，可一口吃掉。如果太大，要使用甜食刀叉先切开，后食用。如果橙子是切好的，也可以像吃柚子那样使用柚子匙或茶匙挖着吃。

（7）无花果。鲜无花果作为开胃品与五香火腿一起吃时，要用刀叉连皮一起吃下。若上面有硬杆，应用刀切下（否则会嚼不动）。作为饭后甜食吃时，要先把无花果切成四半，在橘汁或奶油中浸泡后，用刀叉食用。

（8）芒果、木瓜。整个芒果，要先用锋利的水果刀纵向切成两半，然后再切成1/4瓣。用叉子将每一块放入盘中，皮面朝上，并剥掉芒果皮；也可以像吃鳄梨那样用勺挖着吃。如把芒果切成两半，挖食核肉，保留皮。吃木瓜像吃鳄梨和小西瓜一样，先切成两半，抠出籽，然后用勺挖着吃。

（9）西瓜或哈密瓜。如体积较小，可以切成两半，以一半为一份食用。左手扶住瓜皮，右手握勺，从右边开始刮起。这样，避免把瓜弄得七零八落、十分狼藉而有失体面。西瓜籽应用勺从口中取出，放入旁边的盘中，不要随便吐在外边。如果西瓜或哈密瓜已经切成一牙一牙的话，那么应使用刀叉来吃。从果盘里取出一牙后，用刀先把果肉同瓜皮分开，然后把瓜肉切成大小合适的块状，用叉送入口中。

另外，为避免吐瓜子，可以用叉在食用前把瓜子拔掉。

五、西餐中咖啡的礼仪

正式的西式宴会,咖啡往往是"压轴戏"。而一些正式的西式宴会一般在晚上举行,所以在宴会上喝咖啡通常是在晚上。不过为了照顾个人的喜好,在宴会上上咖啡的同时往往也会备上红茶,由宾客们自己选择。

由于西餐的热饮,可以不在餐桌上喝,所以,最常见的地点主要有主人的客厅、休息厅、咖啡厅、咖啡座等。

商务人员在喝咖啡的时候,一定要注意个人的行为举止。主要是在饮用数量、配料添加、喝的方法这三个方面多加注意。

1. 饮用数量

喝咖啡的具体数量,在正式的场合,商务人士要注意两点。

(1) 杯数要少。商务人士在正式场合喝咖啡,它只是作为一种交际的陪衬、手段,所以最多不要超过三杯。所谓"过犹不及",再好的东西,也要"适可而止"。

(2) 入口要少。喝咖啡既然不是为了充饥解渴,那么,在喝的时候,就不要动作粗鲁,让人发笑。端起杯子一饮而尽,或是大口吞咽,搞得响声大作,都是失礼的。

2. 配料添加

有时根据需要,可自己动手往咖啡里加一些牛奶、糖块之类的配料。这时,一定要牢记自主和文明这两项添加要求。具体应做到以下几点。

(1) 如果某种配料用完,需要添加时,不要大呼大叫。另外,不要越俎代庖,给别人添加配料。替别人的咖啡添加配料纯粹是多此一举的行为。

(2) 咖啡加糖时,如果是砂糖,可用汤匙舀取,直接加入杯内;如是方糖,则应先用糖夹子把方糖夹在咖啡碟的近身一侧,再用汤匙把方糖加在杯子里。如果直接用糖夹子或手把方糖放入杯内,有时可能会使咖啡溅出,从而弄脏衣服或台布。

(3) 加牛奶的时候,可直接添加,但动作要稳,不要倒得满桌都是。同时,为避免咖啡溅出,添加时位置要尽量低。

3. 喝的方法

商务人士所出席的正式场合,喝咖啡时,往往都是盛进杯子,然后放在碟子上一起端上桌的。而碟子主要是用来放置咖啡匙,并接收溢出杯子的咖啡。在喝的方法上应注意把握以下几点。

(1) 如何握咖啡杯。握咖啡杯的得体方法,是伸出右手,用拇指和食指捏住杯把而将杯子端起。不可以双手握杯或用手托着杯底,也不可以俯身就着杯子喝。

如果坐在桌子附近喝咖啡,通常只需端杯子,而不必端碟子。如果离桌子比较远,或站立、走动时喝咖啡,没有了餐桌可以依托,则可以用左手端碟子,右手持咖啡杯耳慢慢品尝,如果坐在沙发上,也可照此办理。

(2) 如何使用咖啡匙。在正式场合,咖啡匙的作用主要是加入牛奶或奶油后,用来轻轻搅动,使牛奶或奶油与咖啡相互融合。加入小糖块后,可用咖啡匙略加搅拌,以促其迅速溶化。如果咖啡太烫,也可以用咖啡匙稍加搅动。

商务人士在正式场合使用咖啡匙时应注意两点禁忌:一是不要用咖啡匙去舀咖啡来喝;

二是搅过咖啡的咖啡匙,上面都会沾有咖啡,应轻轻顺着杯子的内缘,将咖啡滴流而下,绝不能拿起咖啡匙上下甩动。

(3) 如何食用甜点。喝咖啡时,为了不伤肠胃,往往会同时准备一些糕点、果仁、水果之类的甜点。需要用甜点时,首先要放下咖啡杯。在喝咖啡时,手中不要同时拿着甜品品尝。更不能双手左右开弓,一边大吃,一边猛喝。

(4) 如何与交往对象交谈。商务人士时时刻刻都是公务在身,喝咖啡时也不能忘了"正事",要适时地和交往对象进行交谈。这时,务必要细声细语,不可大声喧哗、乱开玩笑,更不要和人动手动脚、追追打打。否则,会有失商务人士的身份。

另外,需要注意的是,尽量不要在别人喝咖啡时,向对方提出问题,让对方说话。自己喝过咖啡要讲话以前,最好先用纸巾擦拭一下嘴巴,免得让咖啡弄脏嘴角。

课后习题

一、简答题

1. 赴宴应注意哪些礼仪?
2. 中餐上菜有什么讲究?
3. 自助餐一般取食的顺序是什么?
4. 酒会大致分哪几种?

二、案例分析

案例一:老张的儿子留学归国,还带了位洋媳妇回来。为了讨好未来的公公,这位洋媳妇一回国就诚惶诚恐地张罗着请老张一家到当地最好的四星级饭店吃西餐。

用餐开始了,老张为在洋媳妇面前显示出自己也很讲究,就用桌上一块"很精致的布"仔细地擦了自己的刀、叉。吃的时候,学着他们的样子使用刀叉,既费劲又辛苦,但他觉得自己挺得体的,总算没丢脸。用餐快结束了,吃饭时喝惯了汤的老张盛了几勺精致小盆里的"汤"放到自己碗里,然后喝下。洋媳妇先是一愣,紧跟着也盛着喝了,而他的儿子早已是满脸通红。

老张闹了两个笑话,一个是他不应该用"很精致的布"(餐巾)擦餐具,那只是用来擦嘴或手的;二是"精致小盆里的汤"是洗手的,而不是喝的。

随着我们对外交往越来越频繁,西餐也离我们越来越近。只有掌握一些西餐礼仪,在必要的场合,才不至于"出意外"。

讨论:老张和洋媳妇用餐时存在哪些问题,你对此有何评价?

案例二:赵琪是一家外贸公司公关部新聘职员,各项表现还不错。一次,公司来了几位瑞典客人,自然公司准备设宴款待对方。宴请安排的是西餐,本来陪同客人进餐的是公关部李经理,但不巧的是,公司里另有要事需要李经理亲自处理,公司考虑赵琪的一向表现,决定派赵琪陪同客人进餐。这是赵琪第一次接触西餐,虽然心里没底,但在同事的鼓励和好友热情传授吃西餐经验的促动下,毅然赴宴了。毕竟是第一次吃西餐,再加上他也是第一次应酬外国客人,餐桌上还出了不少洋相。回来之后,赵琪很是懊悔自己的失误,但对周围同事说起时还不断抱怨:"吃什么西餐,讲究那么多,活受罪,下次再也不去了。"果真,从那之后,公司凡有外事接待都不再安排赵琪,但赵琪总感到无以言状的失落。

讨论:赵琪失落的原因是什么?赵琪该如何做,才能从目前的处境中走出来?

案例三:深圳某公司林老板想同北方某城市达发公司建立业务代理关系,达发公司经理非常重视这一机遇,林老板到达后,经理设宴款待。参加宴会的人员除公司经理、副经理外,还有各主管部门的负责人。人们热情寒暄后,宴会开始了。林老板见服务员手拿一瓶茅台酒欲为自己斟酒,便主动解释自己不能喝白酒,要求来点啤酒。但主人却热情地说:"为我们两家的合作,您远道而来,无论如何也应喝点白酒。"说话间,白酒已倒入林老板杯中。

主人端起酒杯致祝酒词,并提议为能荣幸结识林老板干杯。于是带头一饮而尽,接下来人人仿之。林老板只用嘴沾了沾酒杯,并再次抱歉地说自己的确不能饮白酒。

林老板的白酒未饮下,主人仿佛面子上过不去,一直劝让,盛情难却,林老板只好强饮一杯,然而有了第一杯,接下来便是第二杯。

林老板提议酒已喝下,大家对合作一事,谈谈各自的看法。主人却说:"难得与林老板见面,先敬酒再谈工作。"于是又带头给林老板敬酒,接下来在座的各位都群起效仿。尽管林老板再三推托,无奈经不起左一个理由,右一个辞令的强劝,林老板又是连饮几杯。

林老板感到自己已承受不住了,提出结束宴会,但此刻,大家却正喝在兴头上,接下来又是一番盛情,林老板终于醉倒了。待林老板醒来时,发现自己躺在医院的病床上,时间已是第二天的傍晚了。

次日早晨,当主人再次来医院看望林老板时,护士告诉他,林老板一大早出院回深圳了。
讨论:林老板为什么不辞而别?结合案例找出主人宴请失败的原因。

三、实践训练

1. 将中餐宴会的位次排列于图8-5中。

A. 主人　　　　B. 第二主人　　　C. 主宾1　　　　D. 宾2
E. 宾3　　　　F. 宾4　　　　　　G. 宾5　　　　　H. 宾6

2. 将西餐宴会的座次排列于图8-6中。

A. 男主人　　　B. 女主人　　　　C. 男主宾　　　　D. 女主宾
E. 男2　　　　F. 女2　　　　　　G. 男3　　　　　H. 女3
I. 男4　　　　J. 女4

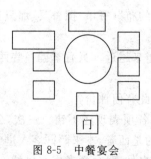

图8-5　中餐宴会

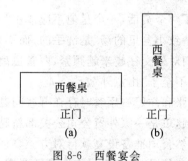

图8-6　西餐宴会

四、技能训练

将学生按6~8人一组进行技能训练,训练完毕后,分组进行展示,互相评分,评出最佳表现小组。

技能训练1:宴请训练。

训练内容:模拟公司成立20周年庆典晚宴,每组分成两方:一方扮演主方,进行邀请客人、筹备宴会、确定菜单和安排席位等训练;另一方扮演客方,扮演赴宴、宴会方进餐和餐后告辞致谢等。

注意事项:宴会筹备井然有序,安排席位合情合理,赴宴准时,进餐文雅有礼,致谢诚挚得体。

技能训练 2:中餐餐具礼仪训练。

训练内容:要求学生进行筷子、勺子、碗、盘子和水杯、牙签、湿巾等的使用训练,学生之间互评。

注意事项:筷子的使用注意禁忌,勺子握持正确,牙签使用要避人等。

参考文献

[1] 李宜蓬.礼乐的文化渊源与功能整合[J].井冈山大学学报:社会科学版,2014,35(3).
[2] 吕维霞,刘彦波.现代商务礼仪[M].第3版.北京:对外经济贸易大学出版社,2016.
[3] 李建峰,董媛.社交礼仪实务[M].第4版.北京:北京理工大学出版社,2018.
[4] 孙玲,江美丽.商务礼仪实务与操作[M].北京:对外经济贸易大学出版社,2017.
[5] 邵宇翎,施琳霞.商务礼仪[M].杭州:浙江工商大学出版社,2018.
[6] 于文霞,陈世伟,孙继春.商务礼仪[M].济南:山东科学技术出版社,2017.
[7] 程亿安.商务礼仪[M].天津:南开大学出版社,2015.
[8] 徐汉文,张云河.商务礼仪[M].第2版.北京:高等教育出版社,2018.
[9] 罗茜.商务礼仪[M].武汉:华中科技大学出版社,2019.
[10] 周朝霞.商务礼仪[M].第4版.北京:中国人民大学出版社,2019.
[11] 孙金明,王春凤.商务礼仪实务[M].北京:人民邮电出版社,2019.
[12] 杨海清.现代商务礼仪[M].北京:科学出版社,2019.